中國道路與藍領中產階級成長

厲以寧主編
程志強副主編

序　論藍領中產階級的成長

厲以寧

中國經濟發展到現階段，勞動力成本的上升和熟練勞動力供給的不足，已經愈來愈明顯。勞動力技術水平的提高和勞動力整體素質的升級，也已經成為經濟進一步發展的迫切要求。如果不從勞動力供給的源頭上想辦法，讓熟練勞動力能跟隨經濟的發展和產業升級而有穩定供給之路，勢必關係到中國能否成為現代化國家，即能否引領國民經濟和技術創新繼續前進。因此，目前經濟界對這些問題的密切關注，是有根據的。

從另一個角度分析，中國經濟發展到現階段，不僅出現了貧富收入差距的擴大和低收入家庭長期陷入困境的現象，而且出現了社會流動渠道的堵塞。與二十世紀八十年代甚至九十年代相比，社會垂直流動的通道已愈來愈狹窄，職業也開始走向世襲化了。貧富收入差距擴大和社會垂直流動渠道狹窄這兩個問題，實際上是聯結在一起的。這是因為：一方面，體力勞動者從農村流入城市以後，只能夠找到如在建築工地當粗工、雜工等重體力勞動的工作，或充當採礦工、搬運工、清潔工等簡單勞動性質的職務，很難有機會成為技術工人，收入當然處於較低水平；另一方面，城市的生活費用是上漲的，這些從農村來的體力勞動者除工資收入外，沒有其他收入來源，也很難有機會接受專門的技術培訓，所以隨著年齡的增長，依然處於貧困狀態，而他們的孩子卻一年一年長大，這些孩子除了像父輩一樣靠打零工、幹粗活髒活謀生以外，又能從事什麼工作呢？農民工的職業世襲現象也就很難改變了。

這就是我和我的同事、學生在一些城市和城鄉接合部考察時所瞭解到的情況。

為此，我想就中國藍領中產階級的成長問題做一些理論上的探討。

一、二元勞工市場理論及其在市場經濟條件下的作用

二元勞工市場理論在西方發達國家大約是二十世紀七十年代才發展起來的。這是對西方發達國家社會經濟狀況的一種判斷，被經濟學界認為是符合實際的，但卻是不公平的，因為體現社會公平的應當是社會垂直流動渠道的暢通，讓每一個有志進取的人通過自身的努力能夠實現自己的願望。然而現實生活中二元勞工市場的存在卻成為有志進取的人成長道路上的嚴重障礙。

二十世紀七十年代前期在西方發達國家就出現了最早剖析二元勞工市場的論文。代表性的作品有：一九七三年五月《美國經濟評論》（*The American Economic Review*）上發表的雷克（Michael Reich）、高爾登（David M. Gordon）和愛德華茲（Richard C. Edwards）合寫的〈勞工市場分解理論〉（A Theory of Labor Market Segmentation）一文；一九七三年六月英國《經濟學雜誌》（*The Economic Journal*）上發表的波桑葵（Nicholas Bosanquet）和多林格（Peter B. Doeringer）合寫的〈英國有二元勞工市場嗎？〉（Is There a Dual Labour Market in Great Britain?）一文；一九七四年二月的《經濟學季刊》（*Quarterly Journal of Economics*）上發表的亞歷山大（Arthur J. Alexander）的〈收入、經驗和國內勞工市場的結構〉（Income, Experience, and the Structure of Internal Labor Markets）一文，等等。到了二十世紀七十年代後期，評論二元勞工市場的論文愈來愈多，喬治・薩恰羅波洛斯（George Psacharopoulos）作為二元勞工市場的著名研究者發表了多篇有影響的評論二元勞工市場的論文，如〈學校教育和收入分配〉（Schooling and Income Distribution，與馬林（Alan Marin）合作，刊登於《經濟統計評論》（*Review of Economic Statistics*）一九七六年八月）、〈家庭背景、教育和成就〉（Family Background, Education and Achievement: A Path Model of Earnings Determinants in the U. K. and Some Alternatives，刊

登於《英國社會學雜誌》（*British Journal of Sociology*，一九七七年九月）、〈勞工市場二元性與收入分配：英國的實例〉〔Labour Market Duality and Income Distribution: The Case of the UK，克雷爾（W. Krelle）與索洛克斯（A.F. Shorrocks）編，《個人收入分配文集》（*Personal Income Distribution*），阿姆斯特丹，一九七八年版〕、〈人力資本與收入：英國的資料與評論〉〔Human Capital and Earnings: British Evidence and a Critique，與萊雅德（Richard Layard）合作，刊登於《經濟研究評論》（*Review of Economic Studies*），一九七九年〕、〈英國的社會經濟背景、學校教育和貨幣報酬〉〔Socioeconomic Background, Schooling and Monetary Rewards in the United Kingdom，與潘尼科拉奧（John Papanicolaou）合作，刊登於《經濟學報》（*Economica*），一九七九年十一月〕等。根據西方經濟學家的論述，可以把二元勞工市場做如下的概述。二元勞工市場是指：勞工市場分為上等勞工市場和次等勞工市場。在上等勞工市場就業的，被看成是「好職業」；在次等勞工市場就業的，被看成是「壞職業」。「好職業」和「壞職業」的區別是：

1. 前者工資高，後者工資低；
2. 前者福利多，後者福利少；
3. 前者有較多學習培訓的機會，後者基本上沒有這種機會；
4. 前者有被逐步提升的機會，後者這種提升機會極少，甚至沒有，經常是一輩子從事某種簡單勞動和重複性勞動。

二元勞工市場形成後，一般說來，從事「壞職業」的勞動者很少有機會從「壞職業」轉到「好職業」去，也就是說，兩種職業之間跨勞工市場的流動機會基本是不存在的。於是，上等勞工市場的工作人員有較大可能升為中產階級，而次等勞工市場的工作人員，由於主要從事重體力勞動、簡單勞動、重複性勞動，待遇差、學歷低、收入少，從而被擋在職務提升門檻之外，所以其中很少有人能上升為中產階級。這就是人們常提到的「白領工作者可以成為中產階級的一員，而藍領工作者不包括在內」，「藍領一輩子注定是藍領，一直幹到年老體衰，無法再幹了為止，窮困終身」。

二、如何縮小二元勞工市場的差距以及如何改變勞工市場二元化的現狀？

二十世紀七十年代以後，西方經濟學家在對二元勞工市場的形成過程和弊病進行分析的同時，也積極出主意、想對策，以便縮小二元勞工市場的差距，改變勞工市場二元化的現狀。他們大體上提出了如下措施：

第一，要認識到二元勞工市場的現狀不是不可能改變的，而是可以通過政府和社會各界的努力，使上等勞工市場和次等勞工市場之間的差距縮小，使那些在次等勞工市場工作的人有機會、有條件轉入上等勞工市場。在這方面起重要作用的，就是職業技術教育的推進，使準備就業的青年勞動力及早獲得一技之長，從而有機會到上等勞工市場就業，或者即使仍在次等勞工市場上工作，但由於技術水平較高，基礎知識較扎實，仍有機會被提拔或改換工作。這意味著，先讓藍領工作者成為技工、熟練技工或者有專長的工作者，他們就有可能跨過從次等勞工市場轉到上等勞工市場的門檻，成為上等勞工市場中的一員。

第二，改善次等勞工市場的生產條件，不再單純憑工作者的體力在艱苦、惡劣的環境中工作。要讓體力勞動者有機會降低工作強度，也要讓體力勞動者有機會改善自己的生活。要逐步減少「壞職業」，使一部份「壞職業」轉變為「較好的職業」。比如說，搬運工不再像過去那樣靠肩挑背負，而逐漸成為機器的操作者，大大減少體力的消耗。這是可以通過技術設施的應用而實現的。

第三，增加社會上「好職業」的工作崗位，盡可能減少「壞職業」的工作崗位。在西方一些發達國家，由於移民工人人數較多，某些粗活、髒活逐漸由移民工人擔任，本國的工人一般不到這些部門工作。當然，從廣義的角度看，讓移民工人代替本國工人從事這類工作，並不是解決問題的真正辦法，也不是真正解決勞工市場二元化的有效對策。這只是一種臨時性的改善本國體力勞動者處境的辦法，而置移民於不顧。

第四，一些西方經濟學家根據西方發達國家近些年來現代服務業的擴張情況而得出如下看法，即勞動者從次等勞工市場轉入上等勞工市場工作（由「壞職業」轉為「好職業」），並不意味著一定要代替現有上等勞工市場中已經就業的人的位置，因為從上等勞工市場中的職業類別可以看出，對經理人員、管理人員、專業人員的需求並非固定不變，而是有可能增加的。這是大勢所趨。也就是說，一個工人憑技術專長成為專業人員以後，並不意味著必須同時有一個專業人員失去職位，降為工人。以現代服務業的擴張過程為例子，可以清楚地認識到這一趨勢。這就為次等勞工市場跨入上等勞工市場的現實性做了很好的說明。

第五，鼓勵有技術、有專長的體力勞動者開設自己的小微企業，如製造零配件，為大企業配套生產，或開設修理業務，或從事服務業。這些小微企業是有前途的。小微企業的創業者，完全有可能闖出一條新路。在這裡特別需要說明的就是，自行創業和「受僱於人」是兩類截然不同的就業概念。當人們討論上等勞工市場和次等勞工市場的區別時，或討論所謂的「好職業」和「壞職業」的區別時，所注意的都是「受僱於人」的情況。既然都是「受僱於人」，那麼人們關心的無非是工資收入的高和低，福利待遇的多和少，以及是否有學習和培訓機會，是否有被提升的機會之類的問題，人們也是這樣來區別所謂「好職業」和「壞職業」的。然而，一旦體力勞動者轉入自行創業的領域時，他們的心理狀態就改變了，他們作為小微企業的創業者，自己就是小老闆，根本沒有「受僱於人」的想法。他們肯吃苦，肯耐勞，只是為了把自己的小微企業辦好。他們哪裡還會斤斤計較什麼活是輕鬆的，什麼活是又累又苦的？他們既然是小老闆，那就把累還是不累置於腦後，一心就想創業。這也是人之常情。所有成功的小微企業的創業者都是這樣想的，因為只有這樣，他們才能做出成績，把自己的企業越辦越興旺。

以上從五個方面做了分析。得出的結論是：二元勞工市場的狀況是可以改變的，事在人為。只要社會上有愈來愈多的人，不把次等勞工市場中的就業者看成是「沒有前途的人」、「沒有出息的人」，不把所謂的「壞職業」看成是「下賤的職業」，而是抱著同情的心態，幫助體力勞動者，通過職業技術教育提高他們的知識水平和技術水平，就可以使這些體力勞動者的工作條件改善，可以使他們的收入水平逐步提高，使生活條件改善，還可以使他們的子女受到良好的教育，在社會上受到尊重。何況，隨著科學技術的進步，某些沉重的、艱苦的體力勞動也完全有條件改善甚至消失。

三、職業技術教育體系的形成

在縮小上等勞工市場和次等勞工市場的差距的過程中，如前所述，職業技術教育起著十分重要的作用。根據西方發達國家近年來的經驗，職業技術教育應當形成一個完整的體系，這個體系包括職業技術學校（中職類）、職業技術學院（大學類和大專類）、職業技術教育研究院（培養研究生，包括職業技術教育體系對各級學校師資的培養）。此外還包括各種非學歷性質的培訓學校、培訓班等。

根據西方國家工業化的經驗，學徒制在工業化早期曾經起過一定的作用。有技術專長的師傅帶徒弟的制度存在的時間相當久。即使徒弟在進入工廠前已經有一定的學歷，但是進廠以後，仍由某一個師傅帶領，從學徒做起。在英國，還存在著兩種體制的學徒，一是師傅帶的徒弟，另一是企業招收的學徒工，兩類學徒並存了一段時間，後來才合二為一。為什麼會重視學徒制？因為這是培養技術工人、熟練技工的途徑之一。師傅帶領徒弟，可以學到課本上學不到的東西。如今，西方發達國家的工業企業一般不實行學徒制了，但仍有企業採取了類似的做法，只是把「學徒工」改稱為「見習工」、「實習生」而已。實際上，「見習工」、「實習生」仍然屬於職業技術教育體系的組成部份。

職業技術教育體系的教師、研究人員、實驗員等人，都應當有一定的職稱。這些工作人員可以通過各種進一步的培訓和教學工作、實驗工作經驗的積累，而晉陞職稱。不要輕視這些工作人員，他們是一支龐大的師資隊伍、研究隊伍、實驗隊伍。職業技術教育體系的發展和完善，不能沒有這樣一支在教學實踐中成長起來的師資隊伍、研究隊伍和實驗隊伍。

在中國，當前正在進行農村土地確權和發證工作。這是關係到全國農民權益保護的大事，也是調動數以億計的全國農民積極性和創業精神的一項重大的改革措施。在已經完成農村土地確權工作的地區，農民們不僅歡慶自己的土地權益和個人房屋權益得到了法律的保障，而且學習知識技術和經營管理的熱情空前高漲。他們有了充當家庭農場主，做一個懂得現代農業科學技術和農產品生產、經營、管理水平提升的家庭農場主的願望。這就為農業現代化、產業化的實現增添了巨大動力。在許多地方，農民提出了要接受有關種植業、養殖業、畜牧業、農業機械化和現代農業管理、行銷的職業技術教育的要求。這種現象是過去從未遇到的。應當認識到，這正是提高農民素質的絕好機會。現代化的農業必須同高素質的農民相適應，也必須同合格的、優秀的家庭農場主們相適應。為廣大農民進行有針對性的職業技術教育，意義重大，而且是職業技術教育發展的大好機會。

職業技術教育體系不是封閉性的，而是開放性的。這種開放性主要反映於以下三個方面：

第一，正規的、有學歷和學位的職業技術學院、職業技術學校、職業技術研究院所同非正規的、沒有學歷和學位的職業技術培訓班並存，讓求學者選擇。甚至可以舉辦職業技術教育的公開資格考試，人人可以報名，參加考試。通過了若干必修課和選修課的考試，可以獲得一定技術等級的技工、高級技工、技師等資格證書。這種考試，既包括基礎知識、專業知識的內容，也包括對實際操作能力的考核。

第二，職業技術教育體系對任何一個受培訓者的專業培訓並不僅限於某一專業，而可以是多方面的。比如說，一個家庭農場主，他既想學習現代農業的育種技術，又想學習農業機械的操作技術和修理技術，還想學習家庭農場的管理和農產品的行銷，那就應當滿足他的願望，可以多次接受培訓，學習完這一課程，再學習另一類課程，然後再學習第三類課程，學無止境，只要學習者有時間有精力就行。如果學習完某一類課程，他想參加技術資格考試，也由他自己決定。他再想參加另一系列的技術資格考試，同樣由他自己決定。學習是終身的，技術資格考試也是終身的。這體現了職業技術教育體系的開放性。

第三，職業技術教育體系的開放性還體現於學生在校學習期間可以選擇自己未來的走向。比如說，一個職業技術學校（中職類）的學生如果畢業後個人的志向改變了，他有志轉入非職業技術教育體系以外的普通高等學校深造，那麼他只要符合普通高等學校的報考條件，就可以參加某個普通高等學校的入學考試，憑考試成績或被錄取，或未被錄取。學生在這方面的選擇不應受到歧視。這是因為，年輕人的興趣和志向是會發生變化的。也許當初他選擇職業技術學校（中職類），是家長或老師代他決定的，現在他自己拿主意了，他想改變自己原來的選擇，也由他自己決定。這種情況是正常的，只要符合規定就行。

四、社會垂直流動渠道的通暢

如前面已經指出的，二元勞工市場的形成與社會垂直流動渠道的堵塞有密切關係，正因為社會垂直流動堵塞，次等勞工市場上的體力勞動者只能在「壞職業」中尋找工作，從而影響他們的後代也只能在父輩的「壞職業」環境中就業，進而形成職業世襲化現象。

社會水平流動在工業化過程中是比較通暢的，這主要表現於農村人口有可能到城市中來尋找工作。但大多數農村人口由於種種原因，只能在次等勞工市場上找到粗活、累活、髒活去做，原因在於社會垂直流動渠道被堵塞了。於是愈來愈多的農村人口即使進了城，也只能在次等勞工市場上徘徊，如果他們想找到一份工作的話，那也只能在「壞職業」中去尋找就業機會。這樣一來，社會水平流動雖然開放了，但從農村湧入城市尋找工作的農村人口全部擠在次等勞工市場上，連「壞職業」都不容易成為就業的場所。於是就形成了這樣一種惡性循環，即由於社會垂直流動渠道堵塞，由農村湧入城市的求職者愈來愈多地擠入次等勞工市場，求職者也愈來愈多，僱主給的待遇愈來愈少，勞動條件愈來愈差，職業世襲化現象也就愈來愈嚴重。

由此可見，讓社會垂直流動渠道通暢起來，無疑是改善低收入家庭收入和生活狀況的不可缺少的環節之一，也是調動在所謂「壞職業」工作的體力勞動者積極性的措施之一。無論從社會和諧還是從經濟發展的角度來看，這都是一件大事。

讓社會垂直流動渠道通暢的第一項措施，就是貫徹機會均等原則。機會均等原則是市場經濟下必須遵守的原則。具體地說，一切職位都應通過一定的資格審查，有序進行，並建立競爭上崗機制。凡符合條件的，在考核中合格的，就被錄用。職務的提升也是如此，這體現了公平性。對求職者和晉職者來說，唯有公平競爭和機會均等，才能使大家心服口服，並能起到鼓勵學習和努力工作的作用。職業世襲化，在這種條件下也就不可能存在了。

讓社會垂直流動渠道通暢的第二項措施，是提供多種渠道供求職者選擇。這裡包括：大力發展職業技術教育，辦各種各樣的職業技術學校和培訓班，讓有志上進者接受培訓，增加自己的知識和技能。在此基礎上，求職者才有條件去參加各種考試，憑成績被錄取。從這個意義上說，參加職業技術教育的學習和培訓是為有志者創造條件，以便逐步實現自己的求職或者改變職業的願望。

讓社會垂直流動渠道通暢的第三項措施，前面也曾提到，就是鼓勵有能力的人自行創業。他們不妨從零開始，即從個體工商戶開始，從小微企業開始。只要有能力，講誠信，肯吃苦，有特長，未必不能成為中型企業的業主。如果在此基礎上，繼續努力，同樣有可能成長為大型企業的業主或合夥人。小富靠勤奮，中富靠機遇，大富靠智慧，這三句話對每一個創業者都是適用的。而且，這種從零開始的創業活動會有示範效應，成功的例證可能鼓勵更多的有志者加入創業者的行列。

讓社會垂直流動渠道暢通的第四項措施是改變社會上對所謂「好職業」和「壞職業」的偏見，更不能聽從社會上流行的瞧不起體力勞動者的各種評議。社會上應扭轉多年存在的「職業偏見」，即認為體力勞動者是「沒出息的」、「沒有前途的」、「低人一等的」，等等。這種傳統觀念不破除，不摒棄，是不利於社會和諧和經濟發展的。藍領，即從事體力勞動的工人，同其他行業的職工一樣，都應當受到社會的尊重。任何行業的職工，包括體力勞動者，在地位上是一律平等的，並無高低貴賤之分。藍領工人自己也不應自卑。某些重體力勞動的職業，勞動條件隨著技術的進步和推廣而會逐步改善，這是大勢所趨，無可置疑。因此，藍領的一般工人要懂得，一方面勞動強度會更大，會留下一定空閒時間給自己學習知識和技能；另一方面完全有可能通過經驗積累和技能提高而成為技工、熟練技工、技師和高級技師，也有可能成為創業者和企業家。

五、藍領中產階級成長的重要意義

西方發達國家的工業化、現代化過程已經清楚地告訴人們，當藍領的體力勞動者通過自己的努力而成為技工、熟練技工之後，他們的收入狀況和生活條件是會相應地發生變化的。他們面前的社會水平流動渠道本來已經通暢了，而社會垂直流動渠道也會逐漸通暢起來。由此可見，藍領作為體力勞動者的代號不是不會改變的，更不能認為藍領工作者會永遠被定位於次等勞工市場，定位於「壞職業」。

藍領技工和熟練技工在收入提高後，完全有可能成為中產階級的一員。家庭農場主也是這樣，他們也完全有可能不再以過去的農民的姿態出現於鄉村。家庭農場主不僅會以農業、養殖業、畜牧業、林業中的新型市場主體代表者的身份出現，而且還可能以新型農業企業家的面貌出現於市場上。他們的收入增長後，同樣會進入中產行列。完全有理由把這些務農者稱為藍領中產階級的一員。

藍領中產階級的成長意味著「金字塔形」收入分配結構正在向「橄欖形」或「雞蛋形」收入分配結構轉變，這是符合經濟發展的規律的。

藍領中產階級的成長還告訴人們，在一個既重公平、又重效率的社會裡，這一事實本身表明了公平和效率是可以同時實現的，而且公平和效率可以處在相互促進的狀態。社會水平流動渠道的暢通，已經在工業化、現代化的過程中反映在人們跨地區、跨城市、跨行業的流動中，既體現為公平選擇住處、工作地點和所中意的職業，又體現在力所能及的條件下使夫妻團聚、父母與子女團聚的權利得以實現，也體現為將人們的積極性發揮出來。效率正是在這種動力下提升的。公平促進了效率的提高，效率同樣反映了公平的實現。公平和效率之間並不存在此長彼消的關係。

此外，還應當指出，藍領中產階級的成長告訴人們，在依法治國的理念下，只要實現了機會均等，只要勞動者勤於工作，努力學習，不斷增加知識和技能，無論受僱於人還是自行創業，都會有收穫。社會垂直流動渠道的暢通，使每一個勤奮進取的工作者都會有前途。這將是社會風氣的巨大轉變，人們會記住，未來的前途主要來自個人的努力，而並非依賴於家庭出身、父輩的門第或者祖上留下的遺產。

一個社會最怕的是出現一批又一批的絕望者。在社會水平流動渠道和社會垂直流動渠道相繼堵塞的環境中，絕望者增多了，他們認為自己注定就是失去前途的人，個人再怎麼努力都是沒有希望的。絕望的結果既可能是自暴自棄、聽任命運的安排，也可能是消沉、無所作為、了此一生。藍領工作者必須懂得：成就是通過拚搏才能獲得的。已經取得成績的大批創業者和在工作中做出成績的人，都是榜樣，都是自己學習的榜樣。因此，藍領中產階級的成長定將成為一面面旗幟，鼓勵著更多藍領體力勞動者的上進心。

六、藍領中產階級成長的背景

從西方各國工業化的進程來分析，傳統生產方式之下，「金字塔形」收入分配結構是十分牢固的。土地，當時是最重要的生產資料，大部份掌握在貴族、地主手中，除一部份自耕農擁有自己的田產外，佃戶和僱農沒有土地。這種情況不改變，「金字塔形」的收入分配結構不可能變更。

工業化開始以後，西方國家的情況稍稍發生變化。城鎮化中出現了一些新式的工廠，城市經濟日益繁榮，市場不斷擴大。這樣，新工廠的廠主儘管最初是一些小老闆，但他們走在前面，有機會較快地積累財富、擴展視野。工業化繼續推進，從而使「金字塔形」的收入分配結構的改變已經具有一定的可能性，雖然這一改變是十分緩慢的。理由在於：中產階級的形成往往是滯後的。要知道，緩慢形成的中產階級儘管是促進「金字塔形」收入分配結構變化的力量，但由於中產階級的形成總是滯後於經濟的發展，滯後於收入分配結構的變化，所以時機未到，還不可能使「金字塔形」收入分配結構發生實質性的變化。

在西方國家一般都是在進入工業化中期以後收入分配結構才逐漸由「金字塔形」轉變為「橄欖形」或「雞蛋形」的。工業化中期以後，中產階級之所以逐漸壯大，大體上有以下五個原因：

（一）技術進步和管理的要求

這與工業化過程中技術進步和管理工作的日益複雜化、專門化、精細化有關。由於技術進步的速度是加快的，從技術發明到實際工作中的推廣應用的時間間隔是縮短的，對從事技術工作和管理工作的人員需求不斷增長，從而技術人員和管理人員的收入也隨之上升。從事技術工作和管理工作的人通常被稱為「白領」，區別於從事體力勞動的「藍領」。「白領」工作者人數的增加和他們收入的上升，使他們有可能首先上升為中產階級的成員。在這裡，「白領」也包括自由職業者，如律師、醫生、藝術家、作家、會計師事務所的自由工作人員等。

（二）自行創業者增多

工業化導致經濟持續增長和市場日益擴大，由此帶來的一個明顯後果是社會上自行創業的人愈來愈多，應當指出，自行創業者中是不分「白領」還是「藍領」的，即從事「白領」工作的人可以自行創業，從事「藍領」工作的人同樣可以自行創業。只要他們選擇了自行創業這條路，就會既從事「白領」工作，也從事以體力勞動為主的「藍領」工作。對自行創業者來說，特別是在創業活動初期，他們是不計較這些的。由於他們並非受僱於人，而是自己當小老闆，所以也就無所謂了。

（三）受教育機會趨於均等

西方國家在工業化進展到一定階段之後，社會上對於受教育機會均等的呼聲愈來愈高。即使是低收入居民家庭，他們也希望自己的孩子有機會接受教育，包括普通教育或職業技術教育。但他們往往自己負擔不了學費，這就使受教育機會均等成為空話。因此在西方國家工業化進入中期以後，社會各界（包括教育界、企業界、公益事業關心者和國會議員等）不斷向政府提出建議，要求政府承擔普及義務教育的責任，讓適齡兒童一律免費接受義務教育，並多設職業技術教育的學校、學院，並為進入高中和大學的學生增設各種獎學金。同時，社會各界還特別提出讓婦女也能接受義務教育、職業技術教育和高等教育。社會各界的呼籲終於被進入工業化中期的西方國家的政府所接受。

（四）社會流動性增大和上升機會的湧現

社會流動性增大和中產階級隊伍的擴大之間有著密切的關係。在西方國家的工業化進入中期以後，社會流動性增大和中產階級隊伍擴大之間的關係更為明顯。可以從以下兩方面進行分析。

一方面，社會流動性增大既包括社會水平流動的渠道更加通暢，也包括社會垂直流動的渠道相對於過去而言已有較大的改善。於是一些有技術專長和專業知識的人員易於遷移到自己認為合適的工作地點去，而且他們改變職業的可能性、提升職務的可能性以及自行創業的可能性都增加了。由於就業信息的普及，求職者和指望更換職業的人在獲取較多的就業信息後，可以自願選擇工作地點、受僱單位和中意的職務，他們的收入也會隨著工作的變更而上升。至於用人單位，由於社會流動性增大，可以從中找到更合適自己所需要的技術人才和管理人才，效率提高了，企業會發展得更好。從此，經濟中開始出現「社會流動性增大—效率提高—工作者積極性湧現—工作者收入上升」的良性循環。

另一方面，社會流動性增大使得有技術和管理專長的人有了較多的職務提升機會。這是因為，職務提升機會的增多，離不開中高層技術和管理職位的增多，而企業中的中高層技術和管理職位的增多又離不開經濟的發展和市場的擴大。這表明，工業化繼續推進過程中，企業中高層職位的增多，為中產階級隊伍的擴大提供了條件，這已經是近些年來西方國家的常情，被不少研究者注意到了。

（五）新行業的成長

有必要指出，在西方國家繼續推進工業化的過程中，市場的擴大和新行業的成長也是中產階級逐漸壯大的一個主要原因。

新行業的成長，雖然離不開技術的進步，但歸根結柢，仍然和國內生產總值的持續增長有關。需求創造供給，供給也創造需求，需求和供給始終是相互促進的。具體地說，新行業提供新的產品和新的服務。如果沒有國內外對新產品和新服務的需求，怎麼可能出現新行業？如果沒有新的資本投入，沒有為生產新產品和新服務所需的新的機器設備、原材料和場地的供給，又怎麼可能出現新行業？

新行業的成長，為大批相關的技術人才、管理人才、行銷人才找到了用武之地，從而也促成了這些專業人才的收入的增加和職務的提升，進而為中產階級隊伍的擴大提供了有利條件。

以上從五個方面談到了西方各國在工業化中期以後中產階級隊伍壯大的原因。這五個方面的原因通常是彼此相互影響和共同起作用的。很難說中產階級的逐漸壯大是其中某一個原因起主要作用的後果。

七、「白領」和「藍領」的區別還會延續多久？

在傳統生產方式之下，從事不同職業的人並沒有劃分為「白領」或「藍領」。甚至工業化開始後很長時間內，也沒有「白領」、「藍領」之類的稱謂。工業化過程中企業僱傭的辦公室人員，逐漸被稱為「白領」，而企業僱傭的從事體力勞動人員，則逐漸被稱為「藍領」。工業化進入中期以後，「白領」工作者和「藍領」工作者之間的界限日益明顯。「藍領」被視為從事體力勞動的工人的代稱，而且受到輕視。收入較多和收入較少，勞動強度稍低和勞動強度較大，以及有較多機會被提升職務和很少有機會被提升職務，被視為區分「白領」和「藍領」的主要標誌。久而久之，這種區別在工業化推進過程中也就習以為常了。

由於「白領」和「藍領」之間存在著收入差距，而且受教育狀況也有差距，所以「白領中產階級」一般比較常見，「藍領中產階級」並不多見。儘管「藍領」中有些人成為技工、熟練技工甚至技師或者高級技師，但仍然不受重視。對「藍領」工作者的偏見依舊存在。

實際上，中產階級不僅是一個按收入水平確定和劃分的概念，同時也是一個按文化素質確定的概念。不能認為只有錢而沒有文化素質的人會成為社會的中堅力量。中產階級理應成為社會中堅力量，在這方面不能缺少文化素質這一要素。

文化素質，其中包括道德修養在內，應當是「白領中產階級」和「藍領中產階級」的共同標準。有了文化素質和道德修養，「藍領中產階級」和「白領中產階級」一樣成為社會中堅力量。

在科技進步、知識不斷更新的環境中，如果今天還有人在區分幹某些工作的是「白領」，幹另一些工作的是「藍領」，試問這種劃分還能延續多久呢？也許再過若干年，不會有人再以舊的眼光看人了。那時，說這個人是「藍領」，說另一個人是「白領」，還有意義嗎？當人們都在電腦旁工作時，你能區分誰是「白領」，誰是「藍領」嗎？也許連工作者自己也分不清了。

到那個時候，區分哪種工作是「白領」從事的，哪種工作是「藍領」從事的，哪些人屬於「白領」系列，哪些人屬於「藍領」系列，已經沒有意義了。社會上也就不再有什麼「藍領」還是「白領」這種過時的、陳舊的分類了，這也許是不遠的將來就可以實現的情況。如果大多數人都已經進入中產階級行列，並且還有一些人即將進入中產階級行列，又何必再區分什麼「白領中產階級」還是「藍領中產階級」。

目錄

Contents

Contents

Contents

理論篇

中國藍領中產階級的孕育和崛起

程志強

一、藍領中產階級的概況

（一）藍領中產階級的詮釋

追溯「藍領」這個概念，其最早源於美國。在《國家的作用》（*The Work of Nation*）一書中，羅伯特・賴克（Robert Reich）將當代社會中參與不同勞動的人劃分為如下三種類型：一是從事工廠產品生產的技術工人，二是從事種類繁多的服務業的勞動者，三是從事解決生產技術問題的勞動者。上述第三種勞動者工作時都無一例外地穿著深色西服、白襯衫，打著領帶，為此，人們用「白領」（White-Collar）一詞代之。相比較而言，上述第一種勞動者多為負責維修機器設備的技術工人，主要以從事體力勞動為主，一般拿「周薪」或「時薪」。其上班或生產勞動時皆穿著藍色工作制服，故稱之為「藍領」（Blue-Collar）。就中國藍領階層的職業而言，其主要包括工礦工人、農村務工工人、建築工人、碼頭工人、倉庫管理員、鐵道搬運工、垃圾收購者、水電工以及挖掘機工人等。

在西方當代社會，藍領階層是組成現代社會的一支非常重要的力量，他們具有人數優勢，而且還處於西方社會的中間階層，是西方社會「橄欖形」結構的中間部份。而在中國改革開放三十多年來，隨著產業結構不斷的更新、升級、換代，三大產業之間不斷的分離，尤其是第三產業逐漸從第二產業和第一產業之中脫離出來，藍領階層的概念也逐漸從「工人階級」中區分開來，構成了一個特殊群體。隨著中國經濟轉型、發展以及新常態的出現，在未來可以預期的時間內，中國將持續不斷地為藍領階層工人創造更多的工作機遇，而愈來愈壯大的藍領階層也將成為一股非常重要的中堅階層力量。

（二）藍領中產階級的成長

中國經濟正步入新常態，這意味著在未來的幾十年中，中國各行業均會產生對大量高素質技術工人的需求。也就是說，經濟新常態為藍領階層提供了更多的就業機會。而且，中國改革步入新階段和深水區，持續深入的改革開放使得中國人的傳統觀念正逐步發生改變，同時，也改變了人們的思想。以前被人們認為是社會地位低下的手藝或者技術工作，正在被現代社會的人們所認同和接受。隨著中國社會主義市場經濟體制改革的繼續推進，藍領階層的社會地位以及收入也在不斷提高。藍領階層在過去相當長的時間內擁有較低的收入，同時肩負著高強度的體力和負重的工作。但是隨著技術進步的加快、工業設備的先進化，從事體力勞動的藍領階層也將逐漸需要更少的體力工作和較高的素質，取而代之的是與白領階層相類似的技術管理工作和更為熟練的對機器的操作。這種變化使得藍領階層逐漸提高了收入水平和社會地位。尤其是科學技術的進步使得藍領階層與其他各階層之間的差異不斷變小，藍領不再僅僅意味著高強度的體力勞動或者簡單機械的工作，而是需要經過培訓和訓練才能掌握幾種技術的高素質技能工人，比如操作自動化操作車間工人、高技能的維修工人以及操作各種複雜儀器設備的技工等。也就是說，科學技術的發展讓「藍領」和「白領」之間的差異逐漸變小並逐步消失。隨著經濟社會的發展，藍領階層的職業、收入、名望、服裝、文化程度、價值觀念、心理因素等亦發生了一系列的變化，中國藍領階層的概念不斷被豐富、發展和創新。

（三）中國藍領中產階級的未來前景

就藍領中產階級未來發展前景而言，首先，科學技術的發展使藍領中產階級脱穎而出，並為他們提供了比從前任何時代都要優越的機會。而且，科學技術的發展會逐漸縮小藍領階層與其他階層（如「白領」）之間的差距。其次，藍領階層雖然曾經被視為體力勞動者的稱號，但是社會是處於發展變化之中的，相信這個稱號並非是一成不變的，更不應被定義為社會的下層階層，甚至是底層的階層，這種稱號和地位都是可以被改變的。隨著藍領成長為藍領中產階級，中國的中產階級將會不斷地崛起和壯大，中國的收入分配結構會逐漸從「金字塔形」向「橄欖形」或「雞蛋形」的收入分配結構逐步過渡。

此外還需要指出的是，對於當代中國的大多數工廠或者企業來說，藍領是企業的一支核心力量。在中國人口紅利逐漸消失，老齡化加劇，勞動力成本逐步上漲，尤其是大眾化教育漸趨普及的背景下，白領階層不再是廣大應屆畢業生的選擇和唯一出路，這為藍領階層提供了無限的機遇，前景廣闊。一個社會只有實現「橄欖形」或「雞蛋形」結構才是穩固的，才有利於社會的長期穩定的發展——就「橄欖形」社會的定義而言，即一個社會階層結構中沒有極其富裕和極其貧窮的階層，而中間階層數量眾多，比較龐大。從政治經濟學而言，一個社會中間階層的崛起和壯大將會使得每一位社會成員都能看到上升的機會。為此，中國如果要擴大中等收入者的比重，使中國收入分配結構由「金字塔形」轉向「橄欖形」或「雞蛋形」結構的話，必須要擴大中產階級的來源基礎，把人數眾多、肩負使命的藍領工人納入中產階級。只有這樣，中國中產階層才會不斷擴大，收入分配結構才能更穩固。

二、當前中國藍領階層的現狀

隨著中國新型城鎮化的繼續推進，工業化也不斷提升，服務業將向縱深發展，服務業所孕育的新興職位不斷湧現，傳統舊的職位也將不斷煥發出生機和活力。在經濟發展的新階段下，中國的藍領階層有了更廣泛的職業界定，已經不再是傳統意義上的工廠職工、技術工人等。伴隨著中國經濟步入新常態，經濟發展改革也過渡到新階段，主要表現為勞動力工作成本持續上漲，高技能的勞動力供給嚴重不足，亟待提高藍領階層勞動力的技術水平，優化藍領階層勞動者的教育結構。中國經過改革開放三十多年的持續快速發展，雖然經濟總量躍居世界第二，但是過分注重經濟發展，較少關注藍領階層，缺乏兼顧社會公平和發展的可持續性。總體而言，中國現階段藍領階層收入較低、遭受歧視、學歷局限以及技能不足，進而形成二元勞動力市場分割，藍領階層上升為中產階級的道路被嚴重堵塞。

（一）藍領階層收入較低

總體而言，中國藍領階層的收入較低，其收入主要是工資性收入，主要包括計件工資、計時工資、加班加點工資、獎金津貼補貼等。二十世紀九十年代以來，中國的勞動收入份額（勞動收入在國民收入中所佔比例）持續下降，由一九九五年的百分之五十二・九下降至二〇〇九年的百分之三十九・八，下降幅度達十三個百分點，其主要原因在於勞動者中缺乏技能勞動力的工資性收入過低。而且，女性藍領低於男性藍領。就城市分佈而言，女性藍領在一、二線城市的稅前工資（四千兩百七十六元）顯著高於中西部城市。在省會城市和直轄市顯著較高（圖一）。

就來源地區而言，藍領階層主要來自農村、城鎮和偏遠的山區，其父母整體職業水平和收入水平均較低，在接受了小學教育或者中學教育之後基本上就邁入了勞動力市場。為了改變命運、獲得更好的生活水平，藍領階層背井離鄉，主要到北上廣等沿海大城市去打拚。作為外來人口，隨著城市的高速發展，藍領階層群體有了更多的就業機會與更廣闊的發展平台，但由於藍領階層群體沒有接受系統的教育，同時缺乏系統的技能培訓，藍領階層在城市裡收入很低，從事平凡崗位，工作很不穩定，權益無法保障，子女教育很難在城市實現，微薄的工資、有限的資源阻礙著藍領階層的發展。

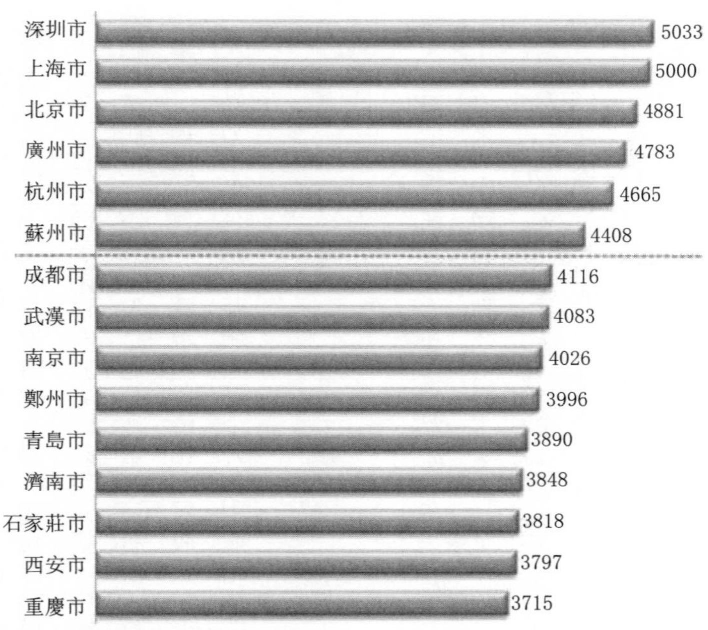

圖一：不同城市藍領女性的收入

資料來源：作者經過整理相關數據得出。

（二）藍領階層遭受歧視

「望子成龍」是自古就有的傳統觀念，而現階段的教育更強化了人們的這一觀念。在西方社會所謂的藍領和白領身份，在中國社會則對應了工人和幹部身份，這兩者之間存在巨大的身份差異（例如，社會地位和福利待遇的差異），導致公眾很自然做出清晰的選擇。為此，讀大學似乎成了白領或幹部的象徵，上大學也就成了通向白領或幹部的通道，其工作體面，受人尊敬，而去職業院校則成了高考落榜之後的艱難和無奈的選擇，也就成了工人或藍領的代名詞。這種「共識」在中國現階段被社會公眾普遍接受、認可，進而形成頑固的思想定勢，中國藍領階層始終是被歧視的階層。這一問題沒有得到社會各界的重視，中國的藍領階層仍舊是社會階層中「落後」的代名詞，遭受歧視。

（三）藍領階層學歷局限

和歐美發達國家相比，中國藍領階層普遍學歷較為低下，基本為中學學歷，而且缺乏必要的職業技術培訓，有一技之長的技術工人佔比非常少，大部份的藍領階層仍是主要從事比較低級的勞動。總之，教育是基礎性工程，中國藍領階層整體受教育程度和素質都較低，社會上職業技術培訓有待加強，沒有形成合理的職業教育體系。藍領階層進一步成長為藍領中產階級缺乏學歷這一核心競爭力。

隨著中國未來城鎮化和工業化的推進，隨著大量新型工業產品逐步湧現，藍領階層就業的範圍也會逐步擴大，主要表現為已經從「生產線」延伸至「服務線」，主要包括電腦、空調、彩色電視、冰箱、手機和新型電子化辦公設備的售後服務領域等。這樣，勞動力市場上亟需大量的高素質藍領工人，而現階段職業教育的落後和配套人才培養措施的不完善，無法滿足中國產業升級對藍領階層素質的要求，亟待對藍領階層採取有效的學歷或職業教育，以滿足未來國家經濟發展的需要。

（四）二元勞動力市場分割

中國當下，勞動力市場出現了上等勞動力市場和次等勞動力市場的二元勞動力市場分割的問題。

二十世紀七十年代以來，西方發達國家發展出一套關於「二元勞動力市場」的理論，它把勞動力市場分為上等勞動力市場和下等勞動力市場。上等勞動力市場與次等勞動力市場（或稱下等勞動力市場）的區別如下：從事上等勞動力市場工作的勞動者職業前景較好，薪資高，福利待遇好，有較多學習、培訓機會，並且，在上等勞動力市場工作的勞動者被逐步提拔的可能性較大。比較而言，從事次等勞動力市場工作的勞動者被認為是「壞職業」，職業較差，薪資較低，福利待遇較少，缺少必要的學習、培訓機會，從事次等勞動力市場工作的勞動者幾乎沒有被提升的機會，通常是一輩子從事相對較為簡單的職業。

在二元勞動力市場分割形成之後，跨市場的流動性機會幾乎不存在。次等勞動力市場上工作的勞動者主要從事重體力勞動和簡單勞動，也很難有機會由下等勞動力市場的勞動者成長為上等勞動力市場的勞動者。在上等勞動力市場工作的白領階層，有很大的機會逐漸成長為中產階級，但在下等勞動力市場工作的藍領階層卻很少有機會能夠做到。簡而言之，從事「壞職業」的勞動者有較少的機會轉換到「好職業」，即兩種職業之間的跨勞動力市場幾乎不存在跨勞動力市場的流動機會。

三、轉型機遇：孕育中國藍領中產階級的契機

目前中國藍領階層面臨著各種各樣的問題、局限和不公平的境遇，毋容置疑的是，在中國改革開放三十多年來經濟持續快速健康發展的大背景之下，整體的經濟、政治、社會環境以及日益壯大的藍領階層內部已然孕育了足夠多的向中產階級轉變的因素，而當前全面深化改革戰略的提出也為藍領階層向中產階級轉變提供了良好的契機。

（一）基於中國人口結構轉型的契機分析

中國人口結構轉型為藍領階層向上等就業層次流動提供了日益豐富的途徑。隨著人口紅利的逐漸消失和人口結構轉型加速，中國的人口自然增長率呈逐年下降趨勢，但是大陸每年仍淨增人口六百六十多萬人。中國的人口結構面臨著雙重壓力，一方面是人口老齡化問題的加劇，另一方面是年均淨增人口增多。在人口紅利消失和人口老齡化的情況下，廉價、充裕的勞動力供給逐漸減少，難以再繼續以往依靠勞動力數量發展經濟的模式，而是應著力推動由粗放型利用勞動力向集約型利用勞動力的轉變。

此外，雖然面臨著經濟增速放緩的壓力，但由於多種經濟改革措施的實施，中國GDP每提高百分之一，仍然能夠在城鎮新增一百三十萬至一百七十萬個工作崗位。新增崗位的大量從業人員主要屬於藍領階層。在目前人口結構轉型的契機之下，在低端產業從業人員趨於飽和的狀態下，新生代工人將向相對高端的製造產業以及服務業分流，藍領階層的職業轉型也就成為可能。城鎮化水平的不斷提高將進一步提升社會對藍領階層從業人員的需求，也為藍領階層擺脫大量無效、低端產業鏈帶來契機。在淨增人口仍然增加的情況下，中國外出務工人數依然保持增長態勢，外出務工勞動力月均收入也逐漸攀高。總之，藍領階層向上等從業層次流動的途徑將日益擴大，藍領階層向中產階級的轉變也將日益增多。

（二）基於中國再分配機制轉型的契機分析

收入分配問題屬於經濟學的核心問題之一，國民收入分配包括初次分配和再分配兩個方面。其中初次分配至關重要，包括勞動收入分配、資本收入分配以及政府收入分配。而再分配亦同樣不能忽視，再分配制度是否合理，直接體現政府能否做到優化收入分配，造福於全體人民。初次分配和再分配皆需要兼顧公平和效率，效率與公平並非此消彼長的關係，可以實現兩者的兼顧，但初次分配與再分配對兩者各有所側重。可以說初次分配由市場來主導，而二次分配由政府主導，主要通過稅收、社會保障以及轉移支付等手段來實現。在目前的初次分配格局下，最低工資制度等措施為提高藍領階層收入提供基本保障。新常態下的收入再分配也致力於利用稅收和社會保障這兩個主要手段進行強化與優化，藍領階層在其中將獲益明顯，其收入將不斷提高，生活狀態也將隨之逐漸改善，為向中產階級轉變提供物質基礎。

社會保障將為藍領階層的上升提供更大的上升動力和保障支持。中共十八屆四中全會之後，政府積極建立扶助中低收入階層並覆蓋社會全體成員的社保體系，這一體系的實施將逐步健全基本養老保險機制，建立兼顧各類人員的養老保障制度，推動加快建立企業年金以及職業年金制度，加快保障性住房供給。這一系列社會保障措施的實施在一定程度上為藍領階層的擴大提供了物質基礎，可以為藍領階層在無後顧之憂的情況下提供更大的上升動力，其向中產階級的轉變也將獲得來自政府更多的保障支持。

四、權利重構：中國藍領中產階級崛起的前提

由於家庭出身、教育背景、社會垂直流動渠道不暢等原因，當前中國藍領工人面臨著來自自身和社會的種種困境。要實現中國「橄欖形」或「雞蛋形」的社會階層結構，促進藍領工人向中產階級的轉變和成長，助力藍領中產階級的崛起，就必須重構藍領工人合法的人身權利、市民權利、產業工人權利，賦予其本應享有的各項權利，保障其共享經濟繁榮的成果。

（一）賦予藍領工人以合法的人身權利

根據二元勞動力結構理論，藍領工人處在「壞職業」的崗位上，不僅工資收入低，而且工作環境髒亂。藍領工人絕大多數處在生產第一線，境況好的也就是在車間流水線上工作，境況差的，例如礦工、建築工、搬運工、打磨工、噴塗工等，不僅勞動強度大，工作環境惡劣，而且對身體健康有極大的危害，甚至具有生命危險。

賦予和保障藍領工人的人身權利，迫切需要改善藍領工人的工作環境。一方面政府要加大監管力度，加強對有毒、有害、危險行業的監管和排查，嚴格要求不符合勞動衛生環境和安全的企業進行整頓整改，加大對違規企業的處罰力度。另一方面要企業加大投資力度，淘汰落後的、有安全風險的生產設備，改善企業的生產條件和進行技術革新，創造良好的工作環境，同時加大對從事有毒、有害工作的藍領工人的社會保險強度，給藍領工人提供高係數的安全保險。保障藍領工人的人身權利，還必須尊重藍領工人的人格尊嚴。處於邊緣化的藍領工人，在城市處處受到排斥和歧視。要通過加強宣傳和引導，樹立勞動光榮的觀念，樹立人人平等的觀念，尊重藍領工人的勞動成果和人格尊嚴，讓藍領工人在城市有歸屬感。賦予藍領工人以合法的人身權利，是藍領工人向中產階級轉變最為核心的要素。

（二）賦予藍領工人以穩定的產業工人權利

任何權利都來自法律的授予，「工人權利」是指國家法律明文規定的勞動者合法享有的各項權利。藍領工人在各自的工作崗位上工作，為社會物質財富和精神財富的創造、社會的繁榮進步做出了巨大的貢獻，理應享有穩定的產業工人權利。藍領工人在企業勞動，實質上是在向企業出賣自己的勞動力，也即是人力資本。從產權經濟學的角度看，工人權利實質上是工人作為人力資本投資者在企業中享有的人力資本產權。法律上的「工人權利」就是「工人人力資本產權」。所謂產權，包括所有權、使用權、轉讓權、收益權和處分權。保障藍領工人的權利，首先要對藍領工人賴以生存的人力資本產權進行界定和保護。

藍領工人在企業勞動，向企業出賣自己的勞動力，與企業之間建立的是以勞動力商品為中心的僱傭契約關係。分散的個人與企業事實上處於不平等的地位，企業向工人提供的很多條件都是單方的，企業在制定勞動報酬、工作時間和條件、勞動強度和環境時居於絕對的優勢地位。強權界定產權，由於藍領工人都是分散的，單個的藍領工人在企業面前總是勢單力薄，很難保障自己的各項權利。因此，要從法律上賦予藍領工人以穩定的產業工人權利，保障其對自己的人力資本享有獨立、全面的產權，在勞動力市場上進行自由平等交易，並因此獲得公平的收益。法律賦予工人權利之後，這些權利能否得到實現，還有賴於企業能否執行法律規定，因此還必須加強執法，確保藍領工人權利的實現。

（三）賦予藍領工人以正常的市民權利

中國改革開放三十多年來，市場經濟穩定快速發展，大量剩餘農村勞動力進入城市，在工業和服務業等產業工作，其中大部份人多年來常年生活在工作所在的城市。在數以億計的藍領工人中，大多數是來自農村的農民工，他們為中國巨大經濟成就的取得做出了重大的貢獻。由於自身素質和社會制度等方面的原因，藍領工人與城市居民之間有很大的差異，他們在城市被邊緣化，受到排斥和不平等待遇，不能享有與市民類似的待遇，工資收入和社會福利保障在他們和城市居民之間的分配是不公平的。由於

「同城不同權」，藍領工人不僅薪資收入低，而且生活成本也相應提高，最終導致藍領工人的收入與城市市民的收入差距逐漸擴大。「同城不同權」現象是不合理的，確定一個人的價值應以其對社會所做的貢獻為標準，而不是以其出生地、家庭背景為標準。藍領工人在工作上為社會做出了巨大的貢獻，不應受到不平等的對待。

作為產業工人，藍領工人工作和生活主要都在城市，理應共享務工城市的公共服務，享有正常的市民權利。在賦予和保障藍領工人在城市勞動和就業等基本的權利的同時，藍領工人還應享有「拓展權利」，即社會保障和城市公共服務等市民權利。由於其身份的特殊性，藍領工人不僅應享有因農民身份獨有的基本權利和核心權利，還應因城市產業工人身份而享有市民基本權利，包括市民享有的最低生活保障、住房保障體系、住房公積金制度和各項社會保險的權利。除了享有經濟權利外，藍領工人還應享有適當的政治、社會、文化等權利。

（四）賦予藍領工人共享經濟繁榮的權利

一方面，國家愈來愈富有，城市居民愈來愈富有；另一方面，藍領工人日益貧困，社會收入差距逐漸擴大。究其原因，藍領工人沒有與城市居民、高收入人群共享改革開放的紅利，沒有平等地享有經濟繁榮的成果。收入的初次分配主要是由市場來調節，市場機制是按照人們提供的生產要素的數量、質量和作用進行分配的，人們掌握的生產資料不同以及市場供需不同，市場對收入的調節必然導致收入的差距，而藍領工人作為底層的階級，在收入分配格局中處於弱勢的一方。在深化經濟體制改革方面，政府必須大力改革收入分配制度。對於初次分配，要在以市場為主導的基礎上，引導收入分配向藍領工人傾斜。在再次分配中要更加注重公平，政府應通過財政稅收的調節和推廣社會福利措施，逐步縮小藍領工人和城市居民之間收入的差距，增加藍領工人在再次分配中的收入比例。

藍領工人中絕大部份是來自農村的農民，他們在老家擁有宅基地和承包的土地，在沒有確權的情況下，宅基地和承包的土地並不能夠給他們帶來市場化的收益。應進行土地確權，確認藍領工人對家庭承包經營的土地、擁有的宅基地和宅基地上自建的房屋享有經營權、使用權和房產權，並發給相應的證書，再在農村建立產權流轉平台，引導擁有「三權三證」的藍領工人對享有的各項權利進行市場化操作，比如流轉、抵押等，獲得市場化收益，增加其經營性收入。

五、助力藍領中產階級的崛起

要助力藍領中產階級的崛起，首先要重視藍領階層，促進成長。社會上對藍領階層存在明顯的偏見。隨著中國工業化以及城市化的發展，從事藍領職業的群體逐漸擴大，其人口規模已遠遠超過了白領階層，部份藍領收入甚至趕超白領。但是即便如此，藍領階層卻沒有在社會上受到應有的重視，絕大多數藍領階層還是屬於社會的弱勢群體，大部份企業的品牌設計也很少針對藍領階層，各種媒體也很少報導藍領群體，甚至連藍領階層自身也不願談及自己的藍領身份。社會對藍領的偏見以及忽視十分不利於藍領階層的發展。如果社會加大對藍領的關注，並且改善他們的收入水平、居住狀況以及子女教育等問題，這將大大促進藍領階層的發展，使更多擁有高技術、高學歷的人願意加入藍領大軍，提高藍領的社會地位。

我們還應該糾正中產階級只能來自受高等教育或者從事白領職業的人群的錯誤認知。美國、英國等一些發達國家的中產階級主要來源於從事藍領職業的勞動階層（電梯安裝和修理工、變電站和繼電器檢修工以及運輸檢查員這三大職業目前是美國收入最高的藍領職業前三名），社會並不會因為他們從事藍領工作而對他們存在偏見、歧視。在中國，藍領階層在城市中人數最多，一部份藍領經過分化後逐漸步入中產階級隊伍中，擴大了中國的中產階級人數，使得中國從「金字塔形」的收入分配結構轉向「雞蛋形」的收入分配結構。藍領雖然收入不高，但是其基數大，消費能力高於白領，消費潛力大。可見藍領階層對壯大中國中產階級隊伍，促進中國內需起著舉足輕重的作用。理應給予藍領階層應有的社會重視，提高藍領的社會地位，在促進藍領發展的同時也會使中國的社會更加和諧、公平。加強工會力量保護權益，讓工會真正地在保護藍領中產階級崛起的過程中發揮重要的、積極的作用。同時，積極鼓勵藍領階層創業，政府應該出台相應政策鼓勵藍領階層創業，讓更多熟練的技工有機會開辦自己的小微企業，在提高其收入以及社會地位的同時，帶動更多的藍領就業。要促進藍領中產階級崛起，其中促進職業代際流動意義非常重大。職業代際流動能夠使藍領階層的子女有更多的機會進入中產階級甚至是上層社會，也讓藍領階層有更大的動力提高自己的職業技能、更加努力地工作，擴大藍領中產階級的隊伍，使整個社會更加公平、和諧。提高職業代際流動性最重要的方式就是要重視藍領階層子女的教育，使他們接受良好的教育，此外還有大力發展經濟，強化流動機會的公平機制。

六、總結

藍領階層作為社會各階層與社會分工的重要一部份，其崛起與轉型必然伴隨著中國人口結構與再分配機制轉型的步伐同步發展。在全面深化改革的進程中，不斷推動中國經濟結構更加趨於合理、有效，在人口結構日趨老齡化、人口紅利逐步消失的今天不斷提高社會從業人員的個人素質與職業水平，通過再分配實現社會的公平與效率，真正造福全體人民，藍領階層的轉型契機也就會愈加擴大，將更有能力推動社會整體結構的轉型。

如果想要助力藍領中產階級的產生，壯大藍領中產階級的隊伍，首先要給予藍領階層應有的社會重視，使更多有技術、有能力的人願意加入藍領階層隊伍；其次，要加強工會力量保護藍領階層權益，提高藍領的工作待遇，社會福利以及子女教育等；再次，要鼓勵藍領階層創業，讓更多熟練的技工有機會開辦自己的小微企業，在提高其收入以及社會地位的同時，帶動更多的藍領就業；最後，要促進職業代際流動，加大垂直代際流動。

參考文獻

1. 高劍：〈激活「藍領」加入中產階級的機會〉，《東莞日報》二〇〇九年九月十一日。
2. 郭錦：〈我國技術藍領的現狀與對策〉，《鄭州航空工業管理學院學報》二〇〇八年第三期。
3. 李晚蓮：〈社會變遷與職業代際流動差異：社會分層的視角〉，《求索》二〇一〇年第六期。
4. 厲以寧：《工業化和制度調整——西歐經濟史研究》，商務印書館二〇一〇年版。
5. 厲以寧：〈論藍領中產階級的成長〉，《中國市場》二〇一五年第五期。
6. 厲以寧：〈二元勞動市場造成好壞職業，應縮小差距〉，《東方企業文化》二〇一五年第五期。
7. 〔美〕羅伯特・賴克：《國家的作用》，上海譯文出版社一九九八年版。
8. 吳浩：〈新中產階級的崛起與當代西方社會的變遷〉，《南京師大學報》（社會科學版）二〇〇八年第五期。
9. 楊文偉：《轉型期中國社會階層固化探究》，中共中央黨校博士論文，二〇一四年。
10. 〈新藍領就業面面觀——《二〇一二都市新藍領生存報告》發佈〉，《職業》二〇一二年第二十六期。

（程志強，北京大學光華管理學院）

3D列印和第三次工業革命浪潮下中國藍領中產階級成長問題探索

李旭鴻、劉江濤

二〇一四年六月三日，中共中央總書記習近平在二〇一四年國際工程科技大會上的主旨演講中指出：「一項工程科技創新，可以催生一個產業，可以影響乃至改變世界。」「3D列印技術」正是這樣一項工程科技創新。二〇一二年，英國《經濟學人》（*The Economist*）雜誌將「第三次工業革命」作為封面文章，全面地掀起了新一輪的3D列印浪潮。3D列印技術（也稱為「增材製造技術」），是以數位模型文件為基礎，運用粉末狀金屬、塑料等可黏合材料，通過逐層列印的方式來構造物體的快速成形技術，在工業設計、建築、汽車、航空航天和醫療等領域具有廣闊的應用前景，能夠帶動中國的產業轉型和結構優化。

當前，中國經濟發展進入新常態，處於增長速度換擋、結構調整陣痛和前期刺激政策消化三期疊加的階段，產能過剩矛盾突出、生態環境惡化、企業生產經營困難、經濟下行壓力加大，穩增長、調結構、促改革、惠民生和防風險的任務艱鉅。解決這些問題的根本出路是：實施創新驅動發展戰略，大力發展關聯度高、帶動作用強、符合科技發展趨勢的3D列印等新興產業，形成新的經濟增長點。中國作為傳統製造業大國，以3D列印為引擎的第三次工業革命的到來，必然會對中國不同行業的勞動者產生差異化的影響。在這一過程中，中國中產階級會產生什麼樣的變化？什麼樣的勞動者群體會成長為藍領中產階級？中國應當選擇怎樣的戰略定位和政策措施來把握這些機遇、迎接這些挑戰，使中國的勞動力市場能夠煥發新的活力，為新常態下中國經濟的增長貢獻新的力量？

一、3D列印與第三次工業革命概述

過去三百年來，在歐美等國發生了兩次工業革命，分別是蒸汽技術革命和電力技術革命，促進了資本主義的發展和工業生產技術的革新。出於科學研究和產品設計的需要，一種名為「3D列印」的快速成形技術在十八到十九世紀已經開始萌芽，威廉姆光刻實驗室在這段時期開展了商業探索。但由於受到技術的限制，這種設想在當時並沒有獲得突破性的進展。到了二十世紀八十年代，3D列印技術才在商業領域獲得真正意義的發展，迅速產業化並應用於各工業領域，與傳統的等材製造和減材製造三足鼎立、互為補充，產生了優異的效益，美國自然科學基金會（國家科學基金會，National Science Foundation, U S）稱之為「二十世紀最具革命性的製造技術」。二〇〇七年，開源的桌面級3D列印設備發佈；二〇一二年，英國《經濟學家》雜誌將「第三次工業革命」作為封面文章，全面掀起新一輪的3D列印浪潮，3D列印技術被認為可以「與其他數位化生產模式一起，推動實現以智能化為特徵的第三次工業革命」；二〇一四年，美國《時代週刊》（*Time*）將3D列印評為年度最佳發明之一，認為3D列印可以造出萬物。3D列印的特徵主要包括：

首先，3D列印技術是對傳統製造技術的顛覆性創新。3D列印技術是集合了光機電、計算機、數控、互聯網以及新材料於一體的智能製造技術，有別於傳統的「減法製造」模式，是通過若干二維平面的疊加而快速「列印」出所需要的三維實物的製造技術，可大幅降低製造難度，節約製造成本。理論上，只要能設計出結構模型，就可以在無需刀具、模具以及複雜工藝的條件下，快速地將立體設計文件變成實物。

其次，3D列印技術是未來製造技術的主要方向。與傳統製造技術相比，3D列印技術突破了傳統加工製造工藝和空間的限制，在個性化、效率、成本、便捷、材料、精度、環保等多個方面都具有優勢。其一次成形、逐層添加的特點使製造過程中基本沒有材料浪費，而且至少能夠節約百分之四十的能源；同時，其設計與製造分離的特點也更加符合當前互聯網經濟的特徵。因此，3D列印製造模式符合綠色化、網絡化、智能化發展趨勢，將成為未來的主要製造模式。（3D列印技術與傳統產業的關係見圖一）

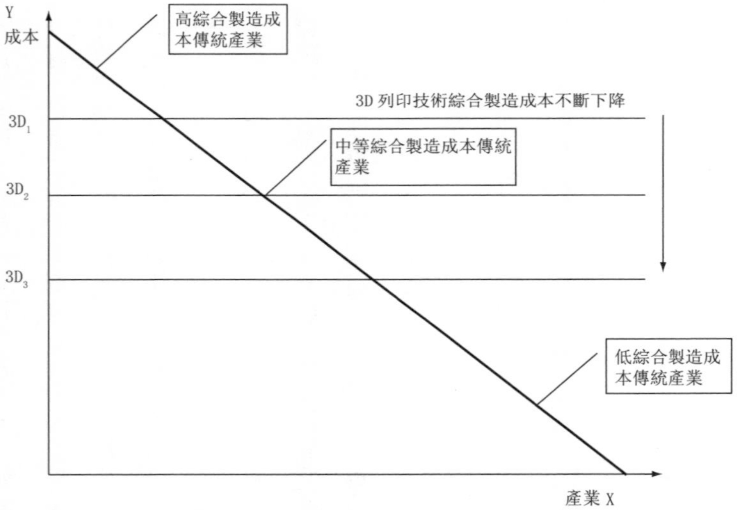

圖一：3D列印技術與傳統產業的關係示意圖

註：我們將現有產業的原材料、人工、生產週期、場地、製造難易程度、設備等作為綜合製造成本，與現有相應3D列印技術綜合成本比較，將其劃分為高綜合製造成本產業、中等綜合製造成本產業、低綜合製造成本產業。隨著相應3D列印技術綜合製造成本的逐步降低，生產成本 $3D_1$、$3D_2$、$3D_3$ 逐漸降低，將會從目前替代或覆蓋的航空、醫療器材行業，逐步擴展到低綜合製造成本的大規模的製造業。

第三，3D列印技術將推動中國產業升級和技術進步。3D列印技術融合了光機電（opto-mechatronics）技術、控制技術、材料技術和軟件技術等，其廣泛應用將帶動創意、設計、軟件開發、互聯網、生產服務業、裝備製造、材料技術、物流等諸多產業領域發展，從而形成一個龐大的產業群。中國工程院盧秉恆院士認為，3D列印將以嶄新的形式創造出上千新興行業，每年可以創造出數以十萬億計的GDP。中國前工信部部長李毅中認為，

3D列印是加快發展智能製造設備和產品的重要途徑。

二、3D列印和第三次工業革命對中國勞動力市場及藍領中產階級成長的影響

經濟學家厲以寧教授在二〇一四年十二月二十一日「第十六屆北大光華新年論壇」上發表的「論藍領中產階級的成長」的主題演講中指出：「你想想看，當人們都在計算機旁工作的時候，你能夠區別誰是白領，誰是藍領嗎？可能連工作的自己都分不清楚。到了那個時候，區分哪種工作是白領還是藍領，已經沒有意義了，社會上也不再分藍領工作和白領工作，這是一種過時陳舊的觀念。也許不久之後大家可能都被吸納到中產階級這個大範疇之中。」

3D列印涉及的勞動力並非全部都是白領階層。有進取心的簡單勞動者，通過自己的努力，可以成為3D列印某一環節的熟練技工，使自己走出市場中做下等勞動的狀況，使自己的勞動報酬得到顯著提高。同時，掌握一定3D列印技術的熟練技工，有能力的可以開設自己的小微企業，只要勤於工作，努力學習，完全可以實現自行創業。這樣，有進取心的簡單勞動者通過自身的勤奮學習和努力工作，熟練掌握了3D列印技術中的某一環節，完全可以成長為藍領中產階級。如果大量的社會勞動者掌握了3D列印技術並開展工作，那到時真的是分不清藍領和白領了，藍領中產階級會迅速增加，從而使中產階級的規模得到不斷擴大，「金字塔形」的收入分配結構將向「橄欖形」或「雞蛋形」的收入分配結構轉變。由此可見，3D列印產業將會縮小白領階層和藍領階層的差異，使藍領中產階級得到快速發展和壯大。

中國是製造業大國，改革開放以來，中國長期保持著「人口紅利」的特徵，每年供給的勞動力總量約為一千萬，勞動人口比例較高，保證了經濟增長中的勞動力需求。但是，二〇一二年中國十五至

五十九歲勞動年齡人口在相當長時期裡第一次出現了絕對下降，比上年減少三百四十五萬人，這表明中國「人口紅利」在逐漸減弱。與此同時，隨著經濟發展，中國勞動力成本不斷上升，熟練勞動力供給不足，勞動者技術水平不高，這些都成為制約經濟發展的勞動力因素。3D 列印和第三次工業革命的到來，對中國勞動力市場及藍領中產階級成長的影響主要體現在：

（一）3D 列印對中國「世界工廠」地位的影響

中國以廉價的勞動力和原材料、優惠的政策等吸引了眾多海外企業來華投資建廠，成為很多世界知名品牌的產品加工地和集散地，發展成全球公認的「世界工廠」。

3D 列印產業使傳統製造業的勞動力投入和工人技能培養、專業設備投資、生產線管理等重要環節變得無關緊要。不需要建設複雜的工藝生產線，只需增加 3D 列印機的數量，就可以提高產能。一條傳統的手機組裝生產線上至少需要幾十人，甚至上百人，但是，數十台全自動化的生產設備可以由一名技術員管理，將 3D 技術設備投資的費用除去，之後只需要支付電費、維護費用和與之前相比少之又少的勞動力工資。相比之下，中國傳統製造業的勞動力價格卻隨經濟發展而上漲，源源不斷的人力成本投入，給外資企業帶來了巨大的成本壓力。外資企業始終在尋找可替代勞動力又能保障大批量產品生產的方法。3D 列印技術的發展，給曾在世界各地尋找廉價勞動力國家的外資企業帶來新的發展機遇，他們不需要再為了降低成本而在世界各地考察建廠。歐美國家將加快利用 3D 列印技術實現在本國生產，這種發展趨勢，一方面使得在中國投資設廠的歐美企業將逐步回流本土，降低中國世界工廠的地位，另外一方面也直接減少了中國的出口額。值得注意的是，從數字來看，已經出現了一些苗頭。二〇一四年一至七月，佔比超過三成的製造業實際使用外資金額同比下滑了百分之十四．

二六。就區域而言，日本對華投資同比下降百分之四十五．四，美國對華投資下降百分之十七．四，歐盟下降百分之十七．五。

隨著客戶私人定製的需求愈來愈大，3D列印產業逐步成熟和完善，對於大批量生產的產品，將可以增加3D列印設備來完成，而生產小量、定製的產品，更是3D列印技術的強項。中國作為「世界工廠」的地位或將受到明顯衝擊。但與此同時，3D列印的迅速發展將會推動藍領中產階級的成長。

（二）3D列印對中國本土製造業勞動力市場及相應藍領中產階級的影響

3D列印產業對於中國傳統製造業的威脅主要在於其供應鏈的「客戶友好型」。客戶在傳統製造模式下提出生產需求，廠商不會立刻同意生產，而是進行市場調研，根據市場預期收益，確定是否開展生產，一旦工廠決定將生產線投入生產，未來無論這一產品是否走俏，沉沒成本都已產生，生產線難以停止。而3D列印產業可以更快地對客戶的要求做出反應，為客戶即刻製作，使顧客的等待時間大大縮短。

3D列印產業的發展對於提升中國的創新能力，降低產品研發成本，縮短研發週期，有極大的推動作用。與其擔憂對中國本土製造業的影響，不如利用好3D列印技術與傳統製造技術各自的比較優勢，實現兩種生產方式的並存和互補，改造和升級中國製造業。將3D技術用於強調個性化、複雜化的小批量生產和模具生產上，在大批量生產上，仍使用傳統製造工藝，以提高批量生產的速度並以規模效應降低成本。同時，努力轉變產業結構，大力發展3D列印產業，培養大批掌握3D列印技術的勞動力，在廣闊的3D列印產業鏈和產業群中從事勞動，變被動為主動，主動用3D列印產業與傳統製造業實現融合式覆蓋，不斷培養和壯大相對應的藍領中產階級。

（三）3D列印對中國出口勞動力市場及相應藍領中產階級的影響

從中國出口結構來看，目前3D列印在玩具列印和模型列印方面佔有一定的優勢。玩具在中國出口總額中所佔的比重只有不到百分之〇・五，中國的出口也受不到大的衝擊。作為大家津津樂道的「Made in China」的出口服裝，即使未來家家都自己列印衣服，也只是影響出口總量的百分之七左右。中國出口最多的是機械和運輸設備，佔出口總額的近一半。機械和運輸設備所需的零件，絕大部份適合傳統的標準化工業加工，在短期內3D列印並沒有明顯的優勢。但我們不能輕視3D列印產業發展及相應藍領中產階級的培養。作為世界第一大出口國，如果出口受到了明顯衝擊，將會給中國經濟增長帶來重要影響。

（四）3D列印對中國文化創意產業勞動力市場及相應藍領中產階級的影響

美國等發達國家的第三產業佔GDP比重達百分之七十以上，中國只有百分之四十多，與之相比還是有很大差距。第三產業能滿足國民日益增長的時尚設計、休閒娛樂、文化藝術等精神消費的需求。第三產業中，文化創意產業既是生產型服務業，也是消費型服務業。創意產業的核心是設計，3D列印產業未來的核心之一亦會是設計。通過3D列印技術，設計師們不再需要費時費力地將設計圖紙送往加工廠，甚至還要想方設法說服對方生產自己的作品，設計師可以即刻生產出自己的作品，不滿意也可以馬上做出修改，直到設計出符合大眾審美的作品；一般人也可以通過3D列印機實現自己的創意。3D列印技術的發展將會創造出更多的文化創意產業的勞動力市場需求，推動相應藍領中產階級的成長。

三、發達國家發展3D列印技術及藍領中產階級勞動力市場的經驗借鑑

面對3D列印技術掀起新一輪科技革命和產業變革，歐美日等發達國家高度重視，將3D列印技術和產業的發展上升為國家戰略，全力加快發展，並不斷完善相應的勞動力市場、發展壯大藍領中產階級，以期引領或緊跟新一輪工業革命，實現創新驅動發展和綠色發展。

1. 美國。美國政府將3D列印技術作為提高製造業競爭力的重要途徑，希望能夠以此與低成本國家進行競爭。二〇一二年，奧巴馬政府要求重振製造業，將3D列印技術作為「戰略級技術」。同年八月，奧巴馬政府宣佈在俄亥俄州（Ohio）建立一所國家增材製造創新研究院（National Additive Manufacturing Innovation Institute），負責統領增材製造的技術研發和標準、產業應用和人才培訓，致力於加快3D列印技術在製造業中的發展，增強國內製造業競爭力，進而實現「在美國發明設計、在美國製造」，「用以前一半的時間和費用實現新產品的研發和生產」。二〇一四年第三季度，美國GDP同比增長百分之五，大超預期，其中以3D列印為代表的智能製造發展迅速，成為美國經濟增長的重要推動力，也使美國藍領中產階級得到繼續發展。

2. 德國。德國政府正在推進「工業四・〇」高科技戰略計劃，旨在提升製造業的智能化水平，這是網絡、計算機技術、信息技術、軟件與自動化的深度交織產生的生產模式，包括「智能工廠」、「智能生產」和「智能物流」等內容，其中，3D列印技術在德國工業四・〇的生產過程中發揮著重要的作用。

3. 韓國。韓國政府十分重視3D列印技術，將提升3D列印技術研發能力和3D列印技術產業發展水平上升為國家戰略。二〇一四年六月，韓國政府宣佈成立由韓國十幾家部委官員組成的3D列印工

業發展委員會。為了使韓國在3D列印領域爭取領先位置，韓國政府還制定了促進3D列印技術產業發展的總體規劃，提出了到二〇二〇年培養一千萬3D列印開發和應用創客的目標，同時明確提出要在全國建立3D列印基礎設施和3D列印中心，為廣大中小企業提供3D列印設施和員工培訓。

4. 新加坡。新加坡政府也十分重視以3D列印技術為代表的新興製造技術和模式的發展，投入巨資開展3D列印技術研發。二〇一三年，新加坡財政預算案宣佈，將在未來五年內投資五億美元發展3D列印技術，以使新加坡的製造企業能夠擁有全球最先進的製造技術，形成3D列印技術和機器人技術等新的商業模式；同時，明確提出了預算資金將重點用於提高工人和工程師的技術水平，以及培育和建立一個新的3D列印行業生態系統。

憑藉雄厚的基礎工業實力，發達國家已經構建了較為完整的3D列印產業鏈，且在產業鏈的上、中、下游均有不同級別的企業滿足不同層次的需求（見圖二）。產業鏈上各個公司分工明確，保證整個產業上各項關鍵技術的良性發展和轉化。

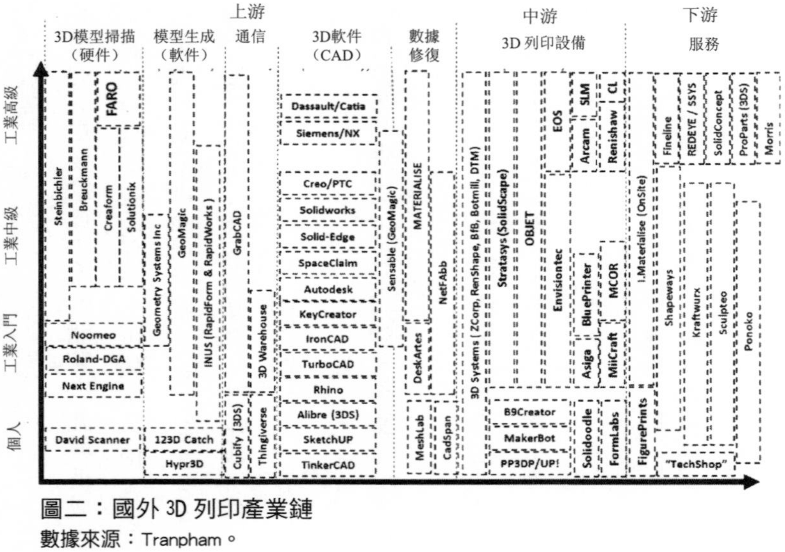

圖二：國外3D列印產業鏈

數據來源：Tranpham。

新一輪科技革命和產業變革，與中國轉變經濟發展方式相交會，既為中國迎頭趕上提供了歷史機遇，但同時也存在與發達國家拉大差距的風險。歐美日等國家先後實施「再工業化戰略」、「工業四・〇」、「酷日本計劃」等戰略，中國與發達國家經濟互補的格局將有可能轉變成競爭或替代的關係。3D列印技術是新一輪科技革命和產業變革的引擎，如果在3D列印技術及應用方面嚴重落後於歐美日等國，中國與發達國家在科技創新方面的差距將進一步拉大。

3D列印產業涉及諸多領域，如信息技術、生產性服務業、裝備製造和材料技術等。單就耗材一項而言，就有七個大類，工藝設備三十多種，列印材料有幾百種，是服務業和製造業融合的典型產業，具有極廣的產業應用輻射面，大批新興產業可以被催生，形成產業聚落。基於逐漸成熟的物聯網生態、大數據和互聯網雲製造，通過網絡平台，人們可以便捷地進行3D列印方面的創意、設計、創業、融資以及設計程序的交易，提交專業列印後，成品會由物流配送到用戶手裡，或者由用戶直接本地列印。隨著3D列印技術進一步發展，3D列印產業群會向更多的傳統產業延伸，從而對勞動者本身的技能提出了更高的要求，同時，也會不斷創造出新的勞動力市場需求，使得藍領中產階級的成長具有廣闊的空間。

四、3D列印和第三次工業革命浪潮下中國藍領中產階級成長的戰略選擇

中國3D列印總體技術水平處於模型製作向零部件直接製造的過渡階段，在直接製造高性能塑料和金屬零件方面發展迅速，局部甚至超過國外水平，但總體上還有非常大的提升空間。二〇一五年二月，中國工業和信息化部發佈《國家增材製造產業發展推進計劃（二〇一五—二〇一六年）》；三月二十五日，中國國務院總理李克強主持召開國務院常務會議，部署加快推進實施「中國製造二〇二五」，增材製造技術將是實現產業升級的核心技術之一；七月一日，《國務院關於積極推進「互聯網＋」行動的指

導意見》中明確指出「以智能工廠為發展方向，開展智能製造試點示範，加快推動雲計算、物聯網、智能工業機器人、增材製造等技術在生產過程中的應用，推進生產裝備智能化升級、工藝流程改造和基礎數據共享」；八月二十一日，中國工程院盧秉恆院士在中國國務院講授先進製造與3D列印專題講座。由此可見，中國政府對3D列印技術和產業愈來愈重視。中國需要緊跟世界科技趨勢，進一步高度重視和全面發展3D列印技術，加強3D列印勞動力市場的培養，「急追」先進國家，使中國3D列印技術的發展和產業應用位於世界前列。同時，在3D列印產業加快發展的進程中，不斷培養和擴大掌握3D列印技術的勞動者隊伍，進而推動藍領中產階級的迅速成長。

（一）中國發展3D列印產業及藍領中產階級成長的戰略意義

3D列印技術將對中國勞動力市場和藍領中產階級成長產生深遠影響，並提出更高的要求。中國的製造業勞動力平均生產率還遠低於發達國家。近年來，為了應對「人口紅利減少」，中國政府不斷加大對高等教育的投資，旨在推動中國朝著技能製造經濟的方向發展。3D列印技術，一方面可以替代製造業領域的簡單勞動力所從事的知識含量不高的手工勞動；另一方面，也要求未來新一代的製造業勞動力深入掌握相應的技能和專門的知識，例如軟件設計技術、新材料技術、高級製造工藝、消費者需求和市場知識等。

同時，3D列印技術將改變傳統的消費者—生產者關係，這將會使中國藍領中產階級勞動力市場產生更多的勞動力需求。中國擁有十三億多的巨大消費市場，伴隨著中國消費者購買力日益加強，對於需求的多樣化和複雜度要求不斷加強，從而對新奇、個性化的產品需要增多，這就需要大量掌握3D列印技術的藍領中產階級去完成。這一過程，必將產生更多的藍領中產階級勞動力市場需求，為中國勞動力市場的發展提供新的機遇。

（二）中國發展3D列印產業及藍領中產階級成長的戰略探討

鑑於3D列印技術對中國產業發展和藍領中產階級成長的深遠影響，中國在積極培育和促進3D列印產業和勞動力市場發展過程中，需要綜合統籌，抓住核心環節，在充分深入分析3D列印技術對中國製造業轉型升級、產業發展、區域經濟再平衡、轉變發展模式和藍領中產階級成長等多方面的綜合影響的基礎上，從宏觀層面做好戰略制定的頂層設計。從國家層面做好3D列印中長期發展規劃；將先行先試和全面推進相結合，整體佈局技術研發及產業基地；制訂相關產業促進政策帶動3D列印產業的全面發展；加快培養3D列印產業相關的技術、創意設計和服務人才，將人力資源和人才資源的培養與市場需求相銜接，通過教育和培訓等將人口資源轉化成市場需要的人力資源和人才資源。在國家頂層設計過程中，應放眼全球，動態追蹤世界主要大國3D列印技術發展和相關勞動力市場的動態，學習借鑑先進經驗，並結合中國的發展情況、目標和需要進行動態部署。

五、3D列印和第三次工業革命浪潮下中國藍領中產階級成長的政策建議

在確定的戰略模式下，3D列印和第三次工業革命浪潮下中國藍領中產階級成長的政策建議如下：

一是實施3D列印「億才計劃」。借鑑美國、德國、日本等國家3D列印產業發展的經驗，積極培養3D列印技術和產業發展所需的研發人才和工程技術人才。盡快制訂和啟動「3D列印技術億才計劃」，培養一支高素質、高技能的3D列印技術人才隊伍，塑造3D列印技術的「新人口紅利」。首先，通過加大對高校、科研機構的資金支持力度，培育3D列印技術發展所需的科技研發人才；其次，

通過高校、研究機構和職業教育培訓體系，加強培訓3D列印技術工程人才；最後，發揮現有職業技能培訓機構的職能，培養3D列印技術相關的行銷人才和管理人才。

二是打造3D列印「三進」工程。「億家億台進家庭」：3D列印機可以足不出戶憑藉自己的創意和設計實現創業，還可以成為開發兒童智力、科普教育市場的「桌面創意城」，是「女士和孩子」消費的新亮點，建議加大3D列印的家庭運用和學習。「春芽計劃進校園」：加強對青少年3D列印技術的培訓和教育，帶動器材、培訓等產業發展的同時，為3D列印產業發展奠定人才儲備。「千萬企業智能化」：加大3D列印技術的企業學習和運用，工業製造企業可以利用3D列印技術製造樣品、模具、輔助設計，提升設計和創新能力，推動「中國製造」向「中國智造」轉變。

三是構建「國家3D列印綜合網絡平台」。鼓勵國家集成電路產業發展基金、國家創新基金等投資「國家3D列印綜合網絡平台」，提升創意、設計、列印機製造、列印材料、銷售、列印、物流等服務，為各類專業人才、廣大企事業單位、終端用戶和消費者提供一個互聯互通的網絡和App平台，推動掀起「大眾創業、萬眾創新」的新浪潮，催生出海量的創業和就業機會，推動中國勞動力市場產生新的就業需求，推動內需的新增長。

四是實施3D列印「重大技術突破、重要行業應用、重點企業支撐」的「三重戰略」。大力加快3D列印專用材料的研發和生產，鼓勵發展數位模型、專用工藝軟件及控制軟件，加速發展3D列印裝備及核心器件；大力支持3D列印技術在重點行業的應用和推廣；大力發展航天、航空、電子、網絡平台等領域的3D列印龍頭企業。

五是建立差異化的3D列印技術產業園區。一方面，利用現有產業園、科技園和創業園等園區，從國家戰略層面培育一批集研發、生產和物流於一體的3D列印技術產品生產基地，做好區域差異化的規劃和發展，推動地方產業升級轉型。另一方面，成立若干區域 3D 列印服務中心，為各行各業的中小微企業和居民提供專業的 3D 列印服務，推進創新，打造新的經濟增長點。

六是加大 3D 列印技術產業群和勞動力市場發展的金融支持力度。科技與金融的深度結合是推動新興產業發展和創造新的勞動力市場需求的重要力量。首先，充分發揮政府在知識產權系統政策的制訂和實施中的主導作用，構建「企業、政府、金融機構、社會」四位一體的科技金融支持體系，重點支持 3D 列印產業群發展和相關人才、勞動力培養。其次，完善銀行體系對 3D 列印產業群的支持，推動信貸產品和業務創新，重點推進專門支持科技創新發展的科技銀行或政策性銀行以及眾多專業化、區域化和特色化的中小型和新型金融機構的創設，形成金融機構間的合理分工和錯位競爭。第三，建立支持 3D 列印產業群發展的多渠道、多元化投融資機制，引導創業投資和股權投資向 3D 列印領域傾斜，鼓勵民營資本進入 3D 列印領域；支持符合條件的 3D 列印企業在中小板、創業板、「新三板」等多層次資本市場上市；支持 3D 列印企業利用資本市場開展兼併重組。第四，完善保險金融政策對 3D 列印產業的推動，加強創新型保險產品的設計，為 3D 列印產業發展提供有效的風險保障和融資便利。

參考文獻

1.〔美〕胡迪・利普森、梅爾芭・庫曼：《3D打印：從想像到現實》，中信出版社二〇一三年版。

2. 黃建、姜山：〈3D打印技術，將掀起「第三次工業革命」？〉，《新材料產業》二〇一三年第一期。

3. 李善同、高傳勝：《中國生產者服務業發展與製造業升級》，上海三聯出版社二〇〇八年版。

4. 李旭鴻、張永升：《三生萬物：3D打印技術——第三次工業革命的引擎》，經濟科學出版社二〇一五年版。

5. 厲以寧：《中國道路與中等收入陷阱》，商務印書館二〇一三年版。

6. 厲以寧：《中國經濟雙重轉型之路》，中國人民大學出版社二〇一三年版。

7. 厲以寧：《中國道路與混合所有制經濟》，商務印書館二〇一四年版。

8. 劉江濤、李旭鴻：〈3D打印與中國經濟增長新動力〉，《中國金融》二〇一五年第十三期。

9. 馬軍偉：〈金融支持戰略性新興產業發展的必然性與動力研究〉，《當代經濟管理》二〇一三年第一期。

10. 賽迪智庫報告：《如何推進我國3D打印產業化發展》，中國經濟新聞網—中國經濟時報社，二〇一三年十月二十四日。

11. 王雪瑩：〈3D打印技術與產業的發展及前景分析〉，《中國高新技術企業》二〇一二年第二十六期。

12. 王宇、賀濤：〈3D打印挑戰中國：創新體系與產業鏈支撐落後〉，《財經》二〇一三年一月六日。

13. 吳曉波、齊羽等：《中國先進製造業發展戰略研究：創新、追趕與跨越的路徑及政策》，機械工業出版社二〇一三年版。

（李旭鴻，北京大學光華管理學院；劉江濤，北京大學光華管理學院）

以改革打通農民變藍領中產階級通道*

田惠敏、李佐軍

中共十八屆三中全會《決定》提出：「城鄉二元結構是制約城鄉一體化的主要障礙。必須健全體制機制，形成以工促農、以城帶鄉、工農互惠、城鄉一體的新型城鄉關係，讓廣大農民平等參與現代化進程、共同分享現代化成果。」農民問題是中國革命、建設和改革的根本問題。當前，中國正進入經濟社會結構的調整期和城鎮化加速階段的下半場，這為廣大農民轉化為城市藍領中產階級提供了新的契機。然而農民成為藍領中產階級的通道還存在很多障礙，如何打通農民成為藍領中產階級的通道是一個亟待解決的問題。

一、打開農民成為藍領中產階級的通道既重要又迫切

在世界各國的現代化進程中，社會階層的變動，尤其是中產階級的興起和壯大，是一個普遍性現象。十九世紀的歐洲、美國社會是如此，二十世紀包括中國在內的東亞社會也是如此，中產階級的興起已經成為後現代語境中的一個世界性話題。研究表明，全球中產階級的成長大多和各國的工業化有著密切的聯繫，不僅是工業化和現代化的產物，更是社會轉型的結果。要想擴大中等收入者的比重，構建穩定的「中產階級社會」，必須擴大中產階級群體的社會來源基礎。目前，作為中國藍領中產階級群體來源的農民隊伍在不斷壯大，經濟結構轉型、人口城鎮化推進和收入分配制度改革等為農民成為藍領中產階級帶來了機遇。構建穩定的「中產階級社會」和擴大中產階級群體的社會來源基礎，當務之急是破除阻礙農民成為藍領中產階級的「藩籬」，打開農民成為藍領中產階級的通道，使愈來愈多扛起中國製造

大旗、肩負世界工廠使命的以農民工為主的藍領，逐步融入到城市中產階級隊伍中來。

（一）作為中產階級群體來源的農民工隊伍不斷壯大

根據中國國家統計局《二〇一四年全國農民工監測調查報告》的抽樣調查結果顯示（見表一），二〇一四年全國農民工總量為兩億七千三百九十五萬人，比上年增加五百零一萬人，增長百分之一．九。其中，外出農民工一億六千八百二十一萬人，比上年增加兩百一十一萬人，增長百分之一．三；本地農民工一億零五百七十四萬人，增加兩百九十萬人，增長百分之二．八。

然而，二〇一〇年以來農民工總量增速持續回落（見圖一）。二〇一一年、二〇一二年、二〇一三年和二〇一四年農民工總量增速分別比上年回落一．〇、〇．五、一．五和〇．五個百分點，外出農民工人數增速分別比上年回落二．一、〇．四、一．三和〇．四個百分點。近三年本地農民

表一　農民工規模　（單位：萬人）

	2010年	2011年	2012年	2013年	2014年
農民工總量	24223	25278	26261	26894	27395
1、外出農民工	15335	15863	16336	166100	16821
（1）住戶中外出農民工	12264	12584	12961	13085	13243
（2）舉家外出農民工	3071	3279	3375	3525	3578
2、本地農民工	8888	9415	9925	10284	10574

*本文部份研究成果發表在田惠敏、李佐軍：〈以改革打通農民變藍領中等收入群體通道〉，《經濟參考報》二〇一五年七月十七日。

工人數增速也在逐年回落，但增長速度快於外出農民工增長速度。

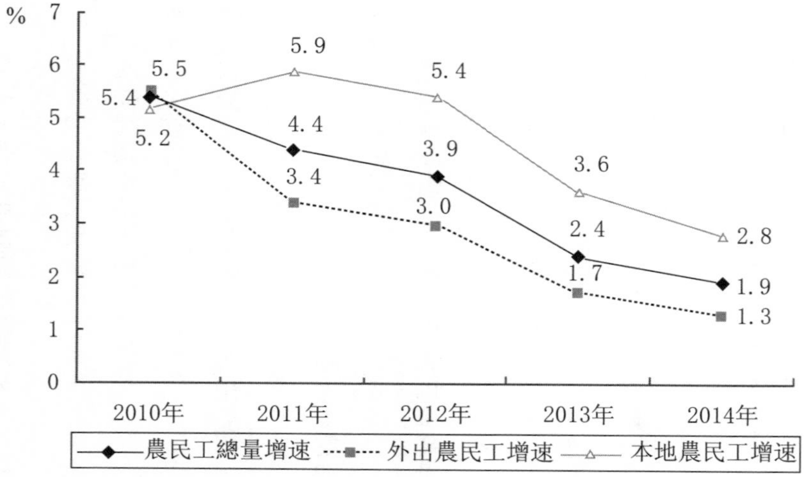

圖一：農民工總量增長速度

（二）經濟結構轉型為農民成為中產階級帶來機遇

當前，中國正進入經濟社會結構的調整期，經濟結構轉型將會促進新興產業成長、服務業發展、城鎮化發展、中西部地區崛起和新興市場業態發展。中國經濟由粗放型向集約型、由規模擴張型向內涵發展型轉變，使農民工有可能從過去的純體力勞動者向現代技術工人轉變，知識型、技術型的高素質藍領工人的比重將愈來愈高。

此外，除了製造業轉型升級外，以服務業為主的第三產業也將逐步轉型升級。第三產業的發展除了吸納具有較高文化素質的社會群體之外，也將吸納具有一定文化知識的農民工，特別是第二代農民工。

（三）收入分配制度改革為農民成為中產階級帶來契機

中共十八屆三中全會《決定》提出，「規範收入分配秩序，完善收入分配調控體制機制和政策體系」，「增加低收入者收入，擴大中等收入者比重，努力縮小城鄉、區域、行業收入分配差距，逐步形成橄欖形分配格局」。在未來的收入分配結構調整中，將更加注重以企業主為主的資方和以普通勞動者為主的勞方之間的利益平衡。

當農民工的收入在扣除了基本生活費用之後能夠有較多富餘之時，他們就能成為城市中產階級的一個重要組成部份。因此，大力提高農民工的收入，將有利於擴大城市藍領中產階級的社會來源基礎。

（四）人口結構轉型為農民成為中產階級帶來機會

二〇〇四年是中國勞動力供給的一個重要轉折點，農村外出勞動力數量增長率為五年來最低，較前一年減少了百分之七十四。據估算，一九九〇至二〇〇二年，農村人口絕對減少了兩千六百五十八萬，並且這一數字還在持續擴大之中，這說明農民工的來源已經出現了萎縮。這意味著勞動力供求關係的重大轉變，即中國正在由勞動力過剩時代向勞動力短缺時代轉變。勞動力供求關係的結構性逆轉，意味著必須更加合理地開發現有的勞動力資源，對勞動力的使用由過去量的粗放式開發轉向質的集約式開發。較之於第一代農民工，新一代農民工大都完成了初等教育，大都具有初高中文化水平，具備掌握現代工業技術的知識基礎。人口結構轉型為新一代農民工成為城市藍領中產階級帶來了機會。

二、打開農民成為藍領中產階級通道必須解決的幾個問題

（一）農民財產性收入少

一直以來，農民只有土地承包經營權，出租、出售房屋受到法律限制，而且投資渠道狹窄。農民不但總收入偏少，而且財產性收入來源途徑單一。此外，還存在農民財產性收入地區差距、農民內部群體

財產性收入不平衡、農民與城鎮居民財產性收入不協調等問題。

1. 農民財產性收入增長緩慢且佔年總收入的比重較小。從縱向看，自一九九〇年以來，中國農民人均總收入呈較快增長態勢，二〇〇九年是一九九〇年的七．一倍，而財產性收入只增加了四．六倍，農民財產性收入增長較慢；從橫向分析，農民財產性收入絕對值較小，二〇〇九年最高才一百六十七．二元，農民財產性收入佔年總收入的比例很低，一九九〇年也只有百分之三．六，而美國居民財產性收入佔總收入比重約為百分之四十。

2. 農民財產性收入來源途徑單一。中國農民財產性收入來源主要是儲蓄利息收入、房屋租金收入和土地補償收入，不同地區之間還存在差別。在經濟較發達地區，農民財產性收入主要以房屋租金為主，其次是利息收入和其他財產性收入。而在貧困地區和欠發達地區，農民財產性收入的主要來源只有存款利息收入。

3. 農民財產性收入地區差距明顯。中國東部和東北部農村居民的財產性收入與中部和西部存在很大差距，中部僅是東部的百分之二十九。例如，二〇〇九年上海農村居民家庭人均財產性收入達九百三十二元，佔農民人均純收入的百分之七．六；而同期中部的江西省農村居民家庭人均財產性收入為八十．四二元，僅佔到農民人均純收入的百分之一．六。收入差距的「馬太效應」日益顯現（涂聖偉，二〇一〇）。

4. 農民與城鎮居民財產性收入不協調。二〇〇九年，中國農村居民高收入戶的財產性收入是六百二十九．七三元，中等收入戶是八十六．二五元，低收入戶是二十五．八一元，高收入戶的財產性收入分別是中等收入戶和低收入戶的七．三倍和二十四．四倍。另外，與城鎮居民相比，農民財產性收入基數小、增長速度低，二〇〇九年城鎮居民的財產性收入是農民的二．六倍，一九九〇至二〇〇九年，城鎮居民的財產性收入增長了二十七倍。

（二）農民身份轉變受到多種約束

推動農民成為藍領中產階級的關鍵是推進農民工市民化。然而，實際情況是，農民工進入城市就業，不能同城市人一樣享受勞動、社會保障等方面的待遇，不能實現農民身份上的根本轉變，在戶籍、就業、住房和教育等方面存在各種各樣的歧視和限制。

1. 戶籍限制。長期以來，城鄉分割的二元戶籍制度是農民獲取市民身份的一個突出的制度屏障，農民和市民的戶籍身份背後是二者享受截然不同的社會地位、資源和福利分配。這阻礙了人力資源的優化配置和地區間的合理流動，不利於城市化建設和農村經濟的發展。

2. 就業限制。多年來，許多城市通過出台有關就業政策和文件，使農民工在城市的就業範圍和就業機會受到限制。

3. 住房限制。當前，城市商品房超高的房價和農民工極低的工資形成強烈對比，農民工無力購買城市商品房，同時，城市住房保障制度對農民工的排斥，使得大部份農民工無法滿足獲取市民身份所要求的住房條件。據統計，新加坡的公共住房覆蓋率達到百分之八十，中國香港為百分之四十，而中國內地目前只有不足百分之二十。

4. 教育限制。一方面，許多大城市對農民工獲得市民身份都有一定的受教育水平或技能水平的要求，這就將學歷低、沒有相應技能水平資格證書，但在實踐中積累了豐富經驗的農民工排除在市民身份之外。另一方面，許多城市的公辦學校以戶籍為門檻排斥農民工子女進入城市接受教育，要麼拒不接受農民工子女入學，要麼對農民工子女額外收取各類高額費用。

（三）農民不利的政治地位

中國憲法賦予了農民特殊的憲法地位。從規範意義上說，這意味著農民擁有較高的政治地位。然而，憲法規定的農民特殊地位大多停留在字面上，現實中農民真實的社會地位並不高。農民在政治權利、政治參與等方面處於弱勢地位，政治情感淡漠、政治認知模糊、政治行為投入不足等現象普遍存在。

1. 在政治權利、政治參與等方面的弱勢地位。在政治權利方面，農民不能享受與城市市民平等的權利；在政治參與方面，農民是被管理的對象，是制度的接受者，難以成為制度的設計者。這種制度安排限制和剝奪了農民作為中國公民應該享有的憲法賦予的公民權利。

2. 農民存在政治情感淡漠、政治認知模糊、政治行為投入不足等現象。農民身上體現出的更多的是務實化的物質要求，對國家政治態度淡漠。受「官尊民卑」、「官本位」等思想的影響，許多農民政治認知缺乏，缺乏主體意識，在政治參與上表現出被動的傾向。

（四）農民的職業技能培養體系發展滯後

中國產業工人中三分之二是農民工，加強農民工職業技能培訓，是促進勞動力轉移增收、融入城市主流社會的關鍵。然而，針對農民的職業技能培養體系發展滯後。一方面，產業工人主體從城鎮居民轉變為農民工群體，中國產業工人的社會地位持續下降，原有的相對完善的職業技能認證體系和企業內部的「師徒制」培養體系幾近瓦解。農民的職業技能培養滯後於產業工人主體轉型。另一方面，亟需職業技能培訓的農業人口和進城農民工沒有辦法享受到廉價優質的職業技能教育。企業出現「技工荒」現象，職業技術學校普遍面臨生源不足問題。中央和地方政府雖出台了很多職業技能培訓補助政策，但在實際執行過程中，出現了補助對象同社會需求錯位的現象。

三、農民成為藍領中產階級通道不暢的深層次根源分析

（一）產權制度供給缺失

財產產權制度供給缺失、交易流轉機制失靈，是農民財產性收入增長較慢的主要原因。中國城鄉土地產權制度、住房產權制度、資金產權制度不一致。具體而言，城市土地屬於國有，農村土地屬於集體所有；城市居民住房多私有，可以市場交易，農民住房雖私有，但不能市場交易。此外，現行農村土地制度缺陷使農民與土地財產性收入「絕緣」。農民土地的財產化是農民擁有財產性收入的前提條件。農民財產性收入比例較少，深層次原因是農民家庭所擁有的財產缺乏合法所有權制度的保障，農民家庭擁有的資源是一種「死資產」，無法將其轉化為能夠帶來價值增值的資本。

由於受現行土地管理法律法規及政策的束縛，農村集體建設用地開發、農村房屋交易等，被限制在特定範圍、領域和人群之間，城市資本和城裡人難以介入農村財產性交易市場，影響了農民財產性收入的增加。另外，農民的房屋、土地等資源缺乏合法產權制度作保障，無法通過租賃、抵押和出售實現增值，只能閒置浪費。農房、土地各項產權確權頒證不完善，且無交易平台。農民財產性收入少，增收渠道單一。

（二）城市資源供給制約

城市不能滿足大量農民工轉市民後對就業機會的需要。有限的住房資源使得城市通過設置較高的住

房准入條件限制農民工轉為市民。許多城市通過教育機會限制，阻礙農民工成為新市民。具體而言，主要體現在以下三個方面。

1. 就業資源制約。一些城市受經濟發展水平及產業發展的制約，設置農民就業門檻，如設立「工作許可制度」，通過「工作許可證」搞一刀切，未能真正體現城市的包容性和開放性，不能滿足大量農民工對就業的需要。

2. 住房資源制約。城市住房資源約束（尤其是廉價的城市保障性住房資源約束）是影響農民工轉為市民的又一重要因素。有限的住房資源，使得城市通過設置較高的住房准入條件限制農民工轉為市民。

3. 教育資源制約。許多城市通過教育機會限制，阻礙農民工成為新市民，其背後原因是城市學校數量、教學設備、師資力量等教育資源的相對短缺。

（三）農民政治地位相對弱勢

許多農民一方面缺乏政治參與的物質基礎，另一方面比較注重自己的切身物質利益，參與政治熱情不高。選舉制度不健全，尚未形成健全的農民參與政治的運行機制和程序。農民的組織化程度比較低，缺乏真正的利益代言人，降低了農民政治參與的能力。歸納而言，表現在制度、經濟和組織等三個方面。

1. 制度因素。由於政治選舉制度和運行機制不健全，農民的政治參與渠道狹窄，利益表達的制度化渠道也不暢通。

2. 經濟因素。利益驅動是政治參與的主要動機。中國農民比較注重自己的切身物質利益，多數農民還在為生計而奔波。由於缺乏政治參與的物質基礎，農民沒有更多閒暇和條件參與政治，政治參與熱情不高。

3. 組織因素。儘管中國農村有地區性、行業性或者專門性的農民協會或經濟合作組織，但由於農民的組織化程度比較低，這些組織缺乏農民政治參與的表達功能，也缺乏農民真正的利益代言人，這也影響了農民的政治參與，降低了農民政治參與的能力。

（四）教育培訓制度不健全

農民教育培訓制度的不健全，主要體現在培訓核心制度不完善和培訓配套制度不健全兩個方面。一方面，教育培訓核心制度不完善。首先，就業服務制度相對落後，缺乏統一的農民工教育培訓服務組織管理機構，缺少對農民教育培訓的統籌協調。其次，缺乏規範的考核評價機制，影響農民工培訓的質量。最後，農民教育培訓監督制度不完善，對農民教育培訓工作缺少高效服務。

另一方面，教育培訓配套制度不健全。主要體現在戶籍制度和就業准入制度。由於戶籍制度的束縛，農民工進入城市勞動就業，不能享受同城市人一樣的待遇，農民工只關注眼前短期利益而忽視職業技能的培訓。另外，就業准入制度的缺失，在一定程度上削弱了農民工參加教育培訓的積極性。

四、打開農民成為藍領中產階級通道的思路與對策

（一）深化農村產權制度改革，提高農民財產性收入

中國共產黨的十八大報告及十八屆三中全會文件明確提出要「多渠道增加居民財產性收入」，「賦予農民更多財產權利」。推動農民成為藍領中產階級最為關鍵的是要提高農民的總體收入水平。為此，

要深化農村產權制度改革，多渠道拓展農民總收入來源，切實提高農民財產性收入。

1. 建立健全土地產權制度。讓更多農民獲得財產性收入的關鍵是推動土地要素的市場化改革，建立健全農村土地產權制度。賦予農民物權性質的土地產權，進而實現農地產權的商品化、貨幣化，促進土地流轉，並結合不同地區實際大力發展土地股權合作制。切實保護好城鎮化進程中失地農民的財產權益，提高農民在土地交易過程中的談判地位。

2. 積極探索土地承包權、經營權、使用權「三權」抵押貸款。農村「三權」抵押貸款需在體制和機制上加以完善，加大政策支持力度。在綜合考慮各種風險的情況下，鼓勵和支持金融機構開展農村「三權」抵押貸款的試點，銀行機構應積極探索開展此類業務。此外，還要培育農村土地流轉中介服務組織，建立農村土地流轉資源信息系統，定期收集、發佈農村土地流轉信息，為「三權」抵押貸款提供配套服務。

3. 確保農民的宅基地和房屋財產收益。一是完善農村住房制度，探索依法保障農戶宅基地用益物權的有效形式，保障農戶宅基地用益物權，改革完善農村宅基地制度，穩妥推進農民住房財產權抵押、擔保、轉讓。二是逐步提高宅基地利用效率和使用收入，依法保障農民宅基地依法取得、使用和收益的權利。三是多舉措促進農民房屋流通。四是結合農村土地確權工作，積極實行農村資產股份制、年終分紅等做法。

（二）推進城鄉一體化建設，提高城市對農民成為藍領中產階級的容納能力

推動農民成為藍領中產階級，必須要解決農民身份受約束的問題。解決這個問題，關鍵是要推進城鄉一體化建設，提升城市對農民的容納能力。通過解除對農民就業、身份的束縛，在推進城鄉一體化建

設過程中，為農民營造公平的就業環境，實現農民與城市居民權利一致、地位平等和身份同一。為此，需加強如下五方面的工作。

1. 加快城市基礎設施建設，增強城市對新增市民的容納力。要遵循城市發展規律，結合本地區自然狀況和經濟社會發展水平，系統推進城市基礎設施建設，為城市發展提供良好條件。堅持先規劃、後建設，建設和管理並重，不斷提高城市基礎設施運行效率和對新增市民的容納能力。

2. 增強城市經濟容納力，擴大農民工的就業機會。針對農民工轉市民的就業需求，要實行平等的就業制度，消除對農民工就業的種種限制，保障農民工在城市的穩定就業；大力發展城市服務業和新興產業，增加城市的就業崗位和農民工的就業機會。

3. 加快戶籍制度改革，推進城鄉公共服務的一體化建設。加快戶籍制度改革，保障農民的遷移和擇業自由，推動農村人口向城市合理、有序地流動。通過戶籍改革統籌城鄉發展，維護農民合法權利，促進城市人口集聚，加快人口城市化進程。促進城鄉要素流動，盤活城鄉資源，促進農民增收。要推進城鄉公共服務水平的一體化進程，降低農民工進城務工落戶門檻，促進農村剩餘勞動力向城鎮流動，形成農民工與城市居民共享城市化成果的環境。

4. 推進農民工住房等福利保障體系建設，解除農民工的後顧之憂。政府應根據農民工的住房需求和收入條件，在政府的城市住房建設規劃中，將農民工逐步納入城鎮住房保障體系。取消經濟適用房、廉租房制度對農民工的限制，允許農民工和市民一樣享受相關的住房優惠政策。有條件的地方可推行農民工住房公積金制度，逐步解決農民工住房問題。

5. 擴大城市教育資源的容納力，解決農民工子女的教育問題。各級政府相關部門在制訂城市教育發展規劃時，應將農民工子女的教育需求考慮進去並納入財政預算，以城市公辦教育為主，吸納更多的農民工子女進城就學。在農民工子女進城的教育經費承擔方面，可探索中央政府、流出地政府、流入地政府以及農民工子女家庭四者按一定比例分擔的機制。

（三）推動社會結構改革，提高農民的政治地位

為了改變進城農民工政治上的弱勢地位，應推動社會結構改革，不斷提高農民的政治地位。關愛農民工，在政治上關照、生活上關懷、工作上關心、保障上關注，是中國共產黨和中國政府應著力實施的一項民生工程。

1. 制度建設層面。加強法治建設，開拓和疏通農民政治參與的渠道，努力保障農民的民主權利。一方面，開拓和疏通政治參與渠道，可以通過手機、電視、互聯網等各種形式來拓寬農民工政治參與的渠道，努力實現他們的民主權利。另一方面，加大對政府官員和企業管理人員的監督力度。應創建包括第三部門、行政、司法等在內的多元化的農民工權利保護與救濟途徑，切實維護農民工切身利益，徹底解決農民工的「權利和權利保護荒」，使之成為具有完整意義的「城市藍領中產階級」。

2. 媒體宣傳方面。作為輿論的引導者和社會的監督者，新聞媒介應加強宣傳，引導社會廣泛關注新生代農民工的權益。

3. 社會組織建設層面。通過建立和健全進城農民工相關的行業協會、社會團體和工會等社會組織，為農民提供維護利益和表達訴求的平台。

4. 農民自身發展方面。加強對農民的思想政治教育，不斷提高農民自身的文化素質和政治素養，通過各種方式讓農民樹立正確的價值觀，使其更好地參與到政治建設中來；要充分採納農民意見，增強農民政治參與感；要對農民的政治參與行為給予支持和鼓勵，讓其體會到政治參與的榮譽感。

（四）加強職業技能教育培訓，提升農民未來職業競爭力

根據馬克斯・韋伯（一九七八）的觀點，技能和教育資質是形成階級的兩種最基本的成分。加強農民工職業技能培養，是促進農民融入城市主流社會、打通農民成為藍領中產階級的關鍵。針對中國農民的職業技能培養體系發展滯後的問題，需要建立與產業發展相適應的農民職業技能教育培養體系。

1. 重建職業技能認證體系。重建職業技能認證體系，解決農民職業技能培訓的激勵問題。

2. 重建勞動就業保護與單位內部「師徒制」培訓體系。要形成相對穩定的勞動保護機制，明確勞動技能培訓的風險收益分配，從根本上解決企業對農民技能培訓的投入激勵，重建企業內部「師徒制」培訓體系。

3. 打破城鄉隔離和地區隔離，建立全國統一面向農民的職業學校培訓體系。要及時實現辦學體制轉型，為農民工提供廉價優質的職業教育，提高新生代農民工的人力資本水平，增強農民的職業競爭力。

總之，要打開農民成為藍領中產階級的通道，使農民順利加入藍領產業工人的隊伍，形成力量雄厚的藍領中產階級，努力建設「橄欖形」富裕社會，實現國家長治久安和可持續發展。

參考文獻

1. 傅晨：〈調查：農民身份和職業的分化〉，《北京日報》二〇一四年四月二十一日。
2. 付瑞婷、李梅華：〈農民工職業技能培訓現狀的調查與分析——以湖北省孝感市為例〉，《科技創業月刊》二〇一〇年第十二期。
3. 何雨、陳雯：〈藍領中產階級及其在轉型期城市中的孕育〉，《上海城市管理》二〇一〇年第三期。
4. 金麗馥、冉雙全：〈土地流轉背景下增加農民財產性收入研究〉，《商業經濟研究》二〇一二年第三期。
5. 李佐軍：〈新型城鎮化的「攔路虎」〉，中國經濟新聞網，二〇一四年八月二十五日。
6. 厲以寧：〈論藍領中產階級的成長〉，《中國市場》二〇一五年第五期。
7. 劉玉照、蘇亮：〈社會轉型與中國新產業工人的技能培養〉，《中國社會科學報》二〇一五年六月八日。
8. 馬茗薈、雲朵、陳典成：〈農民工公共服務需求的代際差異研究——以大連市的調查為例〉，《經營管理者》二〇一五年第十期。
9. 宋玉軍：〈近年來我國農民工基本公共服務均等化研究述評〉，《鄭州輕工業學院學報》二〇一三年第四期。
10. 涂聖偉：〈著力將財產性收入培育成農民增收新亮點〉，《中國經貿導刊》二〇一〇年第十四期。
11. 吳金艷：〈增加農民財產性收入的若干措施〉，新民網，二〇一四年五月六日。

12. 吳睿：〈論農民的憲法地位及其悖論〉，《人民論壇》二〇一三年第十一期。
13. 徐漢明：〈增加農民的財產性收入〉，《支點》二〇一三年第二期。
14. 徐曾陽：〈農民工的公共服務獲得機制與「同城待遇」——對中山市「積分制」的調查與思考〉，《經濟社會體制比較》二〇一一年第五期。
15. 楊俊書：〈關於增加農民財產性收入的建議〉，四川政協網，二〇一四年十月三十一日。
16. 楊煉：〈影響農民政治參與的四大因素〉，《學習時報》二〇一四年八月十一日。
17. 元煥芳：〈農民工市民身份定位的制度約束與政策選擇〉，《人民論壇》二〇一三年第八期。
18. 張光閃：〈當代農民工政治冷漠的原因分析及對策探討〉，《人民論壇》二〇一二年第十七期。
19. 鄭興明：〈論美國中產階級的成長規律性及其對我們的啟示〉，《齊齊哈爾大學學報》二〇〇七年第四期。
20. 周曉紅：〈中產階級：何以可能與何以可為〉，《江蘇社會科學》二〇〇二年第六期。
21. Max Weber, *Economy and Society: An Outline of Interpretive Sociology,* edited by Guenther Roth and Claus Wittich, Berkeley: University of California Press, 1978.

（田惠敏，中國國家開發銀行研究院；李佐軍，中國國務院發展研究中心資源與環境政策研究所）

社會階層流動演變視閾下藍領中產階級成長性探析

賓希銘、趙秋運

社會分層與社會流動是對同一社會現象「一體兩面」的審視和洞察。社會分層側重於整體視角，反映出物質性、象徵性各類社會資源在社會成員中的分佈狀況。社會流動具體可以分為兩類：一是垂直社會流動，指人們社會地位、層次、等級的變化；二是水平社會流動，指人們生活居住、工作地點的變化（厲以寧，二〇一〇）。狹義的社會流動，即是指第一類垂直社會流動。

社會流動是社會成功轉型、現代化實現的基礎，而維護社會和諧穩定，則有賴於有效協調社會各階層的利益訴求、整合社會各階層的優勢與力量。就效率的維度而言，如果一個社會的垂直社會流動性低，激勵不足，那些有才能但處於社會下層的人員的積極性會受挫，個人的專業技能、創新才能無法發揮，經濟發展的增速下降，甚至停滯。從公平的維度而言，如果社會的垂直社會流動性低，大部份人對前途感到絕望，很有可能造成經濟運行缺乏穩定的環境，引發社會動盪。保持良好的社會流動性，則是協調、整合這一複雜、龐大的社會結構體系的關鍵。因此，促進社會流動，防止階層固化，保障不同出身背景的社會階層能夠擁有平等、自由的發展機會，避免動態的不平等與貧困的代際循環，有助於實現國家與社會的良性互動、社會各階層的共生共贏。

一、中國社會階層流動的歷史演變分析

（一）科舉制度與中國古代社會階層流動

中國五千年悠久的歷史，深刻影響著中國的當下與未來。自夏朝廢除禪讓制以來，古代社會便

開始了父傳子、「家天下」的王位世襲制模式。西周時期，世襲等級制度完全確立，上層貴族代代為官，構成了典型的「民不遷，農不移，工賈不變」的封閉社會。春秋時期，齊國管仲改革提出四民分業定居論，最先確定了「士農工商」的社會階層次序。這種四民分業的社會階層體系建立在自給自足的自然經濟基礎之上，被中央集權的政治制度所規定，始終貫穿中國古代社會。直至魏晉南北朝時期，作為社會上層的門閥士族在政治、經濟、文化諸方面都享有特權，並且掌控著人才選拔及任用大權；庶族平民想憑藉自身能力躋身士族的渠道堵塞，中國社會仍保持著世卿世祿的人才流動秩序。

隋唐之際，隨著世家大族的衰落和均田制的實行，中國的社會結構發生了重大變化。科舉制度的創設，進一步打破了門閥貴族壟斷政治、經濟、文教特權的局面，使得出身下層的人也具有通過考試躍入社會上層的可能。科舉制度為中國古代社會階層流動渠道的通暢提供了制度支撐，王日根（二〇〇七）通過對科舉制度與社會流動的經典研究，認為中國古代社會是開放的、具有流動性的。而且，歷史上所出現的社會穩定與繁榮的盛世景象，與開放通暢的社會流動機制關係密切。

（二）近代以來的社會階層流動

鴉片戰爭爆發後，面對西方資本主義勢力的入侵，中國社會面臨著複雜的新環境，傳統「士農工商」的四民階層體系開始調整與變化。伴隨著新的社會生產、生活方式的出現，古代所形成的以皇權為基礎的政治社會與以家族和地域為基礎的鄉土社會這一傳統的二元社會體系，逐漸向政治社會、鄉土社會與市民社會這一現代的三元社會體系轉變。傳統職業與階層逐漸解體，新的職業和階層不斷產生，中國社會的階層結構發生了巨變。在紛繁複雜的社會變遷中，社會流動呈現出一種多元的態勢。

一九〇五年，清廷下詔廢除已經衰敗、僵化的科舉考試，影響中國社會一千三百年之久的科舉制度至此終結。科舉制度長期以來在中國具有極特殊的地位，這一廢止打破了傳統的菁英選拔機制，引起了深刻的社會結構變遷，產生了廣泛的社會影響。在新舊交替、社會轉型的浪潮中，近代社會階層的分化、組合與流動，始終體現著矛盾性和複雜性。社會各階層逐漸由傳統的上升軌道脫離，轉向新的上升途徑。社會上層群體來源與身份的多元化，不僅體現出社會結構的複雜多樣，也進一步促進了社會向現代化的轉型。

（三）一九四九至一九七九年的中國社會階層流動

中華人民共和國成立以來，社會階層結構發生了巨大的歷史變遷，並始終保持著較高的社會階層流動性。中華人民共和國成立後社會結構最重大的變化，即是通過兩個步驟，推翻舊的階級體系，構建新的社會階層結構：其一，中華人民共和國成立初期的土地改革運動，以革命的手段剝奪地主的土地。自此，農村中經濟意義上的地主階級消失。其二，一九五六年的社會主義改造運動，圍繞著社會主義工業化建設的中心任務進行，引導個體農民、個體手工業者走集體化的道路，以贖買的方式改造資本主義工商業。城市中的私營企業逐步漸進地改造為國家所有與集體所有形式。自此，城市中也不存在經濟意義上的資產階級。

二十世紀五十年代中期開始，隨著工業化的高漲，大量農民開始湧入城市，由此產生了糧食供應、交通、住房等問題。在這樣的環境下，比較嚴格的戶籍制度開始推行，人口被劃分為城市與農村兩類，城鄉分割的二元社會結構開始形成。由於農村人口佔據總人口的大多數，這種城鄉分割的二元體制使中國的社會分層結構向底層大、上層小的金字塔形演變。在這一體制下，人們的後天努力不足以掙脫政策的強力束縛、跨越身份界限，而且打壓了農民從事勞動生產與社會活動的積極性，缺乏公平、公開的競爭機會，不利於人口的自由流動與良性的社會階層變遷。

（四）改革開放以來的中國社會階層流動

二十世紀八十年代以來，隨著社會主義市場經濟的迅速發展、經濟體制逐步轉型，中國政治經濟和社會制度改革全面推進，社會階層結構發生了一系列變化。其中最具代表性與影響力的，即是有別於工人、農民兩大傳統階級的新的社會力量——中產階級的興起。

在改革的作用下，社會資源得到了重新分配，推動了利益群體的分化重組，促進了社會的轉型與發展；在開放的作用下，配置資源的主體由政府轉向市場，推進了產業結構升級與工業化、城市化水平的提高。在這一進程中，社會階層結構發生著深刻變遷與分化，其中影響社會階層流動的因素逐漸走向公平合理，原有的阻礙社會流動的制度和政策被廢止或改良；上升渠道更加暢通、多元，個人的努力、能力與成就等後天因素成為獲得相應社會地位的主要標準。

二、中國社會分層的概覽及藍領中產階級成長性分析

（一）現階段中國社會分層的概述

通過對前面中國古代社會、近代社會、一九四九至一九七九年間、改革開放以來等多個階段社會階層結構及其流動的分析，觀察一九四九年以後的中國社會階層流動性，我們可以發現近代中國（晚清）社會分層，其中皇室、官員、有功名的人、地主、大商人、軍人，共佔人口百分之五，而農民、手工業者、小生意人，共佔百分之九十五（圖一）。圖二描述了一九五九至一九七九年中國社會分層

的結構，到一九五八年，一個嶄新的中國社會分層結構出現了。地主階級消失了。以贖買的方式對資本主義工商業進行改造。幹部成為新結構中唯一的上層階級。同兩千年前一樣，龐大的農民階級處於中國社會分層的下層。地主階級的消失對於中國後來的社會經濟發展意義重大（李毅，二〇〇八）。土地改革提供了可用於工業化和城市化的大面積廉價土地和大量廉價勞動力。

一九五八年完成公私合營後，私營企業全部變成了國有企業。雖然失去了自己的產業，這些資本家拿到了定息，合併後願意工作的進入了幹部階級，仍然是上

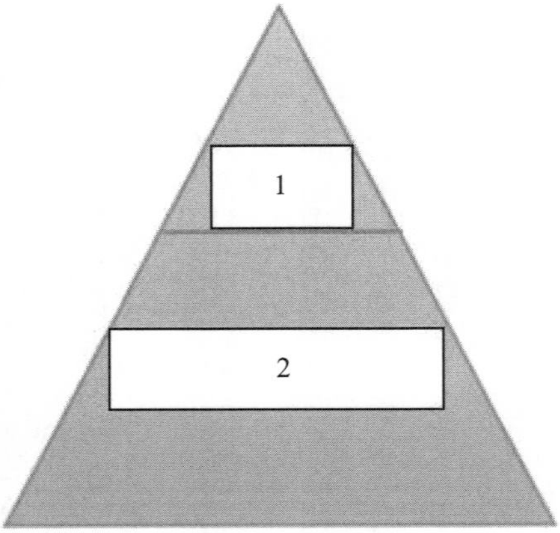

圖一：晚清中國社會分層

註：1. 皇室、官員、有功名的人、地主、大商人、軍人，共佔人口百分之五。
2. 農民、手工業者、小生意人，共佔百分之九十五。

資料來源：《劍橋中國史》，英文版，第十三卷，第三〇頁。

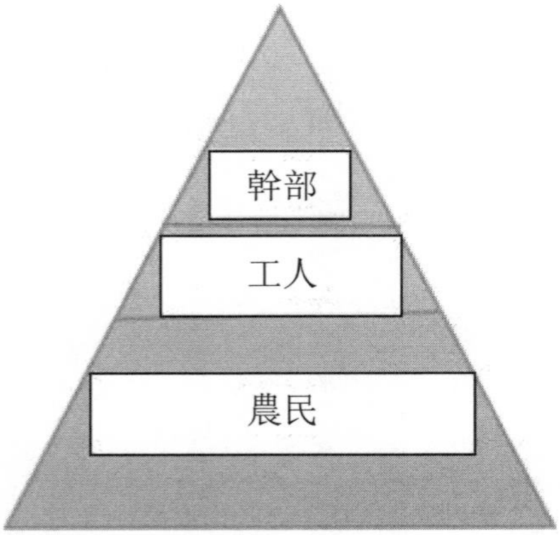

圖二：李毅模式：中國社會分層（一九五九至一九七九年）

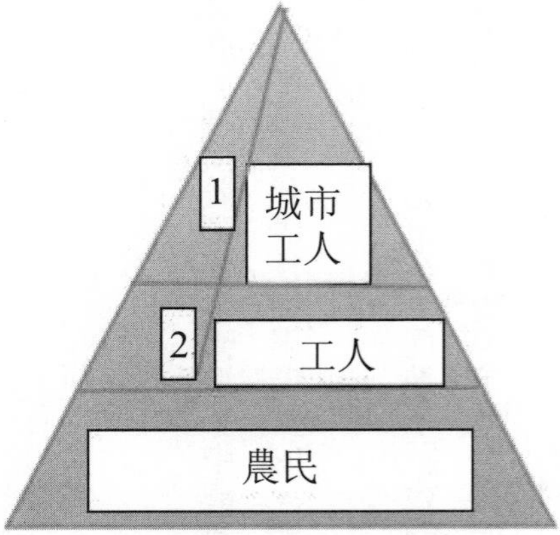

圖三：李毅模式：中國社會分層（二〇〇五年）

註：1為幹部與準幹部，2為有產階級。

層階級的一部份。這樣一九五九至一九七九年的社會分層呈現出一個明確的三個階級的結構。圖三描述了二〇〇五年中國社會分層的結構。與圖二相比，圖三顯示了過去二十年間中國社會分層發生了三個巨大變化。第一，三分之一的農民變成了農民工，而且農民工的人數幾乎等同於城市工人的數目。第二，由於一九九七年以後國有企業工人迅速減少，城市非國有企業工人在人數上大大超過了國有企業工人。第三，中國有產階級人數迅速增加。關於中國中產階級的概念界定，廣義地講，中產階級就是在社會分層中處於中間位置的階級。根據這個定義，圖三非常清晰地顯示了今天誰處於中國社會分層中間的階級：農民是下層階級，城市居民是上層階級，農民工是中產階級。狹義地講，中產階級是指白領服務業專業人士階級。在發達國家，這個階級在工業社會階段是上層階級的一部份。中國短期內不可能出現一個由白領服務業專業人士構成的中產階級。現階段，大部份白領服務業專業人士是幹部和準幹部。無論從權利、財富還是聲望來講，幹部和資產階級都屬於上層階級。在西方社會，藍領階層是構成現代社會的主力軍，他們人數龐大，是西方社會「橄欖形」結構的中端部份。同樣，在中國，三十多年來，隨著第三產業與第一、第二產業的逐漸分離，藍領階層也逐漸從「工人階級」的概念中分離出來，形成了一個獨特的群體。而隨著中國特色社會主義事業的快速發展，中國將在未來幾十年內大量地湧現藍領的工作機會，中國的藍領階層將會愈來愈成為一股不可忽視的力量。

在一個社會中，中產階級的形成與壯大，是影響社會階層結構與轉型發展趨勢的關鍵因素。中產階級的興起是經濟結構調整、職業環境變遷的結果。隨著受教育勞動力人數的增加，處於中間階層的社會成員不斷增多，中產階級隊伍持續壯大。中產階級的崛起，不僅關係著社會結構變遷，也影響著社會穩定發展。當前中國處於「非均衡」的發展模式，由市場經濟促發的利益主體多元和價值觀念多元的現代化過程，勢必存在著傳統與現代的矛盾。在社會階層分化日益明顯的趨勢下，其差距也逐漸拉大，社會不公平現象和各類社會矛盾日漸突出。而且，當前中國處於改革和社會轉型的關鍵時期和特殊階段，因社會流動渠道不暢造成的階層矛盾，極有可能成為社會和諧穩定與現代化建設的隱憂。

（二）藍領中產階級成長性分析

藍領中產階級的發展過程告訴我們，藍領階層雖然曾經被視為體力勞動者的稱號，但是社會是處於發展變化之中的，相信這個稱號並非是一成不變的，更不應被定義為社會下層階層，甚至是底層階層，這種稱號和地位都是可以被改變的。隨著藍領成長為藍領中產階級，中國的中產階級將會不斷地崛起和壯大，中國的收入分配結構會逐漸由「金字塔形」向「橄欖形」的收入分配結構逐步過渡，這是符合發展規律的。想要實現中華民族偉大復興的「中國夢」，重鑄中華民族的新輝煌，技術人才是與民營企業家、專業科研人員並列的三支不可或缺的隊伍之一。而培養出一支高級藍領隊伍，顯然更需要引起整個社會的關注和重視。

隨著中國新型城鎮化的繼續推進，工業化也不斷提升，服務業將向縱深發展，服務業所孕育的新興職位不斷湧現，傳統舊的職位也將不斷煥發出生機和活力。在經濟發展的新階段下，中國藍領階層有了更廣泛的職業界定，已經不再是傳統意義上的工廠職工、技術工人等。伴隨著中國經濟步入新常態，經濟發展改革也過渡到新階段，主要表現為勞動力用工成本持續上漲，高技能的勞動力供給嚴重不足，亟待提高藍領階層勞動力的技術水平，優化藍領階層勞動者的教育結構。中國改革開放三十多年的持續快速發展，雖然經濟總量躍居世界第二，但是過分注重經濟發展，較少關注藍領階層，缺乏兼顧社會公平和發展的可持續性。總體而言，中國現階段藍領階層收入較低、遭受歧視、學歷局限以及技能不足，進而形成二元勞動力市場分割，社會垂直流動渠道不通暢，藍領階層上升為中產階級的道路被嚴重堵塞。

1. 二元勞動市場分割

二十世紀七十年代伊始，西方發達國家發展出一套關於「二元勞動力市場」的理論，它把勞動力市場分為上等勞動力市場和下等勞動力市場。厲以寧（二〇一〇）認為勞動力市場出現了上等勞動力市場和次等勞動力市場的二元勞動力市場分割的問題。二元勞動力市場分割出現以後，次等勞動力市場上工作的勞動者主要從事體力勞動和簡單勞動，這樣從事「壞職業」的勞動者也很難有機會由次等勞動力市場勞動者成長為上等勞動力市場的勞動者。在上等勞動力市場工作的白領階層，有很大的機會逐漸成長為中產階級，但在次等勞動力市場工作的藍領階層卻很少有機會可以做到。簡而言之，從事「壞職業」的勞動者轉換到「好職業」的機會較少，即兩種職業之間幾乎不存在跨勞動力市場的流動機會。

在次等勞動力市場工作的藍領階層成為體力勞動者，處於社會的下層，甚至是底層。這種階層的固化或者堵塞將阻礙社會的收入分配結構由「金字塔形」向「橄欖形」收入分配結構的轉變，這不符合社會階層發展的自然規律，最終將導致社會公平缺失，效率低下，階層固化，機會不均等。結果，一個人的努力往往無法決定其未來的前途，門第家庭出身和父母留下的遺產是其未來職業流動的主要依靠。

2. 社會垂直流動渠道不通暢

中國改革開放以來，經濟持續快速發展，實現了先富帶動後富，但是隨著中國經濟轉型和發展，社會收入分配結構領域已經出現了社會垂直流動渠道堵塞的窘境。相比於二十世紀八十和九十年代，中國目前的社會垂直流動通道愈來愈狹窄，勞動者的職業和社會地位逐漸走向世襲化和單一化。這種狀態難以形成公平合理的社會，最終也將會影響經濟的健康運行，這就亟待打通藍領階層快速成長的通道，也亟需鋪平現階段藍領階層轉變為中產階級的道路。

社會垂直流動渠道堵塞導致中國藍領階層成長為中產階級的希望很渺小，進而使得二元勞動力市場差距進一步擴大，進一步加劇社會財富分配的不公，導致底層的勞動者看不到希望，勞動力市場差距進一步擴大，社會階層流動渠道被堵塞，職業世襲化逐漸成為常態，社會不公平現象頻現，階層之間矛盾突顯，嚴重影響社會發展的穩定和團結。

社會垂直流動渠道的堵塞，導致社會階層固化，使得先天賦予的因素代替自身努力的因素，而且逐步佔據明顯優勢，出現先賦因素相對於自致因素佔據明顯優勢，職業間的社會流動通道堵塞，社會階層之間的流動性趨緩甚至出現停滯的狀態。於是，社會發展進程逐漸被優勢群體階層或強勢群體階層所控制，且出現了代際傳承的趨勢，而弱勢階層的境況很難改變，逐漸陷入邊緣化和底層化的窘境，貧困、劣勢的職業和社會地位也由父代傳給子代。

三、中國經濟轉型賦予了藍領中產階級崛起的契機

目前儘管中國藍領階層面臨著各種各樣的問題、局限和不公平的境遇，毋容置疑的是，在改革開放三十多年來經濟持續快速健康發展的大背景之下，整體的經濟、政治、社會環境以及日益壯大的藍領階層內部已然孕育了足夠多的向中產階級轉變的因素，而當前全面深化改革戰略的提出也為藍領階層向中產階級轉變提供了良好的契機。

在經過上一個十年的高速發展之後，中國現階段的經濟結構已面臨一種難以為繼的情形。伴隨著經濟的高速發展，經濟結構不合理的矛盾也在此發展過程中不斷累積。從需求結構而言，中國出現了內外失衡，主要表現在高增長、高儲蓄、高投資、高貿易順差和外匯儲備，以及伴隨著較低且持續下降的

勞動收入份額和消費率，這一系列曾被認為是相互衝突的現象同時發生在中國，很難使用標準的經濟學理論來解釋。其中兩個重要的維度即為高儲蓄和低勞動收入份額，圖四反映的是兩者的變化趨勢。可以看出，一九九三至二〇〇七年間中國的平均儲蓄率為百分之四十二・五，這一事實不僅表現在絕對水平上，在相對水平上亦有所表現，同時還超過同一歷史發展水平的國家，其中超過韓國大約十餘個百分點，超過新加坡近二十個百分點。根據GDP的支出法進行測算，二〇〇七年中國的儲蓄率達到驚人的百分之五十一，已經連續三年超過了消費在GDP中的比重，可謂世界之最，而且史無前例。①中國經濟發展過程中所出現的結構性失衡導致經濟發展主要依靠外需而非內需，主要依靠投資而非消費，區域間經濟發展不平衡，三大產業發展不協調，第二產業大而不強、部份產業產能過剩，服務業發展相對滯後、生產率較低，城鎮化發展緩慢，新型城鎮化不足，資源消耗多，環境壓力加劇，資源環境的約束日益突出。在以上因素的影響下，中國經濟的發展速度放緩，面對種種矛盾，中國經濟結構亟需轉型。

經濟結構的改革與轉型將為中國藍領階層向藍領中產階級轉變提供強大的物質保障。未來新常態的經濟，政府將著力調整供需結構，推動產業結構升級，促進城鄉和區域協調發展，推動新型城鎮化，合理分配經濟發展的要素投入比例等。藍領階層無疑在上述領域中都扮演著重要的角色：在調整供需矛盾的問題中，合理分配內需與外需，平衡投資與消費的關係將推動各個產業分配趨於合理化，藍領階層的從業結構也將隨之趨於多元化、合理化。在產業結構的升級換代過程中，經濟發展方式將逐步由依靠要素投入邁向依靠效率和全要素生產率的逐步改善。在這種情況下，第二產業發展將促進藍領

①根據資金流量表數據的統計，二〇〇〇年中國的儲蓄率為百分之三十八・五，不僅高於其他國家的水平，而且高於以往年度，二〇〇七年達到百分之五十一・四，相比二〇〇〇年增加了近十三個百分點。

階層向知識型、技術型、高素質方向轉變，第三產業的蓬勃發展也將吸納有一定知識文化的藍領階層。藍領階層將有足夠的機會走向更加高層次與專業化的職業道路，實現自身的提升與轉型，同時也能在收入、生活質量、個人權利方面得到更多提升。在促進城鄉和區域協調發展的進程中，鄉鎮享有的發展資源更加多樣化，城鄉間的產業佈局也更加合理均衡，能夠創造更多優質工作機會，鄉鎮藍領階層的從業人數將日益擴大，從而為藍領階層的向上流動提供強大基礎。在合理分配要素投入中，提高資源、能源利用效率，促進資源向高生產效率部門流動，淘汰落後生產部門，同時保護生態環境，注重發展質量，這是推動藍領階層擺脫層次低、效益差、環境惡劣的就業結構，向效率高、效益好的就業結構轉變的良好契機。中國經濟結構轉型的各方面都將對藍領階層轉變為中產階級產生巨大影響，藍領階層轉型必然隨著經濟結構的轉型而同步發展。

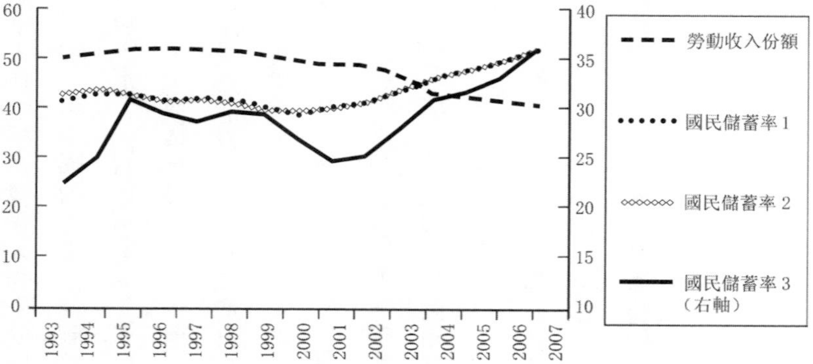

圖四：中國勞動收入份額和國民儲蓄率變化趨勢（1993—2007）

資料來源：趙秋運等（二〇一三）。

四、淨化中國藍領中產階級成長環境

（一）強化藍領階層職業教育

隨著知識經濟的發展以及企業生產的智能化，企業對用腦型知識工人的需求愈來愈大。藍領階層如果想要躋身中產階級，必須具備專業技術知識，熟悉高新技術，具有良好的文化素養、應變能力以及創新能力。

助力中國藍領中產階級的產生，最重要的是要強化中國職業教育，加大中國職業教育的投入，使更多的藍領受到職業教育培訓，提高藍領的教育水平以及技術技能。目前，中國的職業教育投入不足，培養模式較為單一，而且存在理論與實踐相脫節的現象。中國技術工人短缺的重要原因是中國對技術型員工的培訓大多是由職業技術學校實施的，其教學內容與企業的實際需求相脫節，而由企業開辦的培訓機構、技術學校的教育缺乏理論知識，而且培養的數量也不能滿足社會的需求。應該加強職業學校跟企業之間的溝通與合作，將職業教育與崗位開發緊密結合，使培訓與企業的需求相結合。職業教育不應以學歷為導向而應該以職業資格證書的教育為導向，使不同的資格證書標準化和規範化，激發藍領提高自己職業技能的動力，提高他們的學習興趣，使一部份努力、勤奮、上進考取證書的藍領有更多的機會獲取高收入、高待遇的工作。中國職業教育的強化將有助於藍領階層進入中產階級，提高垂直社會流動，擴大中國的中產階級。

（二）保障藍領階層權益

藍領階層缺乏社會保障，在社會上的地位較低，這些因素都限制了藍領階層的發展，使得藍領階層難以扎根於大城市，更別說突破其父輩階層步入更高的台階。中國藍領群體絕大多數來自農村，而且他們的配偶也往往與他們處於同一階層，雙方父母的職業水平以及收入水平較低，正因為如此，藍領階層家庭通常承受著較大的生存壓力，他們不僅為自己的前途、生活擔憂，同時也為子女的未來憂心，即使在城市打拚多年，依然遊走在城市的邊緣地帶，是城市的弱勢群體。這一方面是由於藍領自身條件的限制，更多的是因為社會的忽視，藍領階層缺乏強大的工會力量來為其爭取權益。

藍領階層作為擁有共同利益的集團，他們彼此有著共同的或基本一致的政治經濟利益，有共同的或基本一致的主張、願望或政策建議。藍領作為城市中的弱勢群體，需要強有力的組織來為其爭取權益，提出訴求。工會指的是企業員工出於他們所擁有的共同訴求以及共同利益而自發地組織起來的社會團體。工會組織的成立主要是為員工爭取權益、與僱主討價還價、提高員工工資等等。

而中國工會更多的是注重形式，沒有發揮出其應有的作用，未來應該加強工會的力量，使其擁有足夠的力量來為藍領階層爭取更多的利益，提高藍領階層的社會福利，改善居住條件，解決其子女教育問題，改善工作環境，提高工作待遇，更重要的是提高社會對藍領的重視，增加職業教育投入，加強對藍領階層的培訓，使更多的藍領能夠有機會進入中產階級。

（三）鼓勵藍領階層創業

在推進「大眾創業、萬眾創新」的大背景下，中國政府應該出台相應政策鼓勵藍領階層創業，激發藍領階層的創新潛能和創業活力，讓更多熟練的生產技工有更多的機會創辦小微企業，在提高其收入和社會地位的同時，帶動更多的社會就業。機器製造和維修需要有大量小型工匠企業的輔助，而且有些大型企業出於經濟原因也願意將其部份工作外包出去。由於熟練的技工對企業的生產、運作十分熟悉，也相應能招到一批有技能、肯努力的藍領工人，因而，由其創辦的小微企業有著獨特的競爭優勢。

一般而言，小微企業可以圍繞在大企業周圍，並接受大企業的外包工作，同大企業休戚與共。小微企業有著較大的適應性，其投資少，即使市場不景氣，也能較快轉型，損失相對較少。然而，藍領階層創業缺乏創業的初始資金，而且由於其受教育水平低，管理能力較差，這就需要政府出台相應政策，鼓勵熟練技工創業，為其創業提供貸款，並為他們提供培訓的機會。支持、鼓勵藍領階層創業不但能夠提高他們的收入水平，改善他們的社會地位，還能拉動更多的藍領就業，促進中國經濟的可持續發展。在小微企業發展壯大的同時，其創辦者也逐漸成為藍領中產階級，中國的中產階級也逐漸擴大。

（四）促進藍領階層代際流動

職業代際流動又可以稱為「職業異代流動」，指員工家庭兩代人或者多代人之間所發生的工作類別以及工作層級間的變動，反映了家庭幾代人之間的社會地位變動，一個社會的職業代際流動情況往往反映的是當前社會分層系統的轉變以及社會的進步程度。而在現代社會，由於社會開放性的提高以及社會地位獲得方式的多樣化，垂直代際流動也增多了。

如果一個社會是理想的、公平的，那麼不同社會地位成員的代際流動比率，不論是從橫向來看，還是縱向來看，都應該是大致相等的。李晚蓮（二〇一〇）研究發現，父輩從事的職業類別以及受教育程度將會對子輩的職業產生顯著的影響，因此子輩的職業與父輩的社會資本緊密相關，而不僅僅是個人教育作用的結果。

在現代社會，教育已經成為促進合理的社會流動、實現社會公平的最主要機制。高等教育制度是維繫社會穩定運轉的重要環節，它不僅是一種教育制度，也是一種社會流動制度，在中國社會的各階層之間發揮連通、協調作用。通過高等教育來實現社會流動，不僅是對科舉考試建立的文官制度的一以貫之，具有歷史與傳統的中國特色，也是一項出色的制度設計。通過教育與競爭的機會平等，社會弱勢階層經過努力有機會實現自身社會地位的上升流動，分化的社會階層之間有了相對開放的流動渠道，社會充滿了積極性與活力，社會矛盾和階層間的對立衝突也因此得以緩解。

五、總結

回顧歷史的幾個發展階段，在以自然經濟為主導的傳統社會中，政治上實行世襲制和等級制；隨著生產力的發展和近代化大生產的出現，以市場經濟為主導的工業社會取代了傳統農業社會。改革開放以來，隨著經濟體制的轉型與改革的日漸深化，社會各階層之間逐步形成合理、有效、通暢的社會流動渠道，每位社會成員都會有更多的機會依靠自身能力實現社會階層的向上流動；加之就業空間的不斷擴張、多元化競爭體系的建立，在新的時代浪潮下，社會中間階層逐漸興起與壯大。中產階級的崛起為社會各階層的共生共贏提供了穩定和諧的社會條件，是全面深化改革、推進社會主義現代化建設的重要力量。

參考文獻

1. 邊燕杰主編：《市場轉型與社會分層：美國社會學者分析中國》，生活・讀書・新知三聯書店二〇〇二年版。
2. 陳國慶主編：《中國近代社會轉型研究》，社會科學文獻出版社二〇〇五年版。
3. 李強：《社會分層十講》，社會科學文獻出版社二〇一一年版。
4. 李晚蓮：〈社會變遷與職業代際流動差異：社會分層的視角〉，《求索》二〇一〇年第六期。
5. 李毅：《中國社會分層的結構與演變》，肖蕾、李毅譯，安徽大學出版社二〇〇八年版。
6. 厲以寧：《工業化和制度調整——西歐經濟史研究》，商務印書館二〇一〇年版。
7. 廉思主編：《中國青年發展報告（卷一：城市新移民的崛起）》，社會科學文獻出版社二〇一三年版。
8. 〔美〕倫斯基：《社會分層》，王俊等譯，華夏出版社二〇〇五年版。
9. 〔意〕帕累托：《普通社會學綱要》，田時綱譯，生活・讀書・新知三聯書店二〇〇一年版。
10. 汪偉：〈經濟增長、人口結構變化與中國高儲蓄〉，《經濟學（季刊）》二〇〇九年第一期。
11. 王日根：《中國科舉考試與社會影響》，岳麓書社二〇〇七年版。
12. 謝維和：《教育活動的社會學分析》，教育科學出版社二〇〇〇年版。
13. 趙秋運、魏下海：〈融資約束、企業儲蓄和勞動收入份額：基於中國經濟轉型的發現〉，《市場經濟與增長質量——二〇一三年嶺南經濟論壇暨廣東經濟學會年會論文集》二〇一三年十一月。

（竇希銘，廈門市人民政府；趙秋運，北京大學光華管理學院）

中國藍領中產階級成長的挑戰及對策

羅來軍

與其他國家相比，中國中產階級的成長問題非常複雜，也更為艱難。主要有兩個原因：一是中國人口眾多，二是中國社會階層形態「下沉」。如果說中國目前的社會形態是啞鈴型社會，那麼也不是均衡的啞鈴型，而是嚴重的非均衡的啞鈴型，即社會的底層一端的人數遠遠大於頂層一端；並且更為嚴重的是，帶有明顯的M型社會特徵，中下層均面臨著較大的「下沉」壓力。在這樣的背景下，藍領中產階級的成長所面臨的挑戰可想而知，不僅面臨著經濟領域的挑戰，還面臨著政治領域與意識領域等方面的挑戰。本文著重分析經濟領域、政治領域、意識領域的挑戰，並給出解決的對策建議。

一、經濟領域的挑戰

藍領階層成長為中產階級，首先要在經濟上擁有一定的實力。關於中產階級的歷史表明，中產階級對經濟增長至關重要，是重要的驅動力。中產階級為什麼會帶來經濟增長？經濟學家從三個方面進行了解釋。首先，中產階級是消費的主要源泉（Andres Solimano, 2008）。他們不僅有能力去消費，而且願意掏更多的錢去追求質量，同時他們對產品的差異化追求也助長了對新產品的投資（Murphy, Shleifer and Vishny, 1989）。他們這些意願在對耐久商品的需求上表現得更為明顯，當他們收入超過六千美元時，他們的收入需求彈性大於一（Nomura, 2009）。這意味著隨著收入的增加，他們願意買更多的商品。這將會形成某種程度的自我支撐型動力，從而推動更高水平的經濟增長（Homi Kharas, 2010）。其次，中產階級注重人力資本和儲蓄（Doepke and Zilibotti, 2007），他們願意花更多的錢讓自己的子女受更多的教育（Banerjee and Duflo, 2008）。最後，中產階級具有較強的創新能力（Acemoglu and

Zilibotti, 1997）。中產階級是企業家的源泉，在英國的工業化時期，正是他們的創新能力，促進了英國現代經濟的繁榮。依照歷史經驗的邏輯，藍領階層擁有足夠的經濟實力去做上述三個方面的事情（有質量的消費、人力資本投資與創新），才算是成為了真正的藍領中產階級。

中國藍領中產階級在經濟領域的成長並不順利，其真實的經濟支付能力增長並不樂觀，還存在多種因素致使藍領中產階級的經濟能力下降。發達國家中產階級能夠促進經濟增長，而中國是否也能夠促進經濟增長呢？Banerjee 和 Duflo（2008）認為發展中國家的中產階級是否具備這種能力還存在爭議，這也反映出中國藍領中產階級在經濟能力上並不被一些人所認可，仍需要增強經濟能力。周小紅、杜強（二〇一二）甚至認為，中國的中產階層很難發展壯大起來，換句話說，中國尚不具備中產階層發展壯大的制度和現實條件。相反，阻礙中產階層發展壯大的消極因素還有很多，如不及時消除、削弱它的副作用，中等收入陷阱就絕非空話，離和諧社會建設的目標也會愈來愈遠。根據周小紅、杜強的分析，中國中產階級的整體發展都面臨著諸多消極因素，那麼處於向中產階級邁進的藍領階層，所受到的限制會更大。

對於藍領中產階級成長在經濟領域中的困難，概括地講，主要體現在以下三大方面：一是實體經濟不振，致使藍領中產階級的收入來源不穩定，經濟發展空間受到限制。二〇一五年一月，PPI（Producer Price Index）同比下跌百分之四・三，創下二〇〇九年十月以來的新低；三月，PPI同比下降百分之四・六，下降幅度加大，至此該指數已連續三十七個月持續負增長。企業破產潮是經濟下滑的重要指標，也是實體經濟狀況的重要窗口。溫州、長三角、珠三角企業倒閉嚴重，這些企業二〇一四年全年的利潤增長百分之三・三，百分之七十的企業利潤率不足百分之一，百分之三十的企業利潤為零。從全國情況來看，二〇一四年企業虧損總額大幅提升，速度從二〇一三年最低負百分之八・

一六的水平提升到目前的百分之十二・一九；而從虧損單位數量佔總企業數量的比重來看，也出現大幅度的提升，二〇一四年一至九月虧損企業數佔比為百分之三十二・三，比二〇一三年年底的百分之二十五・五高六・八個百分點。由於PPI繼續下跌，二〇一五年企業虧損額與虧損佔比將會進一步加劇。中小企業融資難、融資貴的局面依然沒有較大的改觀，而且隨著經濟形勢的不景氣，中小企業的市場空間也難以開拓。藍領中產階級往往在知識、技術、能力等方面具有優勢，可以利用這些優勢通過經營、管理等方式獲取高收入，由於實體經濟的低迷，藍領中產階級的收入與經濟失去一塊基石。

二是投資市場的高投機性與高風險，致使藍領中產階級的財富損失嚴重。一般情況下，富有階層的資產主要以投資（主要是固定資產）形式存在。但對藍領中產階級而言，他們不可能進行大規模的固定資產投資，其財富主要以儲蓄或者貨幣資產的形式存在。在通脹的情況下，固定資產的價格飆升，對富有階層有利，而對於藍領中產階級來說，實際利率甚至是負的，藍領中產階級的財富將會不斷縮水。藍領中產階級也會尋求其他的投資渠道，近階段以來所使用比較多的渠道有股市、房地產、高利貸，然而這幾種渠道風險都非常高，雖然有一些人從中謀利了，但大多數單個人員或家庭遭受了很高的經濟不確定性甚至重大損失。股市被認為是賭場甚至是騙局，藍領中產階級以中小投資者的面目出現，在和機構投資者、上市企業、券商等博弈的過程中，後者容易形成自覺或者不自覺的共謀，中小投資者無論實力、話語權還是信息都不佔優勢，中小投資者的利益就容易被忽視甚至被侵犯。對於高利貸，近期違約與逃跑的企業均很多，大量的投入資金打了水漂。

三是高昂的生活成本與社會成本，大大削弱了藍領中產階級的經濟實力。中產階級主要生活於城鎮，中國近期的城鎮化快速發展，使城鎮的生活成本與社會成本愈來愈高昂，比如高昂的學費、房價、醫療費、幼兒園入托費、擇校費、養老成本等。這些費用本應該由公共財政分擔或者部份承擔，但在現行的管理體制下轉嫁給個人承擔，城鎮富人承擔這些問題不大，而對於藍領中產階級，就是一個沉重的負擔了。從收入水平或者職業來看，很多人屬於中產階級，但是僅僅購買住房一項，就可能需要數十年歸還房貸，甚至花費掉幾代人的收入與積蓄。不具備真實的經濟實力的藍領中產階級，就無法以傳統中產階級的標準來分析其對社會可能帶來的貢獻。

二、政治領域的挑戰

藍領中產階級的成長，不僅僅體現在經濟領域，政治領域的成長與體現也是其重要的方面。亨廷頓在其著作《變革社會中的政治秩序》中探討了中產階級的政治訴求。隨著工業化、城市化的發展，教育水平的提高，以及大眾傳媒影響的擴大，崛起的中產階級對未來的追求和期望提高，階級意識和政治意識增強，強烈要求參與政治以實現自身的利益和主張。中產階級參與政治是政治現代化的重要體現。政治現代化本身就包含著全社會各階層廣泛地參與政治，但是要實現包括中產階級在內的各種社會勢力參與政治的有序化、合法化，則需要建立政黨和政黨體系，發揮政黨作為政治組織的功能和作用。政黨是現代發達政體區別於傳統政體的最獨特的標誌，是高度發達的現代政治組織，其功能是「組織參與，聚合利益，充當使社會勢力和政府相聯繫的紐帶」。之所以政黨能夠執行這一功能，是因為政黨能夠「為吸收新的集團進入體系，提供制度化的組織和程序」。政黨通過制度化建設，為社會各階級、階層和集團參與政治提供規範化的渠道和程序，動員各種社會勢力由政治體系外參與政治向政治體系內參與政治轉變，並最終在整個體系內實現制度化的公共利益取代四分五裂的個人利益或小圈子利益，公共價值統攝個體價值，權力和利益的紛爭在政黨制定的框架內以互相協商和妥協的方式解決。不僅如此，強大的政黨作為政治組織還能領導、帶動工會、農協等功能性組織的發展，拓展中產階級參與社會管理、政治活動的渠道。

由於藍領中產階級屬於中產階級的一部份，亨廷頓關於中產階級政治參與以及政黨建設等內容的分析與判斷，同樣適合藍領中產階級。在當前中國中產階級不斷發展壯大的背景下，對如何解決中產階級也包括藍領中產階級的政治訴求以及有關的政治建設，亨廷頓的分析具有重要的參考意義。目前，中國藍領中產階級的政治訴求主要體現為：一是藍領中產階級對中央政府和地方政府的國家治理與社會建設在總體上是比較肯定的，但是對一些管理制度和治理政策不滿意，認為有些治理方式不科學；二是對於政府政策與治理行為，藍領中產階級認為不能完全讓現行政府處置，而他們可以進行參與，也需要參與，以便實現更好的政策措施與行動方案；三是藍領中產階級並不希望更換現有的制度與體制，但對現有體制所存在的弊端很不滿，希望進行改進，並希望能夠參與到現有體制的改進活動當中來，利用自身的知識、能力與視野提升現有體制的科學性，實現國家治理的現代化。

根據亨廷頓的理論，中國政府與中國政黨應及時考慮到藍領中產階級的政治訴求，並採取措施吸納他們進行適度的政治參與。就目前的情況來看，藍領中產階級缺乏合適的渠道參與國家的治理與建設，他們的政治訴求沒有得到尊重與滿足。如果藍領中產階級的政治訴求得不到實現，對中產階級自身與國家都會帶來一系列的問題與弊端。反過來，如果藍領中產階級的政治訴求得以實現，藍領中產階級自身與國家都會獲得發展的正能量。

三、意識領域的挑戰

藍領中產階級的成長，還需要在意識領域不斷地提高。從歷史的角度來看，中產階級成為推動社會轉型的重要力量，關鍵在於形成中產階級的階級意識。也就是說，從一個自發的階級轉變成馬克思意義上的「自為階級」。馬克思對現代社會的階級進行分析和把握時，不僅從經濟地位來界定，還注重從思想意識形態上來理解。為此，馬克思提出「自在階級」和「自為階級」的區別：處於相同經濟地位的群體與社會階層只是「自在階級」；只有那些不僅經濟地位相同，而且還具有共同階級意識的社會階層才是「自為階級」。自為階級構成社會政治變革的主力軍。英國的 burghers class、法國的 bourgeoisie、德國的 Burgertum，這些概念指的都是中產階級（當時的說法是中間等級）物質和經濟方面的內涵。由於歷史上的這些概念最初只是表示社會群體的經濟地位，有學者指出，英國最初出現的是中等階層（middle station），而不是中產階級（middle class）。在工業化、城市化進程中，壯大起來的中產階級逐漸產生了自己的文化並進而形成自己的階級意識，而後才從「自在階級」變成「自為階級」，中等階層（middle station）和中間等級（middling sort）變成了現代的中產階級。正是這種原因，斯邁爾沒有將中間等級等同於中產階級，因為他認為中產階級文化與意識的形成是中產階級的標誌，而中間等級並沒有表現出形成一種階級認同的可能。

藍領中產階級從藍領階層發展出來，在階級意識方面往往比其他部份的中產階級更為薄弱。專門研究中國中產階級意識的文獻還沒有，但有些文獻從不同的角度初步分析了該問題。一些研究認為，藍領中產階級在當前階段是一種社會穩定力量，對現存的政治和社會體制不會有變革的慾望，在他們和國家之間發生衝突的可能性不大，因為他們是改革開放政策的受益者，當前的經濟體制給了他們成長為中產階級的機會；此外，很多藍領中產階級人員的政治傾向可能是政治淡漠，只關心經濟利益，不關心政治需求，甚至不關心政治問題與事件。另一方面，也有學者認為，與其他各階級階層相比，藍領中產階層的政治態度並不保守，社會批判意識漸趨顯化，對民主有更強烈的願望。近幾年不斷爆發的社會問題很好地印證了這些觀點，藍領中產階級對政府腐敗和國家在重要產業方面的壟斷愈來愈不滿，希望能夠進行改變，並不斷提出自身的看法與主張。

從總體來看，中國藍領中產階級的階級意識在目前階段具有兩大缺陷：一是缺乏階級自覺。主要表現為中國藍領中產階級對自身的發展，以及藍領中產階級對國家和社會發展的重要作用沒有清醒的認識，甚至沒有意識到該問題，進而對當前的國家治理、社會發展、體制機制建設沒有明確的看法和主張，甚至是漠不關心。這種狀況也表明，中國的藍領中產階級尚處於發展的早期階段。二是有碎片化看法但沒有形成階級意識。藍領中產階級比其他基層階級對社會的看法要多，也要更為科學與合理。比如對政府的住房政策、醫療政策、教育政策、科技政策、收入分配調節政策、腐敗治理等領域的指責、批評與不滿，而後又能提出一系列自己認為更為有效的處理方案，甚至埋怨政府為何不讓自己去制定政策去管理這些問題，自己能管理好。上述意見很多是來自於有知識、有文化、有頭腦的藍領中產階級。這些看法與見解多是個人的意見表達或者是個人的不滿與牢騷，是碎片化的階級意識。如果藍領中產階級對國家治理的重要問題形成有份量的思想與主張，並不斷擴大其影響力，此時藍領中產階級的階級意識就形成並發揮作用了，並能夠為藍領階層成長爭取或創造更好的條件。

四、藍領中產階級成長的對策建議

（一）經濟領域的對策建議

1. 加強市場經濟建設力度，為藍領中產階級成長提供適宜的經濟環境

中國一直致力於社會主義市場經濟建設，然而目前中國的市場經濟體系仍不完善和健全，市場還難以成為配置資源的主要手段，還不能主要依靠市場機制和價值規律調節經濟運行。市場經濟強調自

主、平等與競爭，藍領中產階級人員往往具有知識、技術和能力優勢，能夠在市場經濟環境中發揮這些優勢，獲得經濟上的成功。但是，非完善的市場經濟是不利於藍領中產階級的成長的。在非完善的市場經濟中，往往會出現壟斷、尋租、關係等現象，由於藍領中產階級的財富有限，難以獲得壟斷、尋租、關係等行為的超額利潤；與此同時，非完善的市場經濟會造成資本市場、要素市場、商品市場等機制扭曲，資源錯配，效率偏誤，這些行為均會妨礙藍領中產階級知識、技術和能力優勢的施展。

2. 重視人力資本與科學技術，培養並發揮藍領中產階級的稟賦優勢

上段已提到，藍領中產階級往往具有知識、技術和能力優勢，如果國家重視人力資本與科學技術，那麼藍領中產階級將大有用武之地。目前階段，中國的人力資本水平和科學技術水平與發達國家相比均有差距，而中國要想實現強國夢，就必須大力發展人力資本與科學技術。中國共產黨的十八大明確提出：「科技創新是提高社會生產力和綜合國力的戰略支撐，必須擺在國家發展全局的核心位置。」強調要堅持走中國特色自主創新道路，實施創新驅動發展戰略。從中國共產黨和國家的發展戰略來看，中國高度重視人力資本與科學技術。這樣一來，藍領中產階級就可以充分發揮與運用其理論知識和科學技術，在服務於國家經濟建設的同時，能夠使自身的經濟實力增強。

3. 理順與控制各種社會成本，轉換藍領中產階級的經濟支付領域

前文分析了高昂的生活成本大大削弱了藍領中產階級的經濟實力。同時歷史經驗也告訴我們，如果中產階級成為經濟增長的推動力量，中產階級要能夠提供足夠多的消費，要多投入人力資本培養，要具有創新能力。如果中國藍領中產階級被高昂的生活成本所羈絆，整天疲於奔命，才能維繫必需的生活所需，那麼，就難以形成大量的、多樣化的、高層次的需求，無法通過內需拉動經濟增長；也難以進行高質量的人力資本投入，以及難以從事較多的創新活動。為此，國家需要對社會成本進行控制，限制本應

由財政承擔的成本轉嫁到社會上，對藍領中產階級的成長，乃至對整個社會福利的提升，都有重要的意義。

（二）政治領域的對策建議

1. 開拓藍領中產階級政治參與渠道，納入國家治理體系

前文指出，中國藍領中產階級對一些管理制度和治理政策不滿意；對於政府政策與治理行為，他們認為不能完全讓現行政府處置，而他們可以參與，也需要參與，以便實現更好的政策措施與行動方案，也希望能夠參與現有體制的改進活動。中國共產黨的十七大報告指出：「從各個層次、各個領域擴大公民有序政治參與，最廣泛地動員和組織人民依法管理國家事務和社會事務、管理經濟和文化事業。」面對藍領中產階級的發展，把他們參與國家治理的意願和能力引入治理體系，既能夠化解藍領中產階級的不滿情緒，實現藍領中產階級的抱負，又能夠利用藍領中產階級的治理能力，為國家和社會做貢獻。開拓多種渠道，採用多種方式，吸納藍領中產階級人員在中國政府、人大、政協，在工會、共青團、青聯、婦聯等人民團體，以及在各種專業協會、民間組織中任職和發揮作用。

2. 規範與完善藍領中產階級政治參與，提高參與的有序性與制度化

藍領中產階級人員的成長是多樣化的，其構成是比較複雜的。雖然作為一個階級，具有比較趨同的主流階級意識，但是也會有差異很大的其他思想和主張。為此需要對藍領中產階級的政治參與進行規範與引導，以有利於參與的有序開展與有效進行。面對藍領中產階級政治參與的多種需求，如果政治制度建設不健全、不完善或者滯後，就會導致政治參與和政治制度化建設的不同步、不協調，引起國家政治秩序不穩定。因此，很有必要根據新形勢深化政治體制改革，構建和完善藍領中產階級政治參與的程

序和制度，引導他們在現行法律、法規、國家制度、政府政策允許的範圍內規範、有序、理性地參與政治、參與國家治理。與此同時，要加強領導體制與管理體制的改革與建設，推行依法執政、科學執政、民主執政，提高領導與管理的效率與成效。這是因為藍領中產階級的知識水平、科技素養、民主意識均比較好，他們希望推動並實現現代化的國家治理。

3. 繼續完善政黨建設，覆蓋藍領中產階級政治訴求

中國共產黨領導的多黨合作和政治協商制度是中國基本的政黨制度，各黨派、各團體及社會各方面在中國共產黨的領導下政治協商、民主監督、參政議政，表達各個階層的利益訴求和政治願望，協調和化解社會各階層之間的矛盾和衝突，整合社會各階層的利益並形成共識和合力。隨著時代和形勢的發展變化，中國政黨及其制度建設也將進行調整與改進。針對藍領中產階級的發展，中國政黨及其制度建設也應考慮藍領中產階級的政治訴求，採取對應的措施壯大政黨力量或者增強政黨的群眾基礎。一是調整與完善黨的組織制度，吸收藍領中產階級的優秀份子加入黨組織；二是通過多種渠道讓藍領中產階級人員參與政治協商、民主監督、參政議政。通過上述兩種方式，將藍領中產階級納入現有政治體系與治理框架，使他們的利益、意識、思想、主張逐步融入統一的政治共識和國家意志。

（三）意識領域的對策建議

中國藍領中產階級在發展壯大過程中，應不斷地形成、強化與完善自身的階級意識，一方面通過階級意識促進藍領中產階級的發展，另一方面通過階級意識加強對國家治理的參與，為國家富強與社會發展做出更大的貢獻。中國藍領中產階級階級意識的培養，應該從兩個方面著手：

1. 逐步增強藍領中產階級階級意識，形成有影響力的看法和主張

藍領中產階級有自身的階級優勢：知識、科技與能力，能夠在多個領域在領導、管理、運營等方面發揮作用。藍領中產階級應該依據自身的階級優勢與狀況，形成相關領域的階級意識與階級主張，以及治理思路與政策方案。目前藍領中產階級對國家治理與社會發展有很多看法，但沒有形成階級層面的意識與主張。就當前而言，在政黨建設、經濟發展、和諧社會、環境保護等很多問題上，藍領中產階級均可以利用自身的知識理論和實踐經驗，形成明確的意識與主張，這也是國家治理現代化所需要的。

2. 調整和完善階級意識，融入國家治理與社會發展

亨廷頓指出，儘管政黨有擴大政治參與的功能，能夠吸收現代化中出現的新的社會力量，但是要在實踐中真正得以體現，還取決於兩點：其一，政治體系的容納能力和同化能力，能否將中產階級納入規範的制度化管理軌道；其二，中產階級的接受能力和適應能力，能否放棄某些價值和要求以順應新的政治體系。第二點對中國藍領中產階級有很大啟發，藍領中產階級需要自身的調整、改進與適應，逐漸剝離自己身上落後和腐朽的東西，摒棄以往不合時宜的傳統觀念，形成與提升符合社會發展的新意識、新思想與新見解，並融入新的政治體系、新的國家治理體系、新的社會建設體系。

參考文獻

1. 李春玲：〈尋求變革還是安於現狀：中產階級社會政治態度測量〉，《社會》二〇一一年第二期。
2. 李強：〈關於中產階級和中間階層〉，《中國人民大學學報》二〇〇一年第二期。
3. 廖小平、孫歡：〈政治參與的價值論〉，《北京大學學報（哲學社會科學版）》二〇一一年第一期。
4. 婁春傑：〈中產階級、政治民主與經濟增長：一個文獻綜述〉，《社會主義研究》二〇一四年第一期。
5. 〔美〕塞繆爾．亨廷頓：《變革社會中的政治秩序》，華夏出版社一九九八年版。
6. 張翼：〈當前中國中產階層的政治態度〉，《中國社會科學》二〇〇八年第二期。
7. 周曉紅：〈再論中產階級：理論、歷史與類型學兼及一種全球化的視野〉，《社會》二〇〇五年第四期。
8. 周小紅、杜強：〈中產階級支撐戰略——超越和諧的必由之路〉，《山東社會科學》二〇一二年第十二期。
9. Acemoglu D. and F. Zilibotti, "Was Prometheus Unbound by Chance?", *Journal of Political Economy*, 1997, 105(4): 51-709.
10. An Chen, "Capiticalist Development Entrepreneurial Class and Democratization in China," *Political Science Quarterly*, 2002, 117(3): 401-422.
11. Banerjee A. and E. Duflo, "What is Middle-Class about the Middle-Classes around the World?",

Journal of Economic Perspectives, 2008: 3-28.

12. David S. G. Goodman, *The New Middle Class: Paradox of China's Post-Mao Reforms*, Cambridge University Press, 1999.

13. Doepke M. and F. Zilibotti, "Occupational Choice and the Spirit of Capitalism", *NBER Working Paper* 12917, National Bureau of Economic Research Inc, Cambridge, MA., 2007.

14. Ethan Michelson and Sida Liu, "What do Chinese Lawyers Want? Political Values and Legal Practice," *China's Emerging Middle Class: Beyond Economic Transformation,* edited by Cheng Li, Washington DC: Brookings Institution Press, 2010, pp. 310-333.

15. Homi Kharas, "The Emerging Middle Class in Developing Countries," *OECD Development Centre Working Paper*, No. 285, 2010.

16. Jie Chen, "Attitudes toward Democracy and the Political Behavior of China Middle Class," *Chinas' Emerging Middle Class: Beyond Economic Transformation*, Brookings Institution Press, 2010, pp. 334-358.

17. Jie Chen and Bruce J. Dickson, *Allies of the State Chinas' Private Entrepreneurs and Democratic Change*, Cambridge (MA): Harvard University Press, 2010.

18. Murphy, Shleifer and Vishny, "Income Distribution, Market Size, and Industrialization," *The Quarterly Journal of Economics*, 1989, 104 (3) : 537-564.

19. Natalie Chun, Rana Hasan, and Mehmet Ulubasoglu, "The Role of the Middle Class in Economic Development: What Do Cross-Country Data Show?", *Asian Development Bank Economics Working*

Paper Series, No. 245, 2011.

20. Nomura, "China: A Secular Shift," *Asian Bank Reflections*, Vol. 3, August 2009.

21. Solimano A., "The Middle Class and the Development Process: International Evidence," *Santiago, Chile: Economic Commission for Latin America and the Caribbean*, Mimeographed document, 2008.

（羅來軍，北京大學光華管理學院、中國人民大學國家發展與戰略研究院）

第三次工業革命與中國藍領中產階級發展

黃國華

第三次工業革命的興起和發展，既給中國藍領工人帶來了廣泛的機遇，也帶來了眾多挑戰。只有積極融入國際競爭、大力推進第三次工業革命，加大對藍領工人的教育培訓、創業支持，才能支撐中國經濟轉型升級、實現持續發展，才能推動藍領工人邁入中產階級、加快構建橄欖形社會結構。

一、第三次工業革命發展趨勢及主要特徵

人類社會在經歷了十八世紀以蒸汽機為標誌的第一次工業革命和二十世紀以大規模生產流水線為標誌的第二次工業革命後，目前正在經歷以數位化製造、新能源、新材料等為標誌的第三次工業革命。二十世紀末以來，以數位製造、互聯網、再生能源、納米和複合材料等為代表的新技術、新科技不斷湧現，不僅創造了一批新興產業，也導致在製造模式、社會生產方式、生產組織方式等方面發生重大變革，進而改變人們的生活方式和世界的經濟格局（表一）。

總體來看，第三次工業革命有以下特點：

一是生產過程快速化。一方面生產工藝突破大大提高了設計與製造的一體化程度、簡化了複雜產品的製造流程，使得企業生產週期大為縮短。例如，在現代CAD/CAM技術、激光技術、計算機數控技術、精密伺服驅動技術以及新材料技術的支持下，3D列印機通過分層製造、逐層疊加實現生產製造的快速成形，根本異於傳統製造業需要先加工零部件再進行組裝的製造方式。又如，隨著智能機器人應用的完善，未來企業開展無人值守式生產和連續作業也會成為可能。另一方面生產輔助技術水平的提升，也大幅提高了生產系統的效率。在第三次工業革命中，互聯網的廣泛運用大大降低了信息溝通成本，

表一　三次工業革命基本情況

工業革命	發生時期	生產材料	生產工藝	生產輔助技術
第一次	十八世紀六十年代～十九世紀四十年代	熟鐵	蒸汽機等	蒸汽輪火車、郵政、鐵路、運河等
第二次	十九世紀七十年代～二十世紀初	鋼鐵	生產流水線	汽車、飛機、電報、電話、公路、高速公路、機場、港口等
第三次	二十世紀七十年代至今	複合材料、納米材料	3D 列印機、工業機器人等	新能源汽車、數字遠程通信、信息網絡

資料來源：
(1) 中國社會科學院工業經濟研究所課題組：〈第三次工業革命與中國製造業的應對戰略〉，《學習與探索》二〇一二年第九期，第九三至九八頁。
(2) 田露露、韓超：〈第三次工業革命：歷史演進、趨勢研判與中國應對〉，《經濟與管理研究》二〇一五年第七期，第八八至九五頁。

而且生產系統借助網絡信息技術全面趨向數位化和智能化，大大提高了生產的時效性。

二是生產系統靈活化。傳統的生產系統靈活性較差，通常由相關專用自動化生產設備組成，系統的配置是固定的，按照確定的作業流程生產大量標準化產品。這種固定化的生產系統適應大規模、單一產品的生產，有利於降低單個產品的生產成本，但是難以滿足客戶多元化的需求。在第三次工業革命中，為滿足個性化產品需求，生產系統靈活性大幅提高。例如，可重構製造系統通過重排、重複利用和更新系統組態或子系統，能夠快速調試、製造，具有很強的包容性、靈活性以及突出的生產能力。

三是生產方式分散化。傳統的工業生產主要集中在工廠中進行，並採用自上而下垂直管理的生產方式。在第三次工業革命中，隨著信息技術的飛躍發展，大量物質流被成功虛擬化而轉化為信息流。在3D列印機以及豐富的產品設計程序、模板的支持下，個人生產的難度大大降低，即個人可以通過線上交流進行產品的研發、設計，使用3D列印機在家中製造產品，通過快捷的物流送遞到客戶手中，從而形成千萬個分散的家庭式工廠。

四是生產集聚虛擬化。在傳統的產業組織模式下，企業在特定地理範圍集聚不僅有利於生產供應鏈管理，而且通過信息交流、知識外溢有利於激發創新，從而形成區域性競爭優勢。在第三次工業革命中，依託於發達的通信手段和信息網絡平台，企業集聚的範圍、內容和形式將會改變。例如，眾多中小企業和個體生產者可以借助網絡平台，共享生產配套服務、信息資源等，將傳統的地理集聚逐漸演變成網絡意義上的集聚，實現生產集聚虛擬化。

二、第三次工業革命為中國藍領工人發展帶來了廣泛的機遇

第三次工業革命通過生產工具和技術的創新進步，不僅大大提高了生產效率，改變了社會生產方式和生產組織方式，同時也對勞動者尤其是藍領工人的工作環境、技能要求、創業條件、收入水平等產生了重要影響，為藍領中產階級的形成和發展奠定了基礎。

（一）改善工作環境

中國不少領域藍領工人的工作環境較差，即便採取了一些保護措施，工人的身心健康也還是受到較大影響。例如，陶瓷、五金、潔具、不銹鋼、注塑、壓鑄等建材製造工廠，粉塵多、噪音大、污染嚴重，不少人因此患上塵肺病。相比於人類，機器人對惡劣工作環境的適應性強得多。機器人不需要呼吸空氣，對高溫、低溫的耐受力也強得多，電磁輻射等污染也基本不會對其產生影響。據報導，泉州某汽配公司因焊接工作有輻射和焊霧粉塵污染，噴漆工作化學污染嚴重，而且油漆易燃易爆、危險性較高，現在已將這些工作交給機器人。工人們離開惡劣的一線生產環境後，更多轉向對機器人工作的監控、調

試和遠程操作，工作環境更加乾淨、安全、健康。而且隨著技術進步，工人與機器人之間的工作介面更加友好，人機合作通過人的自然語言甚至動作就可以實現，工作軟環境將持續改善。

（二）促進人力資本積累

目前藍領工人的工作內容主要是搬運、組裝、焊接、加工、包裝等，多數工作是程序性、負重性、操作性的，對創造性要求相對較低，人力資本積累比較慢。隨著第三次工業革命的推進，高度自動化、能夠根據環境變化自行調整運行的工業機器人大量投入使用，藍領工人的工作將發生質的變化。不再是簡單機械操作，更多要進行人機協作，運用電腦「管理」機器人，利用知識創造性地「主導」生產過程，例如機器人安裝、編程、調試、維護、規劃、管理等，通過「幹中學」提高知識水平和技能水平。此外，第三次工業革命在清潔能源、綠色建築、電子通信、微型發電系統、分散式的IT網絡、插電式和生物電池交通工具、可持續化學、納米技術、無碳物流和供應鏈管理等各個領域都在發生重大突破，大量新型產品不斷湧現，將帶來眾多新的製造業工作崗位，將迫使藍領工人加強新知識學習，提高創造能力，加速人力資本積累。

（三）提供更多創業機會

藍領工人創業往往面臨較多難題：一是資金不足。由於藍領工人收入不高，因此資金積累難度大、速度慢。然而，創業，尤其是工業領域創業，對資金投入要求通常較高，廠房建設、設備購置等都需要較多的資金支撐。二是技術門檻較高。雖然藍領工人在工作實踐中學習了很多技術原理和操作技巧，但生產製造技術往往是一個體系，僅靠一人或少數人很難掌握全部的技術。三是行銷通路建設難度大。行銷是企業經營的重要環節，行銷通路是否通暢直接關係到企業生存。行銷通路建設通常需要較多投入和較長時間，涉及徵召代理商、鋪設門店、聯繫客戶、廣告等，難度較大。

在第三次工業革命過程中，3D列印機、信息網絡等的普及大大降低了創業的資金門檻、技術門檻、行銷門檻，為廣大藍領工人提供了更多的創業機會。例如，隨著3D列印機技術日益成熟、價格下降，藍領工人只需花費較少的資金就能購置若干台3D列印機，在家中就能進行生產，無須再建設廠房、購置大型機械設備。信息網絡上有豐富的3D列印機產品設計程式和模板，只要藍領工人對產品的某些方面有獨特的想法，就能輕鬆設計出一個新的產品。同時，信息網絡和物流業的快速發展，也為藍領工人快速、低成本搭建行銷通路提供了條件。

（四）提高收入水平

藍領工人收入水平取決於其邊際產出，與勞動生產率緊密關聯。在第三次工業革命過程中，工業機器人等智能製造設備的大量運用，將大幅提高資本—勞動比；藍領工人教育培訓不斷增強，將帶來人力資本的明顯提升，這些都會促使勞動邊際產出和勞動生產率的顯著上升，從而推動藍領收入增長。雖然有人擔心，工業機器人大量替換藍領工人會造成藍領勞動力供過於求，從而抑制收入提高。但從歐美日等發達國家的經驗看，機器人等的使用只是減少了傳統行業中重複性和操作性強的工作崗位，而第三次工業革命中清潔能源、新能源交通工具、電子通信、IT網絡、納米技術、無碳物流和供應鏈管理等新興產業不斷湧現，創造出大量新型產品和服務，新增了更多技術型、服務型崗位。例如，雖然德國傳統能源產業（如煤炭、石油、天然氣）的就業人數趨於下降，但可再生能源產業提供了更多就業崗位，二〇〇七年就已經達到二十四萬九千個。低質量就業崗位減少、高質量就業崗位增加，有利於藍領工人提高收入。

三、第三次工業革命時期中國藍領工人面臨的主要挑戰

（一）藍領工人轉崗壓力增大

三十多年來，中國工業、建築業等部門快速擴張，藍領工作崗位也急劇增長。根據二〇一〇年人口普查，中國生產、運輸、設備操作等藍領職業就業人數佔比超過百分之二十二；如果從行業看，採礦業、製造業、建築業、交通運輸業以及電力、燃氣及水的生產和供應業等藍領崗位比較集中的行業就業人數則接近城鎮單位就業總人數的百分之五十。但是在第三次工業革命過程中，隨著工業機器人等智能製造設備的廣泛應用，除了某些特殊的生產任務外，大部份生產工作將由機器人承擔完成。例如，富士康昆山工廠在引入工業機器人後，員工人數從二〇一三年的約十一萬人裁減成六萬人。某個生產流程原來需要幾百名工人，現在只需十五台設備和三名工人。同樣，海爾、美的、格力等也都在大量使用機器人或自動化設備。二〇一四年中國市場共銷售工業機器人約五萬七千萬台，較上年增長百分之五十五。從世界來看，一九九五至二〇〇二年，世界二十個最大經濟體的製造業崗位減少了三千一百萬個。與二〇〇〇年相比，二〇一〇年美國製造業雖然產量大體保持穩定，但就業率下降了百分之三十二。因此，隨著第三次工業革命的推進，藍領工人需要大量從傳統行業一線生產崗位退出，轉換到機器人工程師等新出現的工作崗位或者新興產業、第三產業等行業。由於中國藍領數量較多，如此大規模群體性職業轉換壓力較大。

（二）藍領教育水平難以滿足第三次工業革命的需要

總體上看，中國藍領工人接受教育的程度普遍較低。根據二〇一〇年全國人口普查，中國從事生

產、運輸、設備操作等職業的人員中，百分之七十七只接受了初中及以下水平教育，接受過大專及以上教育的只有百分之五（圖一）。在以前大規模流水線型生產方式下，接受了初級教育的藍領工人尚可滿足工作需要。但在第三次工業革命中，生產的自動化程度不斷加強，個性化定製比重不斷提高，產業發展要求工人能看懂圖紙、理解訂單要求、調整機器參數、修正錯誤誤差等，中國藍領工人現有的教育水平難以滿足上述工作要求。例如，根據德勤二〇一三中國智能製造與應用企業調查，百分之五十八的企業認為缺乏高素質人才是智能製造商業軟環境亟待改善的方面。中國裝備製造業技術人才呈現「四多四少」特徵，即裝備製造業的初級技工人數多，高級技工人數少；傳統型技工人數多，現代型技工人數少；單一型技工人數多，複合型技工人數少；短期速成的人數多，系統培養的人數少。這既不利於產業的發展，也將制約藍領中產階級的成長。

（三）藍領工人新生力量補給減速

與其他職業相比，藍領職業中青壯年勞動力比重相對更高。圖二顯示了二〇一〇年中國生產運輸設備操作人員各年齡段比重與全部就業人員各年齡段比重之間的比例，可以發現年齡越小比例越大。從各年齡段就業人員所從事職業分佈看，在十六至十九歲、二十至二十四歲、二十五至二十九歲、三十至三十四歲、三十五至三十九歲、四十至

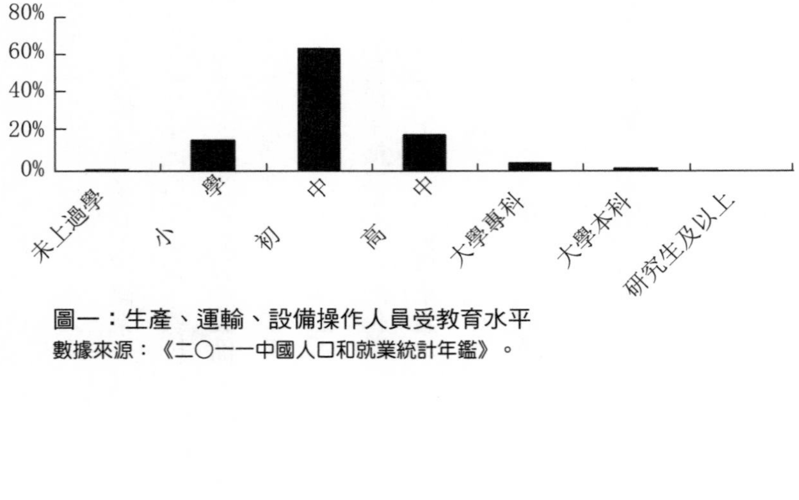

圖一：生產、運輸、設備操作人員受教育水平
數據來源：《二〇一一中國人口和就業統計年鑑》。

四十四歲的青壯年城鎮就業人員中，從事生產、運輸、設備操作等職業的佔比分別為百分之四十八・九、百分之三十八、百分之三十・二、百分之三十・九、百分之三十二・八、百分之三十二・四；而在四十五歲以上，該職業佔比則迅速下降。然而，隨著中國人口紅利的消失，青壯年勞動力供給正在逐步下降。根據聯合國預測，中國二十至四十四歲主要青年勞動力數量，將從二〇一五年的五億三千萬下降到二〇二五年、二〇三五年、二〇四五年的五億、四億三千萬、三億七千萬，下降速度呈加快趨勢（圖三）。特別是，受中國傳統社會文化影響，青年們更願意「坐辦公室」，而不願「蹲廠房」，成為藍領工人的青壯年數量將更快下滑。雖然第三次工業革命大量引入了工業機器人、3D列印機等，會降低對藍領工人數量和體力方面的要求，但青壯年勞動力最活躍、最有創造力。缺乏新一代高素質青壯年進入藍領群體，不利於中國第三次工業革命的推進和相關新興產業的發展，不利於提升中國藍領工人綜合素質和參與全球競爭。

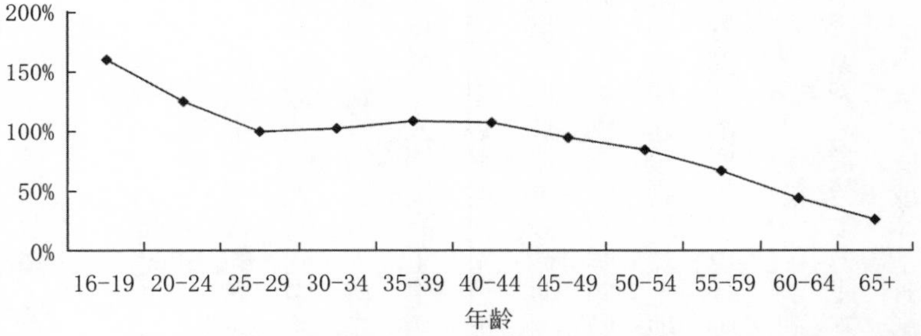

圖二：生產運輸設備操作人員年齡構成與全部就業人員年齡構成比例

數據來源：根據《二〇一一中國人口和就業統計年鑑》相關數據計算得到。

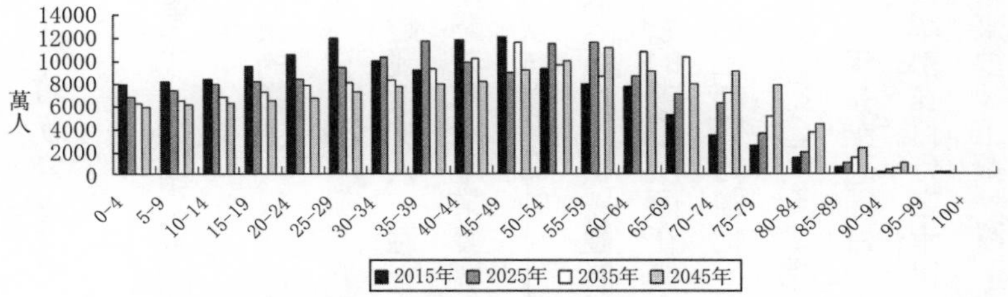

圖三：中國各年齡段人口數量預測

數據來源：聯合國世界人口預測。

四、促進藍領中產階級發展的政策建議

（一）大力推進第三次工業革命，為藍領中產階級的形成奠定基礎

藍領中產階級的形成離不開產業的發展。只有產業興旺，藍領工人就業才能有保障、收入才能獲得提升，藍領工人邁向中產才有經濟基礎。隨著第三次工業革命在全球興起，中國製造業等相關產業發展面臨著嚴峻的挑戰：首先，技術追趕難度加大。過去三十多年，中國利用後發優勢學習吸收發達國家生產技術，大幅提高了生產率，製造業等相關產業發展取得了巨大成績。隨著中國距離世界技術前沿愈來愈近，追趕難度在不斷加大。第三次工業革命的一大特點是多領域技術相互交叉、促進從而實現突破性發展。由於中國技術水平總體落後，而且各領域發展不均衡，在發達國家進一步加強知識產權保護的限制下，中國很多新興領域與發達國家的差距反而在擴大。其次，低成本優勢快速削弱。近年來，隨著中國經濟快速發展以及土地、環保、用工制度的強化，過去依靠低地價、低環境標準、低工資形成的低成本優勢逐漸喪失。以勞動成本為例，二〇〇一至二〇一四年，中國製造業職工平均工資增長率基本在百分之十至百分之十五之間，二〇一一年甚至高達百分之十九（圖四）。相比之下，相關發達國家和發展中國家製造業勞動力成本年均增長率都在百分之十以內，多數在百分之二至百分之八之間，遠低於中國（圖五）。受成本上升影響，近年來很多工廠外遷至東南亞、南亞、非洲等勞動力成本更低的地區。此外，隨著當前消費需求日益向個性化定製方向發展，發達國家企業靠近市場、快速響應客戶需求的優勢增強，中國產品低價優勢逐步削弱。

中國應緊緊抓住第三次工業革命的機會窗口，加強自主創新，加快推動3D列印、移動互聯網、雲

計算、大數據、生物工程、新能源、新材料等領域的突破創新，加快新一代信息技術與製造業深度融合，推進智能製造，提高中國勞動生產率，扭轉因自主知識產權不足、生產成本上升等造成的競爭力下

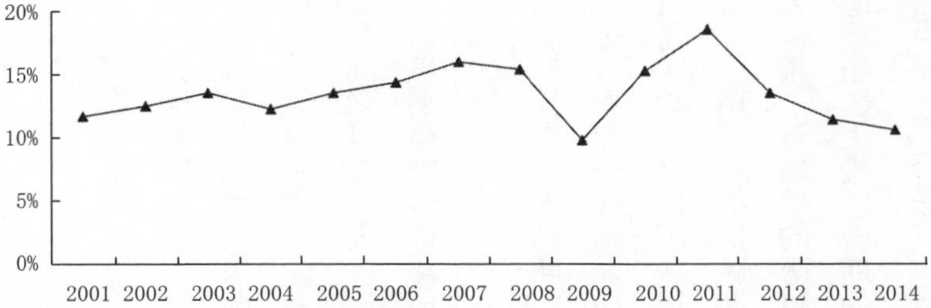

圖四：中國製造業平均工資增長率
數據來源：根據相關年份《勞動統計年鑑》、《人口和就業統計年鑑》數據計算得到。

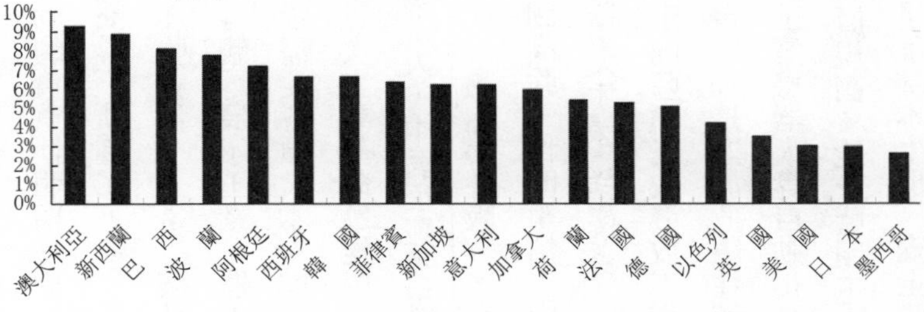

圖五：2000—2012 年製造業每小時人工成本平均增長率
數據來源：根據二〇一四年《國際統計年鑑》數據計算得到。

降的趨勢。在推動第三次工業革命的過程中，應避免政府越位代替企業和市場進行決策，甚至直接指定技術和項目。技術創新、產品創新高度複雜，需要眾多企業在不斷試錯中才能實現，政府不具備這方面的能力。政府的職責應是創造公平有序的市場環境，激發企業活力和創造力，充分發揮市場的作用，提高資源配置效率。

（二）轉變社會就業觀念，吸引青年進入藍領工作崗位

中國傳統上就有「學而優則仕」「勞心者治人，勞力者治於人」等文化，加之過去藍領工人工作環境差、勞動強度大、收入水平低等社會印象，社會上對藍領工作崗位存在普遍的偏見，很多青年就業時通常首選進辦公室當白領，不得已才去工

廠當藍領。正如前文所述，隨著第三次工業革命的推進，藍領工人的工作將發生質的改變，工作環境會日益變得乾淨、安全、健康，勞動的負重性明顯降低，收入將大幅提高。但是，社會觀念一旦形成，就會通過家庭、朋友、同學等社會圈子不斷強化，改變難度通常較大，需要社會各方面共同努力。

一方面政府、學校、媒體應加強宣傳。一是打破社會對於藍領工人工作環境、收入等的舊觀念，廣泛介紹新型工廠實際情況，更加客觀地展示工業機器人、信息網絡等給現代藍領工作帶來的深刻改變。二是倡導新的人才理念。社會進步需要各類人才支撐和推動，既需要一流的科學家、企業家、政治家，也要有高素質的工人。特別是第三次工業革命過程中，如果沒有一支既具備較高操作技能，又懂得計算機、信息網絡等數位技術的藍領工人，中國很難實現產業升級。三是介紹國際上重視藍領的經驗。例如，二〇一三年八月十九日《人民日報（海外版）》介紹了中國山東省濟南市孝里鎮電焊、水電、安裝等領域的技術工人到澳大利亞得到高薪工作的事情，引起了較大社會反響。

另一方面企業應更加重視藍領人才保護和培養。社會觀念轉變最終有賴於藍領工人工作實際狀況的改善。除了應按照法律制度規定向藍領工人發放工資、提供各類社會保險和福利外，目前的重點應是改善工作環境和提供職業發展平台。一是對於危險性較高、污染較重的工作場所，應採取必要措施加強工人保護，有條件的應積極引入工業機器人等自動化設備，讓工人享有更加安全健康的工作環境。二是幫助藍領工人設計合理的職業發展規劃，給予藍領工人成才希望。根據馬斯洛需求層次理論（Maslow's Hierarchy of Needs），當人們滿足了基本生理、安全等需求後，將更多追求個人的價值實現。中國新一代青年求職時已經更加看重工作崗位能夠提供的學習機會和發展平台。例如，某港口公司採取了「技術比武」、「金牌崗位」等人才競選培養方法，技能冠軍、首席員工等稱號極大地激發了藍領工人的榮譽感、成就感，促使廣大藍領工人努力想竅門、練絕招、創佳績，營造了藍領工人也能成才的氛圍觀念。

（三）建設現代化教育培訓體系，加快藍領人力資本積累

「中產階級不僅是一個按收入水平確定和劃分的概念，同時也是一個按照文化素質確定的概念。不能認為只要有錢而沒有文化素質的人會成為社會的中堅力量。中產階級理應成為社會中堅力量，在這方面不能缺少文化素質這一要素。」①無論是提高藍領工人的收入，還是改善其文化素質，都需要加強教育和培訓，提高人力資本。應按照第三次工業革命的發展方向要求，切實改革中國教育培訓機制，提高針對性、有效性，奠定藍領中產階級成長的基礎。

第一，繼續擴大高等教育尤其是高等職業教育的規模。高等教育不僅是培養白領的場所，也是培養高級技能人才的重要途徑。高等學校對於計算機、信息網絡、儀器儀表、工程機械等知識的傳授，是藍領有效運用現代化設備開展工作的重要基礎。隨著中國產業升級發展，需要愈來愈多接受過高等教育的人才。通過表二可以發現，中國第二產業中資本密集型行業勞動者受教育水平明顯高於勞動密集型行業勞動者，尤其是接受高等教育（大專以上）人才的比率高達三・六倍。隨著第三次工業革命的推進，新型複合材料、納米科技、雲計算、新能源汽車等新興產業將大規模發展，缺乏高等教育的支撐，藍領工人難以掌握這些先進的技術，更難以創造性地運用相關知識和設備工具推動技術創新、產品創新。近年來，隨著大學生就業困難現象的出現，有人認為應當限制大學擴招，這是一種誤解。大學生就業困難主要是因為大學專業設置與就業需求不匹配、高等職業教育力量不足、大學生就業觀念未轉變等，而不是大學畢業生人數太多。事實上，無論是與國際發達國家相比，還是與相關發展中國家相比，中國高等

①厲以寧：〈論藍領中產階級的成長〉，《中國市場》二〇一五年第五期，第一〇頁。

教育入學率都太低（圖六）。例如，二〇一三年日本、德國等以製造業立國的國家，高等教育入學率都高出中國一倍。

表二　二〇〇五年城鎮第二產業教育水平構成（%）

受教育水平	第二產業	
	勞動密集型	資本密集型
小學及以下	17.1	9.4
初中	63.7	46.9
高中	16.4	30.3
大專及以上	2.9	13.4
平均受教育年限	9.1	10.4

數據來源：引自蔡昉：《從人口紅利到改革紅利》，社會科學文獻出版社二〇一四年版，第二二九頁。

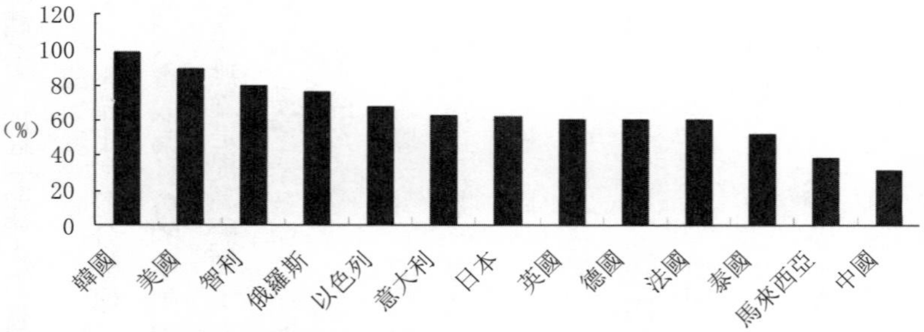

圖六：二〇一三年高等教育入學率
數據來源：世界銀行：二〇一五世界發展指數（World Development Indicators）。

第二，改革學校教育培養體系。一是要轉變教育理念。第三次工業革命需要個性化、創新型、合作型人才，藍領和其他勞動者都應當具有信息化能力和綜合職業能力，具有較高的科學文化素養、跨學科的知識背景、終身學習能力和創新精神，具有較強的團隊精神、合作意識和與他人分享的意識。因此，教育不能再簡單地圍繞著考試分數，更應當突出提高學生綜合素質，培養出具有鮮明個性、品德高尚、善於合作、創新力強、社會情緒能力良好的高素質勞動者和創新型人才。二是調整完善課程體系。隨著第三次工業革命的推進，大量新興學科、交叉學科不斷湧現，現有的依託於第二次工業革命建立起來的課程體系需要相應的調整來完善，中學和大學的課程應當更多地引入前沿信息、納米技術、生物科技、地球科學、生態學、系統理論以及各種職業技能。三是改變教學方式方法。第三次工業革命時代的教育將呈現開放化、遠程化、網絡化、在線化等特點。應充分運用信息網絡技術，推廣互動式教學、混合式教學、探討式教學、小組合作學習等以學生為主體的教學方法，以利於激發學生學習的主觀能動性和創造性，培養適應第三次工業革命需要的人才。

第三，建設終身學習培訓體系。第三次工業革命時代，知識信息更新速度極快，不僅是科研人員，藍領工人僅靠學校所學知識也難以滿足產業動態發展需要。一是加強企業員工培訓。實踐證明，「幹中學」是非常有效的人才培養方法，針對性強、時效性高。美國全國製造商協會就積極倡議，製造業企業應更多地承擔起培養人才的責任。因此，企業應根據產業發展方向、設備更新計劃等，及時開展員工培訓，聘請相關領域專業機構或高級人才採取現場指導等方式，不斷更新員工知識技能。二是豐富社會繼續教育體系。充分利用新型數位技術，打造各類數位化學校、數位化教師、網絡課堂、遠程學習、線上教育、雲教育、雲計算、大數據等虛擬化、扁平化的交互式學習平台等，為家庭教育、企業教育、社區教育等提供豐富的學習教育資源，方便人們隨時隨地學習。

（四）完善藍領創業環境，促進多層次創新體系形成

創新是第三次工業革命的重要標誌，是推動社會進步的動力源泉。創新涵蓋多個層次，包括科技創新、產業創新、企業創新、市場創新、產品創新、業態創新、管理創新等。藍領工人處於生產一線，瞭解現代生產流程、規律，掌握機械設備操作方法，熟悉產品加工製作方法等，有豐富的生產經驗。藍領工人創業，有利於激發他們的創新動力，將實踐中對技術、產品、管理、市場等的觀察和思考轉化成創新靈感，並通過創業轉化成現實生產力。

在中國，藍領群體人數較多，是「大眾創業、萬眾創新」的重要力量。鼓勵藍領創業不僅有利於提高藍領收入，更是發揮中國人力資源豐富優勢、釋放社會創新動力的重要舉措。由於中國生產規模和市場規模都很大，即便很小比例的藍領創業成功，也能帶來很大的生產效應和市場效應，對於推動經濟轉型、實現持續發展都有重要意義。此外，目前中國藍領總體處於社會底層，收入不高、工作不被重視，成功的藍領創業典型有利於改變社會觀念，有利於藍領提振信心、增加希望，對於完善社會管理意義深遠。

完善藍領創業環境，首先要轉變政府職能。目前，中國很多地方營商環境不佳，工商註冊、稅務登記、城鎮管理等環節手續繁雜，而且環環收費，「三亂」現象時有發生，對於規模較小的藍領創業者來說，都是沉重的負擔。例如，根據中國國務院發展研究中心二〇〇六年對農民工創業的一項調查顯示，百分之五十九・六的人認為「審批企業或立項難」，超過百分之四十的人認為「政府部門亂收費、企業負擔重」。因此，應加快取消和下放涉及創業的行政許可審批事項，取消非行政許可審批事項，減少創業投資項目前置審批。加快落實註冊資本登記制度改革，優化創業登記方式。全面清理規範政府部門收費，減少創業企業的負擔。同時，也應加強創業企業事中和事後監管，加快將創業納入社會信用體系，建立健全創業市場交易規則和服務監管機制。

第二，構建匹配創業特點的金融服務體系。很多調查都顯示，創業的一大難題是銀行貸款難。由於藍領創業通常自有資金有限、規模較小，銀行貸款更是難上加難。造成這種問題的原因是多方面的：一是創業企業風險通常較高，與銀行審慎經營和嚴格風險控制原則矛盾；二是創業企業多為中小企業，貸款規模較小，平均管理成本更高，大銀行不願貸給中小企業，而中國中小銀行、民營銀行發展又不足；三是國有企業、地方政府融資平台公司等有隱性政府背書，信用風險相對更低，從而擠佔了大量信貸資源。因此，中國需要多管齊下，構建符合創業尤其是藍領創業特點的金融服務體系。一是大力發展創業風險投資。很多初創企業有很好的新技術、新產品，前景廣闊、成長潛力很大，但市場風險也比較大，創業風險投資最適合此類企業。二是支持發展地方中小銀行、民營銀行、小額貸款公司等。由於很多藍領工人創業（如農民工返鄉創業）屬於傳統領域，風險和成長性都比前一種小一些，經營的屬地性也比較強，當地金融機構有熟悉情況的優勢，風險鑑別能力比較強，能夠開發出符合這些藍領創業需求特點的金融產品和金融服務。三是支持互聯網金融發展。現在很多藍領創業採購、銷售都通過網絡進行，互聯網企業如阿里巴巴、趕集網等能夠較容易對它們進行風險評估、信用甄別，從而開發合適的金融產品。四是加大國有企業和政府融資平台公司的改革，實現徹底的政企分離，建立國有企業、融資平台公司有序破產機制，消除政府隱性擔保，優化信貸資源配置，支持藍領創業。

參考文獻

1. 〔美〕埃里克．布萊恩約弗森、安德魯．麥卡菲：《第二次機器革命》，蔣永軍譯，中信出版社二〇一四年版。
2. 蔡昉：《從人口紅利到改革紅利》，社會科學文獻出版社二〇一四年版。
3. 德勤：〈從中國製造到中國智造——中國智能製造與應用企業調查〉，二〇一四年二月，http:// www.wxphp.com/wxd_8wyhf2zjyj507xm0vyn8_1.html。
4. 中國國務院發展研究中心「農民工回鄉創業問題研究」課題組：〈農民工回鄉創業現狀與走勢：對安徽、江西、河南三省的調查〉，《改革》二〇〇八年第十一期。
5. 黃群慧、賀俊：〈「第三次工業革命」與中國經濟發展戰略調整——技術經濟範式轉變的視角〉，《中國工業經濟》二〇一三年第一期。
6. 賈根良：〈第三次工業革命帶來了什麼？〉，《求是》二〇一三年第六期。
7. 〔美〕傑里米．里夫金：《第三次工業革命——新經濟模式如何改變世界》，張體偉、孫豫寧譯，中信出版社二〇一二年版。
8. 厲以寧：〈論藍領中產階級的成長〉，《中國市場》二〇一五年第五期。
9. 厲以寧：〈打破「好職業」與「壞職業」的藩籬〉，《人民日報》二〇一五年二月三日第五版。
10. 呂鐵：〈第三次工業革命對我國製造業提出巨大挑戰〉，《求是》二〇一三年第六期。
11. 芮明傑：〈第三次工業革命的起源實質與啟示〉，《文匯報》二〇一二年九月十七日。
12. 田露露、韓超：〈第三次工業革命：歷史演進、趨勢研判與中國應對〉，《經濟與管理研究》二〇一五年第七期。
13. 王瑩、夏建國：〈第三次工業革命與技術創新型人才培養〉，《中國高等教育》二〇一三年第一期。
14. 徐夢周、賀俊：〈第三次工業革命的特徵及影響〉，《政策瞭望》二〇一二年第十期。
15. 中國社會科學院工業經濟研究所課題組：〈第三次工業革命與中國製造業的應對戰略〉，《學習與探索》二〇一二年第九期。
16. 周洪宇、鮑成中：〈第三次工業革命與人才培養模式變革〉，《教育研究》二〇一三年第十期。
17. Markillie P. A., "Third Industrial Revolution", *The Economist*, April 21st, 2012.

（黃國華，中國財政部）

職業教育與藍領中產階級的成長

傅帥雄、劉雨青

中國當前的經濟已經進入了新常態，增長速度從高速增長向中高速增長轉變。經濟向新常態過渡，是重塑經濟增長動力、重構經濟結構，實現轉型升級的大好時機。未來的經濟增長將更多地依靠全要素生產率的增長，依靠人力資本質量的提升和技術的進步，因此，適應經濟發展新常態，實現技術強國夢，必然對職業教育的發展以及藍領技術人才的培養提出了新的要求。

一、職業教育與藍領中產階級的成長

（一）藍領技工隊伍的發展是中國「新的人口紅利」

二〇〇五年左右，以「珠三角」為代表的沿海地區出現了「用工荒」，勞動力成本不斷上升與企業招工難成為沿海製造業企業所面臨的發展瓶頸。然而，這並不必然意味著「劉易斯拐點」（Lewisian Turning Point）的到來、「人口紅利」的消失。實際上，直到二〇一二年，中國的勞動年齡人口才出現中華人民共和國成立以來的第一次環比下降，比二〇一一年減少三百四十五萬人。可以說，「用工荒」的本質是「技工荒」，是經濟轉型升級背景下的結構性人力資源短缺。中國的人口紅利也正在從「舊人口紅利」向「新人口紅利」轉變。「舊人口紅利」主要依託城鎮化這一大的背景，農村大量剩餘勞動力進城務工，為中國製造業的發展提供了充裕的廉價勞動力，在產品價格上形成競爭力，實現了農業大國向工業大國的轉變。中國的「新人口紅利」在於，經過近三十年的發展，大量外出務工的農民工通過多年的技術培訓和經驗積累，都成長為製造業發展的中堅力量——技術工人。與歐美發達國家相比，中國技工的整體勞動力成本要遠遠低於它們的技工勞動成本，中國製造業仍然具備成本優勢；與東南亞國家相比，中國技工的勞動力素質和技術水平也要遠遠高於它們，中國製造業在生產效率上仍有優勢。

（二）中國從製造大國向製造強國轉變，需要提升藍領技工的素質和質量

產業的轉型升級，離不開科技進步和技術創新，要實現由製造大國向製造強國邁進，更需要有一支龐大的訓練有素的藍領技工隊伍。畢竟科技進步與技術創新向生產力的轉化，需要一大批高素質的藍領技工隊伍不斷進行消化與應用。而目前中國的藍領技工不管是從數量還是技術上，都難以滿足轉型升級實現製造強國的要求。因此，加快職業教育轉型發展，創新職業教育培養機制，全面提升藍領技工隊伍的數量和質量，為中國製造業的轉型升級提供更加有效的人才支持，對實現中國經濟的快速可持續發展具有重要的戰略意義。

（三）藍領工人的收入不斷增加，將與白領一起成為中國的中產階級

「白領」和「藍領」主要是根據工作服裝衣領的顏色而對從事不同職業人群所進行的劃分。「白領職工」主要指以腦力勞動為主的工資收入者，如辦公室的職員、教師、商業銷售人員、工程科研人員等。「藍領工人」指的是以體力勞動為主的工資收入者，如一般工礦工人、製造業工人、建築工人、倉庫管理員等。但其實不論「藍領」還是「白領」，他們都通過勞動付出為社會創造價值，其區別僅僅是職業分工不同。過去，「白領職工」的收入普遍要高於「藍領工人」，但隨著社會分工、產業結構的變化，「白領職工」與「藍領工人」之間的收入差距正在逐漸縮小。根據北京大學市場與媒介研究中心與趕集網共同發佈的《二〇一五年新藍領階層薪酬研究報告》，二〇一五年新藍領階層的平均月薪達到

三千一百六十三元，而上海新藍領的平均月薪已達四千兩百七十六元，居全國之首。面對龐大的市場需求，目前嚴重稀缺的「藍領高級技工」收入不斷提升，隨著中國製造業的進一步發展，將有愈來愈多的藍領階層進入中高收入序列，與白領階層一起成為中國新的中產階級群體。

（四）加強職業教育是促進藍領中產階級成長的必然選擇

受教育程度的高低在很大程度上直接影響著個人的收入水平。在美國和歐洲的一些發達國家，藍領工人的收入水平與白領職工相比並不低，特別是技術型的藍領工人，其工資水平普遍較高。這除了市場上藍領技術工人供不應求這一客觀現實之外，國民整體受教育程度較高、多數不同行業的從業者教育水平差距不大也是重要的原因之一。再加上這些發達國家的職業教育發展相對比較成熟，很多藍領工人可以通過職業技術培訓，不斷提升自己的專業技術水平，從而實現收入的增加和職務的提升，並成為藍領中產階級的一員。實際上中產階級作為社會的中堅力量，其概念的劃分除了對收入水平的考量之外，還包括對文化素質以及教育程度等方面的要求。因此，大力發展職業教育，提升藍領工人的技術水平和文化素質，不僅是實現藍領工人社會垂直流動的上升渠道，也是促進藍領中產階級成長的必然選擇。

二、中國職業教育現狀

二〇一三年，中國高等職業教育共有學校一千三百二十一所，比二〇〇八年增加了一百三十七所；招生數為三百一十八萬四千人，與二〇〇八年相比增加了七萬八千人。二〇一三年共有民辦高等職業教育學校三百零七所，招生數為六十八萬零三百萬人，與二〇〇八年相比，分別增加了三十八所和四萬三千六百人。

二〇一三年，中國中等職業教育共有學校一萬兩千兩百六十二所，比二〇〇八年減少了兩千五百八十五所，招生六百七十四萬七千六百萬人，與二〇〇八年相比減少了一百三十七萬三千五百人。二〇一三年共有民辦中等職業教育學校兩千四百八十二所，招生數為七十三萬一千六百萬人，與二〇〇八年相比，分別減少了七百五十二所和四十九萬零九百人。

表一　高等職業教育基本情況（2008—2013 年）

年份	學校數（所）	招生數（萬人）	民辦高等職業教育數（所）	民辦高等職業教育招生數（萬人）
2008	1184	310.6	269	63.67
2009	1215	313.39	286	63.74
2010	1246	310.5	303	60.48
2011	1280	324.86	308	61.88
2012	1297	314.78	316	65.75
2013	1321	318.4	307	68.03

數據來源：根據《中國教育統計年鑑》（2008—2013）以及 2008—2013 年全國教育事業發展統計公報數據整理。

表二　中等職業教育基本情況（2008—2013 年）

年份	學校數（所）	招生數（萬人）	民辦高等職業教育數（所）	民辦高等職業教育招生數（萬人）
2008	14847	812.11	3234	122.25
2009	14401	868.52	3198	128.04
2010	13872	870.42	3123	113.19
2011	13093	813.87	2856	95.74
2012	12663	754.13	2649	83.75
2013	12262	674.76	2482	73.16

數據來源：根據《中國教育統計年鑑》（2008—2013）以及 2008—2013 年全國教育事業發展統計公報數據整理。

從以上數據可以看出，近五年來高等職業教育不管是學校數量還是招生數量，都呈現出不斷增加的趨勢，而中等職業教育學校以及招生人數卻在不斷下降。

二〇一三年，中國高等職業教育學校專任教師四十三萬六千六百人，中等職業教育學校專任教師八十六萬七千九百萬人，專任教師整體素質不斷提升，具有本科及以上學歷的比例為百分之八十七・九四，具有高級專業技術職務的比例為百分之二十三・七五。

二〇一三年，高等職業學校學生人均公共財政預算經費達九千九百五十九

表三　2008—2013 年職業教育經費投入情況（單位：億元）

年份	2008	2009	2010	2011	2012	2013
全國教育經費總投入	14501	16503	19562	23869	27696	30365
職業教育經費總投入	1852	2120	2409	2889	3320	3450
占教育經費總投入的比率（%）	12.77	12.85	12.31	12.1	11.99	11.36

數據來源：根據《中國教育統計年鑑》（2008—2013）以及 2008—2013 年全國教育事業發展統計公報數據整理。

元，中等職業學校學生人均公共財政預算經費達九千三百二十元，中國對職業教育的財政投入逐年增加。二〇一三年，職業教育經費總投入約為三千四百五十億元，佔全國教育經費總投入的百分之十一・三六，與二〇〇八年相比，職業教育經費投入增加了一千五百九十八億元，但佔全國教育經費總投入的比率卻下降了百分之一・四一。由此可見，目前對職業教育的投入相對減少，還有待進一步提升對職業教育的重視程度和投入力量。

二〇一四年六月，中國國務院召開新世紀以來的第三次全國職業教育工作會議，習近平總書記對職業教育作出重要指示，明確了職業教育的戰略地位、時代重任、發展方向、支持重點和各方職責，強調必須高度重視、加快發展職業教育。李克強總理接見全體會議代表並發表重要講話，提出要把職業教育放在實現中國經濟升級、促進充分就業大局中更加重要的位置，要把提高職業技能和培養職業精神深度融合，要用改革的辦法把職業教育辦好、做強。中國國務院印發了《關於加快發展現代職業教育的決定》，對構建現代職業教育體系提出了明確的目標要求：「到二〇二〇年，形成適應發展需求、產教深度融合、中職高職銜接、職業教育與普通教育相互溝通，體現終身教育理念，具有中國特色、世界水平的現代職業教育體系。」中國教育部等六部委聯合發佈《現代職業教育體系建設規劃（二〇一四—二〇二〇年）》，明確提出職業教育「分步走」戰略：到二〇一五年，初步形成現代職業教育體系框架；到二〇二〇年，基本建成現代職業教育體系。《關於加快發展現代職業教育的決定》和《現代職業教育體系建設規劃（二〇一四—二〇二〇年）》共同完成了對現代職業教育體系的頂層設計，將極大推動中國教育體制的改革步伐，具有里程碑式的意義。

三、中國職業教育目前所存在的問題

（一）職業教育生源不足，招生難

二〇一三年全國中等職業教育招生數為六百七十四萬七千六百人，比二〇一二年減少七十九萬三千八百人，降幅達百分之十．五二。在校生數為一千九百二十二萬九千七百人，比二〇一二年減少一百九十萬七千兩百萬人，降幅達百分之九．〇二。二〇一三年高等職業教育招生數為三百一十八萬四千人，佔普通高等教育招生總數的比率較二〇一二年下滑〇．二個百分點，至百分之四十五．五。在校生數為九百七十三萬六千四百人，佔普通高等教育在校生總數的比率較二〇一二年下滑〇．八七個百分點，下滑至百分之三十九．四五。由此可以看出，目前職業教育招生問題十分嚴峻。首先，社會普遍對職業教育的認知存在偏差，認為成績優秀的學生都會選擇上大學，只有成績不好、沒能考上大學的學生才會選擇職業教育。而且大學文憑仍是社會上不可或缺的通行證和敲門磚，職業教育認證的含金量遠不如大學文憑。其次，部份職業教育院校的專業設置有時會滯後於市場需求，導致不少職校學生畢業後很難找到工作。另外，部份職業教育院校教學質量差，師資力量薄弱，職校學生與普通工人相比競爭優勢不明顯。這些問題都直接制約著職業教育學校的招生規模。

（二）職業教育體制結構不健全，上升渠道存在天花板效應

高等職業教育與本科及以上教育存在銜接斷層現象。按照中國學位條例規定，目前僅設置學士、

碩士和博士三種學位制度，職業教育均屬於專科學歷，也就是說職業教育無法進入學位教育體系，在制度層面存在著天花板效應。如果職業教育想要獲得更多的上升空間，唯一的渠道只能從職業教育範疇轉出，通過專升本進入本科教育序列。但這唯一的渠道也受到多重限制，根據中國教育部規定，各地普通專升本的招生規模要控制在當年省屬高校、高職專科應屆畢業生的百分之五以內，這百分之五不但包括了高等職業教育學校，同時還包括了普通高等教育院校，也就是說高等職業教育學校的專科生可以通過專升本的渠道進入本科教育序列的比例將遠遠小於百分之五。這種限制高等職業教育上升空間的制度安排，不僅在很大程度上影響了職校學生的學習積極性，使他們容易對未來的發展產生迷茫，上進心受挫，而且這種制度安排還將直接影響到更多高中考生對職業教育的選擇。

（三）職業教育培訓的社會認證體系尚未建立

農民工群體是推動城鎮化進程的一支重要力量，他們的知識結構、技術水平以及文化素質在很大程度上直接決定了城鎮化的速度和質量。因此，農民工的職業教育培訓工作意義十分重大。然而，目前普遍存在的現象是，儘管很多地方政府通過財政支持對農民工的培訓經費予以優惠和減免，但農民工到職業教育培訓學校接受培訓的積極性並不高。主要原因有以下幾點：第一，來參加培訓必然會影響工作，從而直接減少收入；第二，參加的培訓多以理論教學為主，感覺對技術提升沒有直接顯著的幫助；第三，即使接受了培訓，在就業以及待遇方面沒有顯著的改善。這些原因歸根到底，在於職業教育培訓的社會認證體系缺失，職業教育培訓的成果未能得到社會的充分認可，培訓的價值未能通過有效的途徑予以體現。只有社會對職業教育培訓予以充分的認可，培訓的價值才能得以體現，農民工參加培訓的積極性才會提高，從而為中國的職業教育培訓營造一個積極互動的氛圍。

（四）校企合作的體制機制尚不完善，雙贏模式有待探索

校企合作過程中，企業表現並不積極。由於學生技術經驗不過關，所生產出來的產品「次品」最後還是由企業來埋單。為了避免此類損失，企業往往只會安排實習生到一些技術含量低、以重複簡單勞動為主的工作崗位進行實習。在這種情況下，實習生根本得不到鍛鍊，實踐技術水平也未能提高，同時也違背了產教融合和工學結合模式設計的初衷。另外，企業覺得校企合作投入產出低，而且如果投入人力、財力對實習生進行培養，不僅成本太高，當實習生畢業後離開企業，前期的培訓投入也得不到長期回報。因此，企業積極性不高。學校方面也存在一些問題，即部份專業設置脫離市場需求，很多學生在實習就業方面渠道過於狹窄。再加上師資薄弱、課程設計落後，學生的素質與一些大企業的要求存在差距，很難吸引企業合作。更有甚者，一些職業教育學校領導與企業串通一氣，將學校學生作為廉價勞動力派送到指定企業實習，並按人數提取回扣。作為職業教育學校不僅在學生的培養實踐工作中不作為，而且還利用學生，將其變成自己的斂財工具，這在社會上造成了極大的負面影響。

（五）職業教育在區域之間發展不平衡

農村地區、民族地區和貧困地區的職業教育基礎能力與發達地區相比十分薄弱。發達地區的職業教育院校在師資配備、硬件設施、專業設置以及培養經費方面都普遍強於欠發達地區。另外，發達地區對相關產業技術人才的需求量很大，再加上外出務工人口的大量集聚，發達地區職業教育院校的生源要明顯比欠發達地區充裕，而在很多欠發達地區，職業教育院校招生難的問題仍然存在。

四、政策建議

（一）通過輿論宣傳倡導科學的人才觀，創新人才培養理念與機制，在社會上營造一種尊重勞動、崇尚技能的良好氛圍，讓社會認識和理解職業教育以及藍領技術工人對中國未來經濟發展的重大意義。另外，政府和企業也要積極引導職業教育的發展，鼓勵藍領技術工人通過努力學習，實現自我的提升，並從多個渠道、多種形式對具有示範效應的職業教育學校以及優秀的藍領技術工人進行嘉獎和宣傳。對於嘉獎，特別是對優秀藍領技術工人的嘉獎，一定要精神嘉獎和物質嘉獎相結合，在提升藍領技術工人學習進步積極性的同時，更是向社會傳遞一種信號，即藍領技術工人通過自己的努力也能成為既有榮譽也有待遇，受人尊重的社會階層。

（二）積極探索本科及以上層次的高等職業教育，打通職業教育中專、大專到職業教育本科以及研究生的上升渠道，實現學歷資格證書與職業資格證書等同，打破職業教育學生向上發展的天花板。同時，拓寬職業教育與高等教育的銜接途徑，通過建立學分累計與轉化機制，採取單獨招生、優秀技術人才免試招生等多種招生方式，增加職業教育學生的選擇渠道，讓更多的職業教育學生能繼續攻讀高等教育的本科、研究生，為社會培養出更多既有實踐能力又有理論功底的高端應用型人才。

（三）建立並完善職業教育培訓的社會認證體系，為參與不同渠道職業教育的藍領技術工人設計不同的上升渠道，打破社會階層禁錮，建立通暢的社會垂直流動渠道。建立全國的職業教育培訓認證系統，明確不同行業的職業技術資格認證程序和認證標準，並引導企業參照職業技術的等級認證確定藍領技術工人工資水平，不斷激發農民工學習技能的積極性，提高職業教育的含金量和吸引力。

（四）按照產教融合、校企合作的發展要求，圍繞市場需求對職業教育的專業設置、課程安排、培養模式進行優化與調整，加強實驗、實訓、實習和研究性學習環節，在提升職業教育培訓質量的同時，不斷強化學生的實踐工作能力和技術水平。另外，加大政府對校企合作的支持力度，通過培訓補貼、減免稅收等手段鼓勵企業積極參與職業教育培訓合作，同時建立相應的績效考核機制，對校企合作中學生參與實踐工作情況進行監督和考察，並根據考核結果執行相應的獎懲措施。

（五）加大對西部地區職業教育的投入力度，加快發展面向農村地區、民族地區和貧困地區的職業教育。職業教育培訓是實現農村地區、民族地區和貧困地區人力資本整體質量提升的重要渠道，更是實現當地群眾收入提高、脫貧致富的重要途徑。因此，要進一步加大對農村地區、民族地區和貧困地區職業教育的財政支持，在完善職業教育硬件設施建設，提高職業教育師資水平的同時，對接受職業教育的學生、技術工人提供學費減免等優惠政策，整體提升當地人力資本的整體質量和技術水平。

參考文獻

1. 陳鵬、龐學光：〈大職教觀視野下現代職業教育體系的構建〉，《教育研究》二〇一五年第六期。
2. 耿金嶺：〈對提升高職院校社會服務能力的思考〉，《中國職業技術教育》二〇一一年第二期。
3. 〈國務院關於加快發展現代職業教育的決定〉，http://www.gov.cn/zhengce/content/2014-06/22/ content_8901.html。
4. 中國教育部、國家發改委：〈現代職業教育體系建設規劃（二〇一四—二〇二〇年）〉，http://www.gov.cn/publiciles/business/htmliles/moe/moe_630/201406/170737.html。
5. 李振祥、文靜：〈高職院校學生滿意度及吸引力提升的實證研究〉，《教育研究》二〇一二年第八期。
6. 厲以寧：〈論藍領中產階級的成長〉，《中國市場》二〇一五年第一期。
7. 羅三桂、蔡忠兵、李晶：〈人才培養模式改革創新中的課程體系建構趨勢分析〉，《中國大學教育》二〇一二年第七期。
8. 王春影：〈開放式實踐教學平台的構建研究〉，《科技創新與應用》二〇一二年第三十三期。
9. 楊真：〈基於高職院校主導的校企協調創新模式研究〉，《新課程研究》二〇一三年第六期。
10. 張宇、和震：〈職教培養模式轉變的路徑及推進策略——基於「校企合作的工學結合」的分析〉，《教育發展研究》二〇〇八年第十一期。
11. 趙寶柱、張佳、鄭潔：〈新生代農民工職業培訓需求取向及其實現策略〉，《職業技術教育》二〇一二年第三十一期。

12. 趙蒙成：〈校企合作職業教育模式的現象學反思〉，《教育與職業》二〇一二年第二期。

（傅帥雄，北京大學光華管理學院；劉雨青，南昌大學馬列主義學院）

中國製造二〇二五與藍領中產階級的成長

尹　俊、楊洪福

一、勞動力優勢與國際產能轉移

所謂產能，顧名思義，是指工業生產能力。工業是一個國家實體經濟的基礎，是重要的就業市場，是創新的重要領域，也是一個國家國際競爭力的體現。按照現行分類，工業可以細分為三十九個子行業，其中製造業佔三十個，採礦業佔六個，水、電、氣等公共事業佔三個，製造業所佔比例超過百分之七十五，是工業的主體。

回顧歷史，自一七七六年第一次工業革命以來，世界經歷了五次大規模的產業轉移。

第一次為十八世紀五十年代到十九世紀上半葉，英國是當時的世界工廠，隨著國內對勞動力需求的不斷加大，勞動力成本逐漸上升。於是，英國把製造業轉移到其殖民國美國，利用了美國的低成本勞動力，英國國內則重點發展金融業，培養金融人才，成為世界金融業霸主，而美國逐漸發展成為全球最大的工業化國家。

第二次為二十世紀五十年代，第二次世界大戰後，德國與日本基礎設施薄弱，但是勞動力素質很高，於是美國實施了「馬歇爾計劃」，將傳統的製造業轉移到勞動力富餘的日本和德國。德國、日本隨後成為新的世界工廠。而美國國內則集中力量發展計算機、半導體、通信等技術密集型產業，培養了一大批技術人才，成為全球技術的領先者。

第三次為二十世紀六十年代到七十年代，日本和德國將部份製造業產業轉移到勞動力成本更為廉價的亞洲「四小龍」。

第四次為二十世紀八十年代到九十年代，這次是歐美發達國家、日本、亞洲「四小龍」等地區，將製造業轉移到發展中國家，尤其以改革開放後的中國沿海地區為代表。由於中國人口總量巨大，且百分之八十是農村剩餘勞動力，一時間吸引了全球各地的製造業，「中國製造」也隨之風靡全球。

二〇〇八年金融危機至今，開始了第五次產業轉移。這次轉移的主角是中國，不同於以往四次的產業從發達國家向發展中國家單向轉移，這次出現了「雙向轉移」的現象：一方面，產業高端鏈條從中國回流歐美發達國家。這是因為受金融危機的衝擊，發達國家意識到虛擬經濟不能長期脫離實體經濟，因此提出「再工業化」戰略。比如美國提出了先進製造業夥伴計劃，德國提出了工業四·〇計劃，英國提出了先進製造業發展計劃等，其核心都是加強技術創新與產業升級，福特、通用等公司的產業高端鏈條紛紛回流本土。另一方面，產業低端鏈條從中國向勞動力成本更低的地區轉移，如東南亞、中亞、中東、非洲、拉美等地區的發展中國家。

回顧這五次產業轉移，每次產業轉移都與勞動力資源的比較優勢密不可分。具體而言，傳統製造業的轉移，往往從發達國家轉移到勞動力成本更為低廉的發展中國家，而發展中國家經歷一段時間的發展之後，勞動力成本逐步上升，於是就再次轉移到勞動力更為低廉的地區。而產業的輸出國，轉而培養更高層次的技術型人才或者金融人才，推動自身產業升級，從工業大國發展為工業強國。

中國作為第五次產業轉移的主角，既面臨著難得的機遇，也面臨著較大的挑戰。

二、勞動力優勢與中國製造業的發展

改革開放以來，中國利用廉價勞動力帶來的人口紅利，吸引了來自全球各地的產業轉移，推動了製造業的飛速發展。一九八〇年，中國製造業增加值為七百六十二億美元（現價美元）。二〇一〇年，中國製造業增加值超過美國成為世界第一，並持續至今。經過多年的快速發展，中國製造業已形成了門類齊全、具有相當技術水平和成套水平的完整產業體系。五百種重要工業產品中，有近一半產量佔世界第一位。有些重要行業如鋼鐵、水泥、建材等產業佔世界總量的一半左右。

中國製造業有龐大的產能總量，並呈現出如下幾個特點：

（一）大量製造業處於全球產業鏈中端

二〇〇一年以後，中國加入了世界貿易組織（WTO），一時間「中國製造」風靡全球，但中國出口最多的是依靠勞動力成本優勢的勞動密集型產業的產品，技術主要靠引進，雖然通過長時間的引進、消化、吸收、再創新，技術水平逐漸提升，除高鐵、核電等產業技術全球領先外，很多行業的核心技術至今還沒有掌握，不少關鍵裝備、高檔零部件仍依靠進口。因此，中國產業的第一個特點是處於全球產業鏈中端，即技術處於全球中端水平，勞動力成本也處於全球中端水平，優點是中國製造的產品性價比高，缺點是不可持續。二〇〇八年全球金融危機之後，大型經濟體更注重發展製造業，加上東南亞國家捲土重來，非洲勞動力資源猛增，中國傳統的低成本人口紅利不可持續，出口競爭日益激烈，迫使企業不斷進行技術創新和升級，中國製造業進入了產業升級的關鍵時期。

（二）產能面臨過剩

從宏觀層面來看，產能過剩主要是指由於受到社會總需求的限制，經濟活動沒有達到正常限度的產出水平，從而使資源未得到充分利用，產能在一定程度上出現了閒置。

中國的產能過剩主要集中在勞動密集型和資本密集型的重化工業領域。隨著社會主義市場經濟體制的建立，二十世紀九十年代開始，中國製造業的生產能力大幅提升。進入二十一世紀以來，中國一些勞動密集型、資本密集型的重化工業領域出現了一定程度的重複建設和產能過剩問題。二〇〇八年年末，金融危機席捲全球，並引發了波及實體經濟的世界性經濟危機。中國經濟遭受了劇烈的衝擊：二〇〇八年第四季度的實際經濟增長率為百分之六・八，鋼鐵、有色金屬、水泥等行業更是陷入了嚴重困境，失業人數劇增。中國政府為緩解經濟危機帶來的困難，出台了「四萬億」投資計劃、十大產業振興規劃和寬鬆的貨幣政策等刺激措施，這給鋼鐵、建材等行業帶來了巨大的市場需求，但同時也帶動了這些行業的盲目投資，使得原本由於重複建設引發的產能過剩問題更加突出。

在「十三五」時期，這些產能過剩的問題將面臨著更嚴峻的挑戰。據世界銀行預測，中國人均GDP二〇二〇年預期將達到一萬兩千美元以上，進入高收入國家行列，而縱觀世界，低端勞動密集型產業在高收入國家沒有生存空間。也就是說，中國大多數中低端勞動密集型企業如果不主動適應潮流，向低收入國家轉移，五至十年內就將在國內消亡。

（三）確立了推進《中國製造二〇二五》的戰略思路

隨著國內工資的上漲，中國勞動密集型企業的比較優勢會逐漸喪失，只有兩條出路：一部份企業可能升級為高端製造業，以適應國民收入增加後市場對高端產品的需求；另一部份也是絕大多數中低端製造業企業，不管其產品是內銷還是出口，都只能轉移到低收入國家去。中共十八屆三中全會要求，適應經濟全球化新形勢，必須推動對內對外開放相互促進、引進來和走出去更好結合，促進國際國內要素有序自由流動、資源高效配置、市場深度融合，加快培育和引領國際經濟合作競爭新優勢。

為落實這一要求，推動中國製造業產業升級，中國國務院二〇一五年五月印發了《中國製造二〇二五》行動綱領，這是從國家戰略層面描繪建設製造強國的宏偉藍圖，旨在實現製造業由大變強的歷史跨越。一是要加強國際產能合作，中國國務院發佈了《關於推進國際產能和裝備製造合作的指導意見》，這對於中國製造業產業提質增效升級、提升產業核心競爭力具有重要意義，有利於深化中國與有關國家的互利合作，有利於拓展新的發展空間，更有利於推動中國優勢產能規模化向外轉移。國際產能合作的戰略目標是達到「三方共贏」，即中國的巨大產能與發達國家的先進技術結合，推動發展中國家基礎設施建設和工業化進程，從而實現「三方共贏」。二是要進一步增強中國製造業的競爭力，當下之計是要通過勞動力素質的提高，釋放技工型人才的人口紅利，推動中國製造業技術升級，打造中國製造業的新優勢。

三、勞動力優勢與中國產能合作的優先地區

中國國務院發佈的《關於推進國際產能和裝備製造合作的指導意見》結合中國經濟社會發展戰略和產業發展現狀，對產能「走出去」的方向給出了指導，提出近期應以亞洲周邊國家和非洲國家為主要方向，大致可以分為四類地區：

一是走向資源富集地區：對於中國資源對外依存度高和國內冶金產能過剩並存的局面，要積極引導企業加大對能源資源富集國的能礦資源開發和加工領域的投資合作，實現資源開發和產能轉移相結合。

二是走向勞動力富集地區：順應國內產業結構調整優化的要求，鼓勵國內優勢行業企業擴大境外生產經營，鼓勵具有比較優勢的電力設備、光伏、風電、工程機械、機床工具、輕工、紡織等行業企業在勞動力豐富的國家（地區）建立生產基地，獲取廉價勞動力資源。

三是走向技術先進地區：把握國際金融危機後全球產業調整新機會，加強境外高新技術和先進製造

業的投資或併購，以資本換技術，如歐美地區。

四是走向市場需求廣大的地區：向市場規模大的國家出發，促進貿易，釋放富餘產能，把握全球加強合作的新機會，推進全球範圍內的基礎設施領域投資合作，如一帶一路沿線、非洲及拉丁美洲地區等。

綜合而言，結合世界各地區的經濟發展情況，中國國際產能轉移的最終目的地應在非洲。有人提出，亞洲周邊國家，比如東南亞國家，也不錯，當地有許多華僑，語言容易溝通。但由於中國轉移的大部份是勞動密集型產業，東南亞就面臨兩個難以解決的問題。一是東南亞人口少，柬埔寨總人口約一千五百萬，老撾約六百五十萬，中國產業往這些國家稍加轉移，就會導致他們的工資迅速上漲，速度比中國增長得還快。比如二〇〇九年，越南的工資大約是中國的四分之一，現在已經達到三分之二；二是排華的情緒、民族矛盾的激化不時出現。與此類似，中亞、中東、拉美等地區也存在人口的問題。

相對而言，非洲有十億人口，二〇五〇年非洲人口將達到二十四億，和中國改革開放初期情形一樣，百分之八十的勞動力是農村剩餘勞動力，而且一半是年輕人，許多國家目前工資水平只有中國的十分之一。當今世界唯有非洲能承接中國製造業轉移並在十至十五年內保持工資不上漲。如果非洲的工資水平都上漲了，全世界也不會有工資水平更低的地方了。這些勞動力密集型產業的產品需求是剛性的，必然會繼續在非洲生產，不會再往其他地方轉移。

此外，近十幾年來，非洲經濟持續增長，但非洲大多數國家整體工業化水平較低，處於世界產業鏈的最低端。非洲的出口商品中，大部份為初級產品，導致非洲經濟受大宗商品價格影響較大。非洲要實現產業轉型，亟需在下一階段大力發展製造業，這將有利於增加非洲的經濟多樣化、產品附加值和勞動力就業水平。但是，撒哈拉以南的非洲地區工業產值只佔全球的百分之〇・七，若不包括南非則僅為百分之〇・五。大部份非洲國家製造業對國內生產總值的貢獻低於百分之十五，有些國家甚至低於百分之五。

而非洲豐富的能源礦產等自然資源，為工業化發展奠定了良好的基礎條件。非洲擁有世界一半以上尚未利用的肥沃耕地和第二大熱帶森林，還擁有世界百分之十的石油、百分之八的天然氣和百分之三十的探明礦產資源，其中鈷、鑽石、鉑、鈾等礦產儲量均居世界第一。但由於非洲落後的技術條件和基礎設施水平，大部份的資源並沒有得到充分的開發利用，或者僅以初級產品的形式被開採運出，這也意味著非洲的資源潛力尚未完全釋放。

正是基於這些背景，非洲各區域組織、各國領導人十分重視工業和製造業發展，非洲基礎設施和製造業已成為外資最關注的熱點，該領域吸引的外商直接投資（FDI）比例不斷擴大，也是外國產能投入最多的領域。因此，中國在當前要搶佔先機，通過國際產能合作，推動製造業提質增效升級。

在國際產能合作中，要充分發揮金融機構的作用。金融機構要規劃設計一批綜合性產能合作項目：「園區＋工程承包＋配套企業建廠」的中國企業抱團出海項目，「以大帶小」的中國企業合作出海項目，「統籌援外資金、投資、保險等協同支持」的中國企業借船出海項目等等。要鼓勵金融機構設立「定向採購專項貸款」。比如給「一帶一路」、支持非洲「三網一化」建設等相關的國家項目貸款時，可以限定生產資料必須向中國採購，推動中國產能走出去。要鼓勵金融機構設立低成本的「技術援助貸款」，主要用於三個用途：第一是用於企業走出去前期的可行性論證；第二是鼓勵企業進行技術研發，或者引進、消化、吸收、再創新；第三是鼓勵企業用於節能環保改造，發達國家經常批判中國輸出污染，企業必須提前進行節能環保改造。要鼓勵金融機構設立「產能合作專項基金」。二〇一五年五月，中國總理李克強總理在拉美設立了三百億美元的「中國拉美產能合作專項基金」，金融機構也可以設立多種類的「產能合作專項基金」，充分發揮基金的夥伴式推進器、股權併購、投資等方面的優勢作用。要加強商業性金融、政策性金融、投貸債租證各類金融類企業的功能協同，形成推動國際產能合作的金融支持合力。

四、藍領中產階級的成長與中國製造業的發展

中國製造業的快速發展，主要來自於中國廉價勞動力資源帶來的人口紅利。在改革開放之後二十年左右的時間，由於人口眾多，中國加工製造業的工資水平沒有上漲。然而近年來，中國製造業用工難的現象逐步嚴峻，勞動力成本普遍上升，包括中西部地區，勞動力成本上升非常快，基本接近東部水平。二〇〇八年全球金融危機之後，世界各經濟體更注重發展製造業，東南亞國家、非洲國家利用其更為廉價的勞動力資源，吸引了全球大量勞動密集型企業，中國的勞動力成本優勢逐漸喪失。

中國提出建設製造強國的目標是：規模和效益並舉，在國際分工中地位較高，發展潛力大。西方製造強國工業化、現代化的過程和經驗已經清楚地告訴我們，製造強國的核心在於強化人力資本，當藍領的體力勞動者通過培訓而成為技工、熟練技工甚至高等技術人才之後，將會發生新型的人口紅利優勢，推動國家製造業的升級和強大。

中國人口總量巨大，傳統的人口紅利是廉價勞動力體力的紅利，支撐了中國製造業在規模上一舉成為世界第一。而當前，需要將過去的勞動力轉變為高層次的腦力與體力勞動相結合的技能型人才，發揮新型人口紅利的優勢，支撐中國走向製造強國。換言之，中國建設製造強國的核心在於推動中國藍領中產階級的成長。具體而言，有以下幾點建議：

一是加快發展現代職業技術教育。加快發展現代職業教育，目的是要在全社會弘揚勞動光榮、技能寶貴、創造偉大的時代風尚，形成「崇尚一技之長、不唯學歷憑能力」的良好氛圍。當前中國的教育體系更注重白領人才的教育培養，對藍領技術工人的培養和職業技術教育不夠重視，進而導致技能型人才的稀缺，因此，可以借鑑美國、德國的經驗，加快發展職業技術教育，提高有技術水平的技能型人才的比例。此外，還要推進教育政策、產業政策、用人政策的銜接配套，打通職業教育與高等教育的通道，保障技術技能人才的待遇，健全促進職業教育可持續發展的制度和標準。

二是要重點支持大眾創業。「大眾創業、萬眾創新」是發揮中國巨大人力資源優勢的戰略之舉。企業在創業過程中，必然對工程技能型人才有大量的需求，會自主招收或培訓一批所需要的技能型人才。因此，可以通過重點支持大眾創業，激發創業企業自身的活力，培養形成一大批高素質的勞動大軍，提高中國製造的創新能力和水平。

三是要充分發揮金融先行的作用。要發揮金融機構的先鋒、先導作用。通過國家層面的整體規劃，鼓勵金融機構發放低成本的貸款，用於支持青年創業，支持企業持續開展勞動力培訓，支持各地設立職業技術學校等。

參考文獻

1. 董小君：〈通過國際轉移化解過剩產能：全球五次浪潮、兩種模式及中國探索〉，《經濟研究參考》二〇一四年第五十五期。
2. 韓國高、高鐵梅等：〈中國製造業產能過剩的測度、波動及成因研究〉，《經濟研究》二〇一一年第十二期。
3. 韓秀云：〈對我國新能源產能過剩問題的分析及政策建議——以風能和太陽能行業為例〉，《管理世界》二〇一二年第八期。
4. 李潔：〈中拉產能合作添彩中國製造〉，《人民日報（海外版）》二〇一五年五月三十日。
5. 厲以寧：《中國經濟雙重轉型之路》，中國人民大學出版社二〇一三年版。
6. 厲以寧、傅帥雄、尹俊：《經濟低碳化》，江蘇人民出版社二〇一四年版。
7. 林毅夫、巫和懋、邢亦青：〈潮湧現象與產能過剩的形成機制〉，《經濟研究》二〇一〇年第十期。
8. 王文甫、明娟、岳超云：〈企業規模、地方政府干預與產能過剩〉，《管理世界》二〇一四年第十期。
9. 徐朝陽、周念利：〈市場結構內生變遷與產能過剩治理〉，《經濟研究》二〇一五年第二期。
10. 左永剛：〈金融支持全面鋪開重點是十二大行業走出去〉，《證券日報》二〇一五年五月二十一日。

（尹俊，國家開發銀行規劃局；楊洪福，北京市朝陽區望京街道）

發展家庭農場，促進農民職業化進程

陳 騏

隨著中國工業化、城鎮化進程的不斷推進，大量優質農村勞動力流入城市，致使農業從業者嚴重缺失、農村出現農地拋荒等現象。大量老人、婦女留守農村，這一群體由於文化教育水平較低，進一步限制了農業科技化、現代化的進程。在此背景下，職業農民的出現將是未來解決「誰來種田」問題的重要突破口，而家庭農場經營模式的不斷探索，也為農民職業化的發展提供了可能。

厲以寧（二〇一五）指出：「在已經完成農村土地確權工作的地區，農民有了充當家庭農場主，做一個懂得現代農業科學技術和農產品生產、經營、管理水平提升的家庭農場主的願望。在許多地方，農民提出了要接受有關種植業、養殖業、畜牧業、農業機械化和現代農業管理、行銷的職業技術教育的要求。」農民通過學習、培訓成為家庭農場主將有能力進行現代農業經營，進一步擺脫農民作為身份的象徵，逐步成為職業，成為職業農民。厲以寧（二〇一五）更將職業化的家庭農場經營者劃為中國藍領中產階級的一部份，指出：「藍領技工和熟練技工在收入提高後，完全有可能成為中產階級的一員。家庭農場主也是這樣，他們也完全有可能不再以過去的農民的姿態出現於鄉村。家庭農場主不僅會以農業、養殖業、畜牧業、林業中的新型市場主體代表者的身份出現，而且還可能以新型農業企業家的面貌出現。他們的收入增長後，同樣會進入中產行列。完全有理由把這些務農者稱為藍領中產階級的一員。」

本文旨在研究家庭農場與農業現代化中農民職業化之間的聯繫，以期促進中國職業農民的產生，加快中國藍領中產階級形成的進程。

一、職業農民的定義

目前關於職業農民的學術定義尚未統一，事實上農民應該像教師、工人等職業一樣僅是社會職業分工的結果，但是在中國，農民卻包含了身份、社會地位等含義。在某種意義上，農民具有一定的貶義色彩，往往與封閉、落後、愚昧等詞語聯繫在一起。

美國人類學家埃里克・沃爾夫在其著作《農民》中對傳統農民與職業農民進行了區分，即認為傳統農民是與市民相對立的為維持生計而勞作的人民的身份，而職業農民則僅僅是一個職業，是為追求利潤最大化而開展農業經營的群體。

鄧聿文（二〇〇三）認為傳統農民具有世襲性，無法選擇，而職業農民則具有自主選擇性，是市場化自我選擇的結果，同時傳統農民集中在農村，流動性較弱，而職業農民卻是自由流動。當然就二者的技術水平而言，傳統農民憑藉積累的經驗從事生產，而職業農民在經驗積累的基礎上擁有較高的文化知識水平以及管理能力。付景遠（二〇〇五）提出，職業農民在流動性、選擇權、經營模式等方面較傳統農民有顯著的區別，是理性人在農業現代化過程中的理性選擇的結果。郭智奇（二〇一一）認為，職業農民具有較高的文化素質，能夠從事較為專業化的生產工作，並且保持了一定的職業道德，具有市場競爭意識，且將農業作為自身的穩定職業和主要收入來源。

綜合國內外對職業農民的研究，本文對職業農民的解釋如下：

職業農民就其本質首先應是農民，即憑藉土地等農業生產資料長期從事農業生產的個人。農民應具有四個條件：佔有土地，主要從事農業，農業為主要收入來源，長期居住在農村社區。職業農民也必須首先符合上述條件，才能與非農民加以區分，但是與傳統的農民和兼業農民相比，職業農民有其自身的特點。

1. 市場主體特徵明顯。傳統農民從事農業生產，主要是為了維持生計，是一種自給自足的農業經營模式，而職業農民從事農業則是為了謀取利益，追求利潤最大化，根據市場信息生產農業產品。並且通過提高品質、調整結構、延伸產業鏈條而滿足更多消費者需求，以獲取較高的收入。

2. 農民職業的穩定性。農業由於其生產週期較長，土地肥力需要長期經營，所以對農業從事者而言，需要長時間的人力資本投入，方能獲得可持續發展的可能，這就要求農業從業人員必須具有職業的穩定性，而這正是區別於農業短期投資者的主要特徵。農民職業的穩定，將有利於農業生產水平的提升以及農業生產經驗的積累，因為農業生產必須根據區域內的氣候等因素的變化做出及時判斷，而這就要求農民長期經營以積累經驗。職業農民往往將農業生產作為一個長期職業甚至是終身的職業追求，這一點也正好符合農業穩定性的需求。

3. 職業農民具有高度責任感。傳統農民由於只需滿足個人家庭生活需求，所以責任範圍僅限於家庭內部。而職業農民由於其利用個人的文化、技術、理念，實現適度規模經營，將農產品供應全社會，所以必須對全社會負責。首先，職業農民應向消費者負責，保障食品安全，提高產品品質；其次，向環境負責，生產過程保障相對綠色，不污染、破壞環境，不濫施化肥、農藥；最後，向後代負責，保障農業用地的可持續性利用，不破壞土地結構，維護土地肥力。隨著農民職業化的發展，其職責也不斷提升，同時社會地位也伴隨著責任的擴大而不斷提高。

二、產生職業農民的環境需求

職業農民的產生受到中國分散化農業經營以及小農經濟意識的影響，需要一定的環境因素催化才能得以良好發展，而就當前中國的農業發展現狀而言，需要有如下幾個條件的改變。

（一）土地確權、流轉創新

適度規模經營是職業農民產生的首要條件，而傳統農業長期以來分散的土地經營模式嚴重阻礙了中國職業農民的產生。由於中國的特殊國情及其土地所有權的屬性，使土地經營權流轉模式創新成為促進職業農民產生的關鍵。為實現農地經營權的有序、合法流轉，首先需要中國進一步完善和充實土地經營權的內涵，推動全國的「三權三證」改革，確立土地承包權長久不變的法律地位，而只有在此基礎上，各地才能因地制宜探索農地經營權的流轉模式創新，鼓勵農民適度規模經營，營造職業農民的成長環境。

（二）營造充分的社會尊重

在計劃經濟體制下，由於中國工業發展所需，政府強行將大量人口固定在土地之上，以保障少數非農人口的生活需求，這造成農業人口收入較低、社會地位低下，並且社會也未給予農民充分的尊重，而這一點也是農村青年勞動力離開農村的主要原因。隨著中國人口流動限制的放寬，大量農村青年勞動力湧入城市，並在農村逐漸形成了「沒出息的人留在農村」的想法。因此為鼓勵有知識、有能力的青年投身農業，推動中國職業農民的產生，社會就必須給予農民充分的尊重，營造重視農業、尊重農民、關心農村的社會風氣，以減少農業從業人員的社會壓力。

（三）生產要素城鄉雙向流動

中國的城鄉二元體制是阻礙中國城鄉同步發展的重要因素，在很大程度上限制了城鄉之間人才的流動。由於中國當前傳統農民的知識水平有限，要產生足夠多的職業農民，就必須鼓勵具有一定知識文化水平的人才從事農業生產，到農村創業，帶動農業經濟的發展。所以這就需要加快中國的城鄉一體化進程，支持大量農民進入城市，融入城市；另一方面鼓勵城市人才投身農業，成為第一代職業農民。二者之間相輔相成：大量農民的離開，為農業用地經營權流轉創造了可能；而城市人才的進入，也為農業適度規模經營提供了資金以及人力上的保障，為農業現代化注入了活力。職業農民的來源應該是多元化的，可以是傳統農民中的佼佼者，也可以是返鄉創業的農民，更可以是城市居民甚至大學畢業生。任何投身農業且符合職業農民條件的人員都應獲得政府的鼓勵和支持。

（四）建立職業農民的准入機制

農業適度規模化經營後，隨著農業現代化、科技化的推進，農業生產對經營者的技術要求也不斷提高，急需一批具有一定專業資質以及較強社會責任感的人才進入生產領域。大多數農業發達國家或者家庭農場模式比較成熟的地區，往往建立了一整套完整的農民職業准入體系，德國職業農民不僅必須接受一定的理論學習，還需經過嚴格的實踐勞動鍛鍊。農業是涉及國家安全和社會穩定的行業，建立完善的職業農民准入體系，有利於提高農民地位，提升農業科技化水平，同時也有利於國家的專項扶持。職業農民准入機制的建立能夠有效促進農業職業化培訓的開展，幫助農民積累農業生產知識以及相關經驗，推動農業不斷發展。

三、家庭農場有效促進職業農民的發展

家庭農場是職業農民的載體。職業農民的來源多樣，其中傳統農民的轉變是職業農民的主要來源。

隨著中國城鎮化的快速推進，大量年輕勞動力湧入城市，農業用地開始集中於生產大戶，為家庭農場的產生創造了客觀條件。而家庭農場的產生能夠有效促進目前具有豐富農業生產經驗的傳統農民向職業農民轉變，同時家庭農場的豐厚回報也會吸引一批具有一定經濟基礎的優秀的外出打工返鄉者從事適度規模的農業生產。

自二〇一三年中共中央一號文件首次提及以來，各地因地制宜不斷探索具有中國特色的家庭農場模式，其中湧現出了浙江寧波模式、上海松江模式、吉林延邊模式、湖北武漢模式、安徽郎溪模式五大經典案例。家庭農場是以家庭經營為基礎，融合科技、信息、農業機械、金融等現代生產因素和現代經營理念，實行專業化生產、社會化協作和規模化經營的新型微觀經濟組織，是一種新型農業經營主體，也是農業現代化的重要組織形式。家庭農場較傳統農業微觀主體有了長足進步，根據中國農業部二〇一三年三月對全國家庭農場發展情況的統計調查顯示，中國三十個省、市、自治區（西藏除外）共有符合條件的家庭農場八十七萬七千萬個，耕種面積達到〇・一一七億公頃，佔全國承包耕地面積的百分之十三・四，平均每個家庭農場勞動力為六・〇一個，其中家庭成員四・三三人，常年僱工一・六八人。中國家庭農場的平均規模為二百・二畝，其中經營規模一百畝以下的有六十七萬四千萬個，佔比百分之七十六・八。

以下將從四個方面論述家庭農場經營模式對職業農民產生的影響。

（一）家庭農場模式促進農村土地流轉

家庭農場生產模式的實行將有效增強經營者、土地承包者以及政府的流轉積極性，以促進農村土地流轉。農村土地流轉對土地承包者以及政府而言有一定的思想包袱。土地承包者若將土地租賃，則往往考慮到這一最後生活保障在其需要時是否能夠回歸的問題，同時租賃者能否有效保護土地，使其保持長久、高效的生產力也是流出方考慮的問題。政府則擔心土地租賃者是否會改變土地用途，造成與農民之間的矛盾，從而引起群體事件，影響社會安定。

家庭農場模式的實行能夠有效解決這兩方的顧忌。首先，對家庭農場經營者而言，由於其有較為先進的生產技術，單位畝產高於其他普通農戶，那麼經營者有動力從農民處租賃流轉土地經營權，甚至為了獲取利潤，可能出具比市場流轉價更高的價格，以獲取足夠的農業用地，從事適度規模生產；其次，對於農業用地的承包者而言，家庭農場經營者作為租賃方可能是同村或者鄰村鄉親，流出方往往較為瞭解家庭農場經營者的家庭情況，從而增加了對租賃方的信任，而且可能獲取更好的流轉金，這一模式能夠有效促進農業用地承包者的流轉積極性；最後，對於政府而言，家庭農場模式有利於其監控土地用途，便於管理，能夠有效保障普通農民利益，也使其有動機促進土地流轉。

家庭農場模式有利於促進農村土地流轉，從而為職業農民的出現提供了客觀條件，解決了中國農業適度規模化中合理流轉的問題，能夠有效延長流轉年限，為專業人員長期扎根農業、研究農業提供可能，進而促進了職業農民的產生。

（二）家庭農場模式提升職業農民的社會地位

家庭農場模式能夠有效增加農民收入，有利於提升職業農民的社會地位。馬克思理論認為經濟基礎決定上層建築，二〇一三年中國城鎮居民家庭人均可支配收入為兩萬六千九百五十五元，而農村居民家庭人均純收入為八千八百九十五元，長期的低收入環境使得農民的社會地位無法獲得認可，容易遭到城市居民的蔑視。家庭農場經營者利用其擁有的先進生產技術，通過適度規模經營，能夠有效增加從業家庭的人均收入。美國大型家庭農場的年平均收益為三十九萬九千萬美元，而超大型家庭農場年平均收入達到一百三十萬一千四百美元，其收入遠高於美國家庭平均收入，已經邁入高收入家庭行列。隨著家庭農場經營者的收入增加，社會對其從業者的尊重度將不斷提升，促使社會正視農業、正視農村、正視農民，從而將吸引大量人員從事農業生產，不斷豐富農業從業者的來源，催化職業農民的產生。

（三）家庭農場模式加快生產要素城鄉雙向流動

家庭農場模式有利於農村創業，將吸引大量人才從事農業，進而刺激生產要素的城鄉雙向流動。家庭農場的高收入將是吸引具備技術、人力、資金等要素的城市人員或者返鄉農民工從事農業生產的直接動力。這些人員受到家庭農場的高收益影響，將投身農村，開展以家庭農場為代表的創業活動，從而將大量要素投入農業，推動先進農業技術的使用以及加快農業生產機械化的進程，這也使得家庭農場生產效率不斷提高，也進一步保障了農村創業者的收入。家庭農場的經營模式以人才流動為載體促進了反向城鎮化的進程，進而加快了其他生產要素的城鄉雙向流動，為職業農民的產生提供了資金、技術、人員方面的保障。

（四）家庭農場模式將有效推進職業農民准入機制的建設

家庭農場模式將減少農業從業人員數量，有利於政府管理、培訓、統計，從而能夠有效推進中國職業農民准入機制的建設。中國農業人口眾多，根據中國國家統計局的數據，二〇一三年中國農村人口達六億兩千九百六十一萬人，巨大的農村人口，不便於政府的管理。若政府強行建立職業農民准入機制，而又沒有能力培訓如此規模的農村人口，將會促使大量人員失業，損害農民利益，可能引發全國的群體事件。隨著家庭農場的發展，農業從業人口不斷減少，政府將逐漸有能力給予從業人員一定的培訓，以增加從業人員的社會責任感，提升家庭農場經營者的專業資質，進而加快推進農業現代化、科技化。職業農民准入機制也將反作用於家庭農場模式，不斷提高中國農業現代化的程度，促進中國職業農民的產生，為其提供有效的充電、學習的途徑。

四、美國培養職業農民的政策措施

美國根據自身農業發展的需求，以及國內已有的職業農民培育經驗，於二〇一二年就職業農民培育相關問題修改了該國農業法草案，以期提高農民素質，支持農業科技化發展。

（一）發展農業教育，加強職業培訓

區別於德、法的職業農民准入機制，美國的農民就業完全建立在自我意願選擇的基礎之上，能夠靈活、開放地實現職業農民來源的多元化。但是據統計，美國職業農民中有百分之七十五以上的人員不具備農業生產背景，這不能滿足農業生產的經驗需求，為此美國二〇一二年的農業法草案將發展農業教育作為提升職業農民技術能力的重要途徑。為此，美國政府加大對農業專業的投入力度，擴大農業專業的招生規模，同時鼓勵各類型農場開放實習機會，以給予農業專業學生最大限度地積累經驗的可能。

（二）支持農業產業創新

美國雖然沒有直接針對職業農民的支持政策，但是會根據農民面臨的實際問題通過大型計劃的方式推動農業產業的創新。

1. 開展特色農作物計劃。職業農民會根據市場需求，自行判斷選擇最適合自身條件的農作物進行生產，特別是一部份具有特殊技能的職業農民會從事蔬菜或者水果的生產，而美國政府通過開展特色農作物計劃，鼓勵職業農民進行農業產業創新。二〇〇八年美國農業法案通過後，形成了比較完善的特殊農作物資助體系，計劃在二〇〇九至二〇一九年投入四億六千六百萬美元開展特色農作物科研研究，而二〇一二年新的農業法草案更是將對特色農業的資助擴展到了食品安全以及病蟲害防治上。

2. 施行食物本地化運動。美國農業的最大特點就是在全國施行專業化、集中化生產，而這在一定程度上致使農業生產與本土消費市場相脫離，影響了農產品的新鮮度，為此部份職業農民根據市場需求，在區域範圍內生產非集約化農作物，以供應當地市場消費。美國政府也出台政策推動食物本地化運動，鼓勵消費者購買本地食品。二〇一二年的新農業法草案制訂了本地食品發展計劃，加大對本地食品生產、推廣的支持力度，以惠及從事該產業的職業農民。

（三）完善農業補貼制度

美國歷來注重對農業經營的補貼，特別是在幫助農民抵抗自然風險和市場波動方面給予了很大幫助，但是美國原先的補助體系卻存在分配不均的問題，大型家庭農場經營者往往獲取多數的補貼，而一些小型家庭農場經營者或者剛剛進入農業生產領域的人員僅僅能夠獲取少量補助。據二〇〇九年數據統計，直接補貼中，大型家庭農場經營者能夠獲取百分之四十一，平均水平為一萬一千七百九十三美元，遠高於其他經營者的七千三百零二美元。新的農業法草案調整了直接補貼、反週期補貼等政策措施，啟動了新型的農業價格補貼機制，以滿足農場經營者的實際需求。

五、政策建議①

家庭農場的發展能夠有效促進中國職業農民的產生，通過借鑑美國職業農民的培育經驗，結合中國農業以及家庭農場的發展現狀，未來社會各方應該在以下幾個方面做出探索。

1. 政策合力協調配合，推動家庭農場發展。為推動家庭農場的發展，應該提高政策實行效率，合力推動優秀家庭農場的發展。目前中國針對家庭農場出台了大量的優惠政策，但由於政出多門，缺少領軍部門，從而政策未能發揮合力。同時某些政策透明度不高，容易成為利益尋租的灰色地帶，也影響了政策實施的效率。為此，建議政府針對目前家庭農場的發展形勢，確定唯一主管部門，系統性地開展政策扶持，以求政策合力，推動一部份家庭農場先行發展，進而利用標竿典型由點到面、再到立體地帶動引領家庭農場良性發展。

2. 土地確權保障農業用地流轉。土地權屬清晰是土地流轉的基礎，也是家庭農場發展的基石，但農民對土地所有權、承包權、經營權權屬的認識不清，嚴重影響了土地流轉模式的發展。土地權屬的不清也影響了家庭聯產承包責任制的落實，隨意調整承包地的現象時有發生，造成農民因擔心土地流轉後自身權益受損而不願意流轉。土地確權與「三權三證」的頒發（承包土地的使用權、宅基地的使用權、農民在宅基地上所蓋的房屋的房產權，以及與三權對應的三證），能夠有效明晰產權，提升農民在土地市場中的議價權，為中國農村土地適度流轉和家庭農場的發展提供最重要的支持。

3. 加強農業職業培訓，建立職業農民准入機制。為增加家庭農場經營人員的社會責任感，提升家庭農場經營者的專業資質，以促進農業現代化、科技化的推進，各級政府應該首先逐步推動無償農業培訓，以提升農民的素質以及知識文化水平。其次，政府需制定政策和條件對優秀的農民給予激勵補貼，每年吸納一部份農民進入，以此建立職業農民准入的初級機制。最後，待時機成熟，全面推廣職業農民准入機制。職業農民准入機制將不斷提高中國農業現代化程度，促進中國職業農民的產生，以加快中國家庭農場的發展，同時也為農民提供了有效的充電、學習的途徑。

4. 探索新型擔保模式，以方便家庭農場經營者貸款。中國家庭農場制度處於起步階段，在家庭農場經營者缺少充足抵押品，且農村貸款擔保機制不健全的前提下，農村金融機構可以根據家庭農場的特點探索新型的擔保機制，如訂單擔保機制。家庭農場經營者為降低市場經營風險，比較傾向於使用訂單生產的模式開展經營，經營者將會與收購企業、地區內的龍頭企業簽署訂單合同，從而進行生產。鑑於此，建議農村金融機構可以探索「銀行＋企業（龍頭）＋個人」的擔保模式，即根據訂單，由龍頭公司或者產品收購企業進行擔保，以便農場經營者能夠順利開展生產，有利於銀行控制風險，節約評估成本。若出現風險，可以由龍頭企業或者產品收購企業先行進行貸款墊付，而其與家庭農場經營者之間的債務可以平滑至未來幾年收入中，這也有利於減輕家庭農場經營者的風險。

①此部份政策建議內容將發表於其他雜誌，在此僅做簡要論述。

參考文獻

1. 陳丹、唐茂華：〈家庭農場發展的國際經驗及其借鑑〉，《湖北社會科學》二〇一五年第四期。
2. 程偉、張紅：〈國內有關職業農民研究的綜述〉，《職業技術教育》二〇一二年第三十三（二十二）期。
3. 鄧聿文：〈從傳統農民到職業農民〉，《科技信息》二〇〇三年第三十七期。
4. 費強、許長榮、李寶昌等：〈以家庭農場主為代表的新型職業農民培育現狀探討〉，《安徽農業科學》二〇一四年第四十二（三十二）期。
5. 付景遠：〈破解「職業農民建設難」的對策研究〉，《農業經濟》二〇〇五年第十二期。
6. 郭智奇：〈大力發展農民職業教育，培養高素質職業農民〉，《中國農業教育》二〇一一年第一期。
7. 李國祥、楊正周：〈美國培養新型職業農民政策及啟示〉，《農業經濟問題》二〇一三年第五期。
8. 厲以寧：〈論藍領中產階級的成長〉，《中國市場》二〇一五年第五期。
9. 司洋：〈培育家庭農場，夯實發展現代農業的微觀基礎〉，《農民科技培訓》二〇一五年第二期。
10. 王妍：〈山東省家庭農場培育路徑研究〉，中國海洋大學二〇一四年碩士論文。
11. 熊江：〈家庭農場催生職業農民〉，《中國農墾》二〇一三年第七期。
12. 張曉山：〈家庭農場將培養出一批職業農民〉，《農村工作通訊》二〇一三年第六期。

13. 朱啟臻、聞靜超：〈論新型職業農民及其培育〉，《農業工程》二〇一二年第二（三）期。

（陳騏，北京大學光華管理學院）

藍領中產階級相關主要理論的歷史與發展

王福晗、劉麗文

中國經濟的發展，一個不可迴避的問題就是由龐大人口基數所帶來的就業壓力。就業問題始終伴隨著中國改革開放的全部進程，也是中國社會面臨的最嚴峻挑戰之一。體制和技術的雙重變革促使土地釋放出更多的勞動力，數以億計的農村人口湧向城市。二十世紀九十年代經歷了宏觀經濟低潮之後，國企進行的「減員增效」，使當時的就業問題雪上加霜。但是，中國的城鄉體制改革和就業改革，極大地擴大了城鄉就業容量，與此同時，就業結構也發生了翻天覆地的變化。進入二十一世紀，中國勞動力市場迅猛發展，完成了一次重大的歷史突破，勞動力市場的資源配置方式實現了從存量到增量的全面覆蓋的根本革新。

經過十幾年的發展，隨著人口紅利的逐漸消失，中國勞動力市場又面臨一個關鍵的抉擇時刻。在勞動力供給豐富、勞動力資源供大於求的基礎上，勞動者在僱傭關係中通常處於不利地位。這一現實，可以從近年來許多社會熱點新聞中得到充分的印證。來到城市的農村打工者往往遭受不盡如人意的待遇，打工者權利被侵犯的現象時有發生。如果打工者長期受到不公正對待，容易引發這個群體的不滿情緒，並且打工者不滿情緒的發洩對象極易從僱主蔓延至整個社會，給社會穩定埋下嚴重隱憂。這一問題若得不到解決，會使國家陷入中等收入陷阱，中華民族偉大復興的中國夢將淪為「南柯一夢」。這方面的反面例子就是南非——因沒有處理好就業問題，南非經濟長期停滯不前，使這個昔日的非洲第一經濟體發展難續。

「物不因不生，不革不成。」改革開放後中國在就業調控上取得了舉世矚目的成績。為了讓成就持久延續，需要找到一把完善勞動力市場的鑰匙，打通一條社會垂直流動的通道。這把鑰匙、這條通道，就是培育和壯大藍領中產階級。本文就有關藍領中產階級的相關理論進行梳理，以期對深入研究者能有所啟迪。

一、勞動力市場——二元勞動力市場理論

（一）二元勞動力市場理論的產生

重商主義提倡國家干預和市場機制相結合。其理論出發點是大量進口外國商品會衝擊本國商品市場，造成本國商品滯銷，從而導致本國就業崗位的減少，產生失業。現代經濟學創始人亞當．斯密（Adam Smith）即抨擊了重商主義，其放任自由思想和勞動分工理論奠定了西方國家自由市場、自由貿易的理論基礎。經濟自由主義佔據主流後，原有的國家干預思想逐漸淡出了歷史舞台。另一位經濟學大師李嘉圖（David Ricardo）同樣認為，市場始終是出清的，充分的生產和就業才是常態，「過剩是由於一種商品增加了以後，沒有與之等值的另一種商品相應的增加」，過剩是短暫的，市場力量總會達到市場出清。馬爾薩斯（Thomas Robert Malthus）則認為勞工獲得的工資不足以消費資本家的全部產品，即商品的有效需求不足，首次強調了消費在就業和生產中的地位。直到凱恩斯（John Maynard Keynes）時代，主流經濟學家始終把勞動力市場看作是競爭性的市場，將勞動力看作是同質的商品，即便有所不同也是天生決定的。經濟自由主義在二十世紀二十年代世界經濟大蕭條後遭受了普遍質疑，國家干預被重新認識，並在實踐中發揮巨大作用，將美國從經濟危機中解救出來。然而，當時解決失業的辦法，都是從擴大供給或者需求方面出發，有關就業的理論始終沒有深入到勞動力市場中去。

直到二十世紀六十年代，一些經濟學家開始放棄新古典理論的勞動力市場分析模型，強調勞動力市場的分割屬性，強調制度和社會因素對就業的重要影響。這種理論被稱為勞動力市場分割理論。理論的分支較多，其中以二元勞動力市場理論最具代表性。二元勞動力市場理論由皮奧里（M. J. Piore）和多格林（Peter B. Doeringer）在二十世紀七十年代提出，認為市場被分為兩塊，即一級市場和二級市場。兩個市場在勞動力資源配置和工資決定方面各具特點：一級市場工資較高，工作條件優越，就業穩定，安全性好，作業管理過程規範，陞遷機會多；相對而言，二級市場工資較低，工作條件較差，就業不穩定，管理武斷且粗暴，無個人陞遷機會。

二元勞動力市場理論在工資的決定、人力資本的作用、勞動力本身的素質等方面與傳統的勞動力市場理論有明顯的不同。(1) 工資決定。傳統生產力理論認為，邊際生產率是決定工資水平的唯一因素；二元勞動力市場理論認為，邊際生產率不是唯一的因素，一級市場的一些大公司容易形成內部勞工市場，工資更多地由職位決定，二級市場的一些人也可以勝任一級市場的工作，但制度原因決定了他們沒有辦法進入一級市場工作。(2) 人力資本作用。傳統的理論認為，提高人力資本投入可以增加其邊際生產率，從而工資水平也相應提高。據此，教育的普及化將導致社會收入水平的縮小。但實際觀察發現，收入水平的差距並沒有因教育的普及而縮小，持久的貧困依然存在。分割理論認為，教育水平雖然可以提高生產率，但它的信號作用更為明顯，更能發揮篩選功能。(3) 勞動力本身素質。分割理論認為二級市場對於勞工的要求更低，從而使勞工養成了懶散、缺乏合作精神等特徵，最終形成惡性循環，而這種循環的源頭是勞動力市場的歧視，是制度因素。

（二）二元勞動力市場理論的發展

二元勞動力市場理論被提出之初，並不被學界認可，主要是其缺乏實證證據的支持。針對工資決定，傳統觀點的支持者認為，二級市場中勞工工資低下的原因就是他們的能力低下，這可以從競爭中得到解釋；舒爾茨（Theodore William Schultz）等人的人力資本理論強調教育是提高人力資本的主要手段，盧卡斯（Robert Emerson Lucas）、羅默（Paul Michael Romer）等人的新增長理論也證明教育投入增加是提高國民收入的主要手段，這都與分割理論所認為的教育主要發揮信號作用背道而馳。

直到二十世紀八十年代末期，一系列實證數據的支持，使得勞動力市場分割理論尤其是二元勞動力市場理論才被人們所重視。狄更斯和郎（Dickens and Lang）在一九八五年和一九八八年的兩篇實證文章被認為是勞動力市場分割理論復興的開始。他們將樣本局限在上一年工作時間超過一千小時的男性僱工（不包括政府工作）。其實證結果表明，存在著兩個獨立的勞動力市場，這兩個勞動力市場中存在著明顯的壁壘，並且這個壁壘是非經濟的。里德（Lesley Williams Reid）和羅賓（Beth A Rubin）對一九七四至二〇〇〇年美國的勞動力市場分割進行了長期的跟蹤研究，對種族、性別等對收入產生影響的外生變量都做了分析，結果顯示在勞動力市場中，男性優於女性，白種人優於非白種人。狄更斯分析了美國的一級市場和二級市場中教育的收益率，發現在一級市場中收入與教育呈明顯的正相關關係，而在二級市場中，這種關係就不明顯。此外，還有一系列運用二元勞動力市場理論研究巴西、墨西哥等國的論文，研究發現在這些工業化不發達的國家，勞動力市場分割現象更為嚴重。例如赫克曼（Heckman, 1983）對於巴拿馬成年男性收入的研究，發現在不同的人群和不同的地區之間，工資的決定機制存在巨大的不同。

總的來說，勞動力市場的分割理論更加嚴密，也更具有現實意義。直到今天，有關勞動力和就業的文獻，大都是在勞動力市場分割的框架下完成，有關勞動力市場分割理論應用、發展的文獻也經常見諸權威經濟學雜誌。

（三）中國的勞動力市場分割理論

中國城鄉之間、地區之間、行業之間發展不平衡，本身就存在著市場分割的情況，因此勞動力市場也呈現明顯的分割狀態，並且這種分割產生的原因不僅僅是功能佈局、經濟發展的不同，更多的是制度造成的分割。在一級勞動力市場，不僅工資高、工作穩定，還可以獲得包括社會保障在內的一系列隱性福利；在二級勞動力市場，勞動者缺乏社會保障，其權益也屢受侵犯。人們想方設法進入一級勞動力市場，造成了一級勞動力市場的競爭激烈，使得握有權力的人可以獲得「分割性收入」，進一步阻礙了勞動力市場的自由流動，阻礙了社會的垂直流動。

中國複雜的國情一經與勞動力市場分割理論結合，勞動力市場分割理論便得到了更加全面和深入的研究發展。

已有很多文獻通過實證檢驗證實了中國勞動力市場分割現象的存在。Gregory 和 Meng（一九九五）對於二十世紀九十年代初的企業員工研究發現，教育對於勞工獲得職位有顯著影響，對於工資決定沒有顯著影響。Fan（2001）基於廣州市的數據分析表明，廣州市的勞工收入與其身份明顯相關，而教育水平對其影響次之。Zhao 和 Zhou（2002）研究發現，中國私有部門的教育回報率高於國有部門，從而說明了不同所有制經濟部門之間的勞動力市場分割。

對於中國的勞動力市場分割類型，研究者做過多種劃分。例如李萍、劉燦（一九九九）認為中國存在著體制內、體制外的二元勞動力市場；朱鏡德（一九九九）認為，中國的勞動力市場存在著城市不完全市場、城市完全競爭市場、農村完全競爭市場三元結構；張曙光等（二〇〇三）認為中國城市之間、農村之間、農村到城市之間勞動力市場都是分割的，城市農民工市場是目前唯一的全國性勞動力市場；張展新（二〇〇四）則認為，中國在城鄉、部門經濟弱化的同時，勞動力市場出現了產業分割；李建民（二〇〇二）認為，中國勞動力市場存在著多重的分割，如城鄉分割、地區分割、部門分割、正式勞動力市場與從屬勞動力市場分割。

總之，中國的勞動力市場分割現象是十分嚴重的，並且分割形式也是動態的、複雜的，所有新的角度的引入都豐富了我們對於中國勞動力市場的認識，也豐富了勞動力市場分割理論的內涵。

二、中產階級相關理論

中產階級本身是一個舶來詞語，它包含了人們對富裕和高品位生活的遐想和嚮往。中產階級體現的是社會主流的價值觀和生活方式，對於社會的持續發展和繁榮起著重要的作用。中產階級的出現有利於改變金字塔形的社會結構，使社會向著更穩定的橢圓形結構過渡，充當著社會穩定器的作用。中國改革開放三十多年以來，無疑已經出現了中產階級，但目前中國的中產階級已經構成社會的中堅力量了嗎？中國的社會結構已經穩定了嗎？只有藍領中產階級不斷發展壯大，中國的中產階級才能夠真正充當社會的穩定器和經濟的助推器。為了清晰瞭解中產階級的相關理論，我們下面對有關理論做回顧和概括，以期對中產階級有更深入的認識。

（一）國外的中產階級理論

中產階級理論是社會分層理論研究中的重要課題。馬克思（Karl Marx）和韋伯（Max Weber）兩人的社會分層理論中分別對早期的中產階級進行了描述，後來者在此基礎上不斷重構和演進。

馬克思主義的中產階級觀：馬克思用社會階級理論來解釋整個社會結構，即工業化以後，社會存在兩個相互對立的階級，無產階級和資產階級。在論著中，馬克思多次提到了處於兩個階級中間的小工業家、小商人、手工業者、農民、醫生、律師和學者，他稱這類群體為中間階層、中等階級、過渡階段等。馬克思分析的出發點是生產資料的佔有。馬克思的追隨者，以希臘學者普蘭查斯（Nicos Poulantzas）為代表，進一步發展出了以經濟、政治和意識形態三條標準劃分的社會階級，並首次提出「新中產階級」或者「新小資產階級」，主要是指後工業社會中靠工資謀生的各種公職人員、管理人員、技術人員和自由職業者。這些人並不佔有生產資料，卻又不同於工人階級從事生產性工作。

韋伯的中產階級觀：韋伯認為馬克思從經濟角度對社會分層是十分重要的，但又是不全面的。韋伯對於社會分層的角度是多元的，除了經濟因素，至少還包括社會角度和政治角度。他強調社會的多元性，不同的社會群體追求的社會地位體現也不一樣，例如經濟界追求財富，知識份子追求聲望，而政治人物則追求權力。並且，韋伯認為中產階級與工人階級在生存機會、財富佔有上都是不同的。新韋伯主義對於中產階級的理解更多地是在「白領」的界定和社會意義上。

隨著西方國家工業化的不斷發展，社會並沒有如馬克思預言的那樣走向兩個極端，反而是更接近韋伯劃分的社會階層，因此韋伯的思想被後來的西方學者廣泛接受。然而，到了二十世紀六七十年代，這兩個學派互相借鑑和影響，解釋也逐漸趨同，現在也很難區別完全的馬克思主義或者完全的韋伯主義。

其他中產階級理論：除了馬克思和韋伯，還有許多對於中產階級理論做出重要貢獻的學者。例如伯恩斯坦（Basil Bernstein）就較早地闡述了中產階級的理論。他認為收入統計數據的重要性不在於表明高收入人群和中等收入人群數量的減少，反而是表明他們相對比例的增加，並且這種增加趨勢明顯高於人口的增長。伯恩斯坦預言，社會階級的對抗會趨於緩和，社會結構將趨於穩定。美國社會學家米爾斯（Charles Wright Mills）一九五一年出版的《白領：美國的中產階級》（*White Collar: The American Middle Classes*）一書，在整個西方社會引起了巨大的反響，也正是這本書將中產階級的概念推向了全球，白領與新中產階級也成為了兩個如孿生兄弟一樣的詞彙為人們所熟知。英國社會學家阿伯克隆比（Patrick Abercrombie）也對中產階級進行了分析，他認為中產階級並不是一個統一的群體，在中產階級內部也是存在分化的，可以分為三等：一是上層中產階級，如白領；二是中層中產階級，有一定技能，但受管理人員的控制，有希望得到陞遷；三是下層中產階級包括職員、秘書及一部份熟練工人，雖掌握一定技能，卻很容易被他人替代。

西方的中產階級理論研究是從二十世紀二十年代開始的，是針對資本主義社會的結構變化而產生的。時至今日，中產階級理論已經成為社會分層研究的重要組成部份，中產階級也早已經成為社會穩定的重要基石。

（二）中國的中產階級理論

中國的中產階級研究可追溯到改革開放之初，並且早已不局限於僅僅指代國外概念和新生事物，國內許多學者已經開始用中產階級來指代中國社會階層化和社會流動所帶來的深刻變化。然而，中產階級的具體概念以及內涵的界定，一直以來就是一個見仁見智的問題，始終沒有一個統一的標準。筆者認為，每個國家和地區的具體情況不盡相同，社會結構也不可能完全一致，對於中產階級的界定出現不一致也是正常的。下文將介紹中國學界當下關於中產階級理論研究取得的最新進展。

中產階級的界定：中國關於中產階級的界定秉承韋伯的多元分層理論，提出的劃分標準主要有職業、收入、教育、消費、社會地位等。

陸學藝在《當代中國社會階層研究報告》中對中產階級的界定如下：從事腦力勞動；穩定的家庭消費能力；具有一定的管理權、領導權；具有一定社會地位和社會影響力。陸學藝通過抽樣問卷及訪談的方式，認為中國中產階級比例約為百分之十五。

李春玲（二○○三）的〈中國當代中產階級的構成及比例〉認為，同時滿足職業、消費、收入和主觀認同四項指數的群體才可稱之為中產階級，並通過抽樣的方式研究，得到全國中產階級比例為百分之四・一，主要城市中產階級比例為百分之十二。

周曉虹（二○○五）在《中國中產階級調查》中評判是否為中產階級的指標有身份、教育、消費、生活方式、政治參與，研究得到的結論是主要城市的中產階級佔比為百分之十一・八。

中產階級的現狀：社會資源的配置方式日益多元化，市場正逐漸在資源配置中起決定性作用；影響社會階層分化的各種因素也在不同時間、不同空間上發揮著不同的作用。不同地區、不同部門、不同行業之間的差距正逐漸顯現出來，雖然中產階級總體上是不斷擴大的，但是社會結構並沒有完成從金字塔形向橢圓形的過渡，中產階級在社會結構中佔比仍比較小。

中產階級的政治參與：目前中國中產階級對於政治參與的態度是曖昧的，但一個共同的特點就是表現出對中國共產黨和政府的支持。如陳捷等（二○一四）在〈中國中產階級對待民主的態度及其政治行為〉中認為，中國大多數中產階級對西方式的民主並不支持，但持支持態度的人往往贊成直接參與政治活動。許多研究表明，在制度性的政治參與上，體制內部門的中產階級是最積極的參與者；在非制度性的權益維護上，下層階級表現得最為活躍，中產階級大多選擇迴避此種表達方式。

中產階級的特點：第一，中國的中產階級並沒有形成一個統一的群體，沒有統一的利益訴求和一致行動的能力；第二，中國的中產階級分佈不均衡，大多集中在國營部門。發展迅速的民營部門雖然催生了大量的中產階級，但比例還是遠低於國營部門；第三，中國的中產階級成長不合理。新興中產階級的興起應伴隨著老一代中產階級的衰退，然而在當下中國卻呈現的是老一代中產階級和新興中產階級同時擴張的面貌，特別是在一些小城市、小城鎮，老一代中產階級的擴張速度甚至快於新興中產階級。

（三）白領？藍領？——中國藍領中產階級

很長時間內，一提到中產階級，人們想到的就只有白領，這種情況在很大程度上是拜米爾斯的《白領：美國的中產階級》一書所賜。每個國家有各自不同的國情，例如後工業化國家美國，構成美國中產階級的主體成員的確是白領，這是由美國的經濟結構所決定的。但是即便在美國，中產階級中也有很大一部份是藍領階層。從中產階級發展的歷史來看，最初中產階級大都是藍領工人，只是隨著社會經濟的發展，其成分逐漸發生了變化。一個典型的例子是日本，二十世紀七八十年代，只有一億兩千六百萬人口的日本號稱「一億總中流」，意思是說日本有一億中產階級人口。這種崛起歸因於戰後日本在全面振興民族工業政策下，製造業全面崛起而培養出的藍領工人。製造業帶動社會經濟全面發展，大大改善了藍領工人的工作和生存條件，使之跨入中產階級。進入中產階級以後，藍領工人自身認同感得到加強，反過來促使他們更加熱情地工作，從而推動經濟和社會進一步發展。

按照目前中國高等教育的規模，二十年也只能培育出一億數量的白領中產階級，而中國的人口基數有十三億，可見，要形成穩定的中產階級，我們必須擴大中產階級的構成，把扛起「中國製造」大旗的以農民工為主的藍領工人納入到中產階級隊伍中來。

我們在討論中產階級時，如果只關注菁英階層，而忽略了藍領工人，不符合中國當下國情、社情，也是一種對歷史的不負責任。把藍領工人拒之於中產階級大門之外，不符合中國社會的發展規律。中國正在經歷由計劃經濟向市場經濟、由農業社會向工業社會的雙重轉型時期，產業工人正處於量變向質變過渡的關鍵時期，新興產業工人的誕生也呼之欲出。國營企業中的藍領工人還算有較為全面的保障；但是民營企業中的藍領工人幾乎全部由農民工組成，他們的勞動方式近乎原始，隨著人口紅利的消失，這種模式已難以為繼。

藍領工人在西方國家能夠進入中產階級，在中國卻只能作為社會底層而存在，是因為西方國家已經進入後工業化社會，而中國還在全面進入工業化社會的過程之中。因此，將藍領工人納入到中產階級這一課題就顯得尤為重要，因為在未來很長一段時間，中國還將肩負世界工廠的責任，而由農民轉化而來的藍領工人正是完成這個使命的基礎。

三、職業教育

個體與勞動力市場之間的關係主要體現在就業和轉業兩方面。從一般意義上講，在教育和培訓方面的投資可以在兩個方面改善個人與勞動力市場的關係：使個體提高就業的可能性和使個體獲得更高的工資水平。一般情況下，職業教育作為一種特殊的教育和培訓，也具有以上作用。首先，職業教育中寬泛的基礎知識和技能培訓可以使受教育者的就業可能性大大增加，並保證其在個體工作生涯中持續地受益。專門的知識和技術的培訓，可以使受教育者在勝任某一項具體工作之前，做好更充分的準備。其次，自主選擇的職業教育可以適應市場經濟的動態變化，使個體更容易進入到社會地位更高、工資和待遇更好的職業。

在分割的勞動力市場中，職業教育為勞工順利地進入勞動力市場增加了可能性，幫助勞工熟練地掌握技能，實現從二級勞動力市場向一級勞動力市場的過渡。因此，職業教育對於提高藍領工人收入、壯大藍領中產階級有重要的意義和作用。

（一）國外理論研究

亞當・斯密在《國富論》（*The Wealth of Nations*）中認為，勞動者的知識、經驗和技能在很大程度上可以提高勞動生產率，促進技術進步，而技術進步又是經濟增長的必要因素。十九世紀馬歇爾（Alfred Marshall）在《經濟學原理》（*Principles of Economics*）中多次強調教育對經濟發展的重要性，並明確提出「教育是國家投資」的觀點，「用於人的教育的投資，是最有效的投資」。此後，許多經濟學家試圖從數學角度探索教育對經濟作用的定量分析。直到二十世紀五十年代，索洛（Robert Merton Solow）的新古典理論，完成了技術進步的定量分析。但是索洛將技術進步作為外生變量，得到長期經濟增長完全取決於人口增長的結論。

「人力資本理論之父」舒爾茨的研究最為經典。他明確提出，包括教育投入在內的人力資本投資是經濟增長的主要源泉。他研究了一九二九至一九五七年間美國教育投資與經濟增長之間的關係，並做了定量分析，結果顯示，各級教育投資的平均收益率是百分之十七，教育投資增長的收益約佔勞動收入增長的百分之七十，教育投資增長的收益佔國民收入增長的百分之三十三。根據分析結果，他得出結論：人力資本投資是回報率最高的一種投資。

二十世紀八十年代開始，盧卡斯的內生增長模型（Endogenous Growth Model）、羅默的知識溢出模型（Knowledge Spillover）和斯托齊（Nancy L. Stokey）的幹中學模型（learning by doing），都從不同的角度解釋了人力資本是如何在國民經濟增長中發揮作用的。巴羅（Barro）在一九九二年透過分析九十八個國家一九六〇至一九八五年間的入學率與人均GDP的增長率之間的關係得出結論：一個國家的經濟增長率與起始的初中等入學率呈現高度正相關關係，相關係數達到〇・七三。

但是，具體到職業教育與經濟增長之間的研究則相對較少，尤其是定量地研究職業教育與經濟增長之間的關係的文獻，相對少很多。英國經濟學家巴洛夫以「人力資本理論」為基礎，在分析非洲一些國家的促進經濟發展戰略後指出，職業教育和普通教育相比有更高的投資價值。美國學者溫斯坦博士在分析西方國家社會經濟發展的普遍規律後指出：「一個健全的中等教育和職業教育體系，比高等教育更為關鍵。」第二次世界大戰後德國和日本的發展經驗也說明，健全的職業教育體系對於社會經濟發展起重要作用。

（二）中國理論研究

中國的教育對經濟貢獻的研究，主要分為兩類：一類是研究教育對國家或區域經濟發展的貢獻水平；另一類是研究教育對於個體收入的作用。

教育對國民或區域經濟貢獻水平研究：郭慶旺等（二〇〇九）考察了公共教育支出規模、結構和高等教育可獲取性對人力資本投資行為、勞動力的相對供給和相對效率的影響，揭示了公共教育政策對經濟增長和人力資本溢價的影響機制。於凌雲（二〇〇八）證明了在教育投入比相對較低的地區，物質資本投入是拉動經濟增長的主要原因；非政府方面投入的增長對人力資本積累的效果更加明顯；中國的政府和非政府投入對於人力資本積累和經濟增長的短期效應更為明顯。

教育對個體收入作用的研究：白雪梅（二〇〇四）研究表明，教育與收入不平等之間存在密切的關係，並且這種關係是比較穩定的。楊俊等（二〇〇八）研究表明，收入分配的不平等導致教育不平等，並且短期就可以實現；教育不平等的改善沒能減小收入分配的不平等，並且在長期也不顯著。姚先國等（二〇〇八）研究發現，勞動力教育水平的提高對地區經濟增長有積極影響，並有一定的溢出效應，但是資本投資依然是導致地區經濟差異的主要因素。

中國有關職業教育與經濟發展的研究，比較多的是關於職業教育提高農民工素質從而推進城市化進程、關於職業教育模式及社會功能的研究。如楊海燕（二〇〇八）的〈改革職業教育運行機制促進農村剩餘勞動力轉移〉，彭國勝等（二〇〇九）的〈構建中國特色農民工職業培訓體系：理論依據與現實方案〉。也有研究職業教育與宏觀經濟之間的關係的，如沈超等（二〇〇六）對職業教育與經濟增長之間進行的定量分析，得出人均GDP基本上是隨著中等職業教育招生規模的增加而增加的結論。此外，還有研究職業教育與農民工個體收入之間的關係的，如胡寶娣（二〇〇四）通過實證分析，得出農民工的受職業教育程度和轉移具有顯著的負相關關係，即職業教育程度較高的農民工離職率較低。韓雲鵬等（二〇〇五）認為，勞動力市場的實際情況以及潛在的制度性因素，使農民工即使參加職業培訓，短時期內也未必能夠實現收入的提高。劉萬霞（二〇一三）研究表明，職業教育和技能培訓有助於農民工從事技術崗位和管理工作，但不同類型的職業教育對農民工就業選擇的影響存在較大差異。

加強職業培訓，幫助有進取心的勞工更便捷地受到多種形式的培訓，將使更多勞工轉變為熟練技工，邁入藍領中產階級，成為新的人口紅利，為中國經濟持續繁榮發展做出貢獻。開放性的職業培訓也將進一步打通社會垂直流動的通道，壯大中國的藍領中產階級，加快形成持續穩定的社會結構。

參考文獻

1. 白雪梅：〈教育與收入不平等：中國的經驗研究〉，《管理世界》二〇〇四年第六期。
2. 陳捷、蔣林、陳紅慧：〈中國的民主化和中產階級：中產階級的民主態度〉，《國外理論動態》二〇一四年第七期。
3. 《當代中國社會階層研究報告》，「中國社會階層研究叢書」，社會科學文獻出版社二〇〇二年版。
4. 郭慶旺、賈俊雪：〈公共教育政策，經濟增長與人力資本溢價〉，《經濟研究》二〇〇九年第十期。
5. 韓雲鵬、涂蓮英：〈農民工培訓的需求導因、制約因素與對策思考〉，《職教論壇》二〇〇五年第十六期。
6. 胡寶娣：〈農村富餘勞動力轉移教育培訓問題研究〉，《農村經濟》二〇〇四年第八期。
7. 李春玲：〈中國當代中產階層的構成及比例〉，《中國人口科學》二〇〇三年第六（五）期。
8. 李建民：〈中國勞動力市場多重分隔及其對勞動力供求的影響〉，《中國人口科學》二〇〇二年第二期。
9. 李萍、劉燦：〈論中國勞動力市場的體制性分割〉，《經濟學家》一九九九年第六期。
10. 劉萬霞：〈職業教育對農民工就業的影響——基於對全國農民工調查的實證分析〉，《管理世界》二〇一三年第五期。
11. 彭國勝、陳成文：〈構建中國特色農民工職業培訓體系：理論依據與現實方案〉，《繼續教育研究》二〇〇九年第九期。
12. 沈超、李蘇北：〈高等職業教育收益的評價〉，《華東經濟管理》二〇〇四年第十八期。
13. 楊海燕：〈改革職業教育運行機制，促進農村剩餘勞動力轉移〉，《職教通訊：江蘇技術師範學院學報》二〇〇八年第二十三（十）期。

14. 楊俊、黃瀟、李曉羽：〈教育不平等與收入分配差距：中國的實證分析〉，《管理世界》二〇〇八年第一期。

15. 姚先國、張海峰：〈教育、人力資本與地區經濟差異〉，《經濟研究》二〇〇八年第五期。

16. 于凌云：〈教育投入比與地區經濟增長差異〉，《經濟研究》二〇〇八年第十期。

17. 張曙光、施賢文：〈市場分割，資本深化和教育深化——關於就業問題的進一步思考〉，《雲南大學學報（社會科學版）》二〇〇四年第二（五）期。

18. 張展新：〈勞動力市場的產業分割與勞動人口流動〉，《中國人口科學》二〇〇四年第二期。

19. 周曉虹：《中國中產階層調查》，社會科學文獻出版社二〇〇五年版。

20. 朱鏡德：〈中國三元勞動力市場格局下的兩階段鄉——城遷移理論〉，《中國人口科學》一九九九年第一期。

21. Dickens, William T. and Kevin Lang, "A Test of Dual Labor Market Theory," *American Economic Review*, 1985, 75(4): 792-805.

22. Fan C. C., "Migration and Labor-market Returns in Urban China: Results from a Recent Survey in Segmentation:Guangzhou," *Environment and Planning A*, 2001, 33(3): 479-508.

23. Flinn C., Heckman J. J., "The Likelihood Function for the Multistate-Multiepisode Model in 'Models for the Analysis of Labor Force Dynamics'," *Advances in Econometrics*, 1983, 2: 225-231.

24. Segmentation:Gregory R. G., Meng X., "Wage Determination and Occupational Attainment in the Rural Industrial Sector of China," *Journal of Comparative Economics*, 1995, 21(3): 353-374.

25. Lesley Williams Reid, Beth A Rubin, "Integrating Economic Dualism and Labor Market Segmentation:

The Effects of Race, Gender, and Structural Location on Earnings, 1974-2000," *Sociological Quarterly,* Summer, 2003, 44 (3): 405-432.

26. Zhao W., Zhou X., "Institutional Transformation and Returns to Education in Urban China: An Empirical Assessment," *Research in Social Stratification and Mobility*, 2002, 19: 339-375.

（王福晗，北京大學光華管理學院；劉麗文，北京大學光華管理學院）

實踐篇

資本市場、小微企業與藍領中產階級的成長

——兼論河南省多層次股權資本市場建設

周小全、張青

中國人口老齡化趨勢正日益顯著，要素規模對經濟增長的驅動力不斷減弱，經濟增長將更多依靠人力資本的質量提升與技術進步。中產階級，尤其是藍領中產階級的成長，不僅是中國經濟轉型成功的標誌，更是經濟轉型成功的保障。從西方成熟經濟體的發展經驗看，鼓勵有技術專長的體力勞動者開設自己的企業，是實現藍領中產階級成長的重要路徑。中國政府於二〇一五年六月也下發了《國務院發佈推進大眾創業萬眾創新若干政策措施的意見》，明確了「大眾創業、萬眾創新」是富民之道、公平之計，要通過多手段、多舉措推動包括農民工、退役軍人、失業人員在內的各類人群進行創業創新，形成小企業「鋪天蓋地」、大企業「頂天立地」的發展格局。

河南省小微企業數量眾多，二〇一四年已達到四十二萬五千兩百家，當年實現營業收入三兆六千四百億元，實現利潤總額三千八百一十億兩千九百萬億元。可見，作為農業大省與人口大省，河南省小微企業的成長對區域經濟轉型及中產階級的崛起意義非凡。在小微企業的成長中，資本市場的作用正在顯現，特別是以新三板為代表的場外市場正日益成為小微企業融資與資本運作的重要平台。不過，由於中國資本市場的發展歷程較短，尤其是大力完善多層次資本市場建設更是近幾年才明確的政策導向，資本市場還很弱小，對小微企業的服務支持及促進藍領中產階級成長還有很長的路要走。河南省資本市場由於起步較晚，問題更加突出。因此，從多層次股權資本市場建設的角度，探討河南資本市場如何進一步發揮對小微企業及藍領中產階級的金融支持作用，不僅對河南具有現實意義，更對其他區域

的相關政策制定具有一定啟示。

一、資本市場與藍領中產階級：以小微企業為紐帶

藍領階層的成長困境在於勞動力市場的分割。由於缺乏良好教育及熟練技術能力，再加上體制性因素，以農民工為代表的廣大藍領階層主要就業於次級勞動力市場，工資待遇低下，長年不變，並缺乏向一級勞動力市場垂直流動的機會，這就是二元勞工市場結構。完善職業教育體系，提升藍領階層的技術技能是打破二元勞工市場的重要舉措；除此之外，營造良好的創業環境，鼓勵藍領階層自主創業，扶持小微企業發展，是促進社會縱向流動、培育藍領中產階級的另一可行思路。中國家庭金融調查與研究中心的數據顯示，中國小微企業主初中及以下學歷的人數佔比達到百分之六十三・七。從教育程度看，這類低教育人群是典型的藍領階層，很難流入一級勞動力市場，而之所以選擇創業，調查顯示有百分之五十左右是因為找不到其他工作或認為創業掙錢更多。①小微企業是創業的起點、事業的搖籃。以小微企業為載體，會促進藍領階層的身份角色轉變，再無受僱於人之念，無好壞職業之分，這也就自然打破了二元勞工市場的分割，使得藍領階層的價值實現有了依託。

然而創業艱難，中國小微企業的存活時間僅為三・七年。②融資難是小微企業發展面臨的主要困

①李鳳、秦芳：〈六成以上小微企業主是初中生〉，新浪網專欄，二〇一四年六月二十五日。

②數據來源：〈小微企業存活率僅三・七年，國家知識產權局出台意見幫扶〉，人民網，二〇一四年十月十日。

境。中關村互聯網金融行業協會和融三六〇研究院聯合發佈的《二〇一三中國信貸搜索現狀》的研究報告顯示，①小微企業依然是最難獲得金融機構銀行貸款的群體。統計發現，每月經營流水在五萬元以下的小微企業是經營貸款的主要需求群體，佔比高達百分之六十二，個體戶和小企業主佔貸款申請人群總數的百分之二十五和百分之十七，然而百分之七十的個體戶和百分之五十五的企業主並不能從銀行得到資金支持。中國國家統計局河南調查總隊的調查數據也顯示，貸款難是小微企業資金周轉緊張的一個重要原因。調查表明，「有借款需求並全部借到」的企業僅佔百分之三・一。小微企業在間接融資體系下的融資難問題具有內生性。由於銀行內部經營制度要求貸款保持理想水平，避免有過大風險，有些小微企業沒有土地證、房產證，並且設備陳舊，沒有實質性資產，小微企業的貸款形式和銀行內部制度不符，因此銀行支持小微企業貸款也只是表面現象。②可見，促進小微企業發展，破解小微企業融資難的問題，需要另闢蹊徑。

多層次資本市場建設有助於打破小微企業的融資瓶頸。中國資本市場正走向金字塔結構，主板、中小板、創業板等交易所場內市場位於金字塔的頂端，新三板、區域股權市場、券商櫃檯交易等場外市場位於底層，再往下一級還涵蓋了眾多私募股權投資（Private Equity, PE）、風險投資（Venture Capital, VC）等股權投資機構以及愈來愈多的天使投資者，它們與多層次資本市場體系形成良性互動。③資本市場的多層次性以及不同層級間的差異化定位與轉板機制，有效契合了企業的生命週期，為小微企業從孵化到成長再至成熟的不同階段，提供了資金融通、股權流轉、併購重組、股權激勵等全程化、立體式的服務與支持。資本市場的發展，還能為小微企業注入新的經營理念。近年來，有愈來愈多的主板上市企業推出股票期權、員工持股等長效激勵機制，充分調動員工的主人翁創業精神。場外多層次資本市場的發展，為小微企業的股權激勵模式構建提供了一個平台，而中國百分之八十以上的農民工都在小微企業就業。若股權激勵、員工持股能得以普及，實際上是為藍領階層開啟了一扇身份與職業轉變，邁入中產階級的大門。

二、河南資本市場服務小微企業及藍領階層的現狀與不足

在河南小微企業發展及藍領草根階層的創業過程中，資本市場起到了重要作用。如在股權市場方面，河南省充分抓住新三板全國擴容契機，大力促進區域內企業掛牌，目前掛牌企業已突破一百家，不僅涵蓋科技、醫藥等新興行業，還涉及農林牧漁、裝備製造等傳統行業。債權市場方面，截至二〇一四年年底，發行中小企業私募債六支，募集資金十三億三千八百萬元；發行中小企業集合債一支，募集資金四億九千萬億元；另外鄭州銀行、洛陽銀行已發行一百億元小微企業專項金融債，全部用於對小微企業的融資支持。不過，由於河南資本市場起步較晚，基礎薄弱，在多層次資本市場尤其是多層次股權市場建設方面仍有諸多問題亟待解決，對小微企業及廣大藍領草根階層的創業創新支持力度仍舊不夠。

（一）主板上市公司以重資產行業為主，對藍領創業引領性不強

主板市場位於多層次股權資本市場頂端，上市公司結構與產業佈局引領著實體經濟轉型與小微企業發展的基本方向，是企業實現資源優化配置、做大做強的重要平台。目前河南主板市場存在兩個突出

①融三六〇是一家提供線上金融搜索的公司，該報告基於二〇一三年前三季度八十六個城市、兩億多次用戶搜索以及一百萬的用戶申請樣本數據。
②吳建有：〈小微企業生存現狀調查報告之河南篇〉，《中國經濟時報》二〇一二年十月十日。
③祁斌：〈關於多層次資本市場體系的十點思考〉，人民網，二〇一四年三月十一日。

問題：一是上市企業數量偏少，證券化率過低。截至二〇一五年五月底，河南省主板上市企業僅七十家左右，在中部六省中僅排名第四位，且市值規模普遍不大，缺乏千億級上市公司，這造成了區域內證券化率水平十分低下。二〇一四年，河南省證券化率水平僅有百分之十七・二三，顯著低於全國百分之六十六・五〇的平均水平。較少的上市公司數量以及較小的公司規模，也意味著區域內的產業關聯效應較弱，不能較好帶動相關產業鏈的小微企業協同發展。二是上市公司過於偏重傳統週期性行業，工業、材料、能源等第二產業中的重資產行業上市公司數量合計佔比超過百分之五十，服務業的上市公司數量偏少。而從中國國家工商總局發佈的《全國小微企業發展報告》來看，批發零售業、租賃和商務服務業是小微企業的主要誕生地，佔比接近百分之五十。動態來看，多數企業都是一個從小微企業到中型企業再到大型企業的演化過程，若主板市場過於偏重傳統週期性行業，實際上是遏制了小微企業的成長空間，抑制了企業家的創新精神，使小微企業只能繼續是小微企業，實體經濟轉型、藍領中產階級的崛起也就無從談起。

（二）新三板融資機制未有效發揮，藍領創業依舊面臨融資難

新三板是中國多層次股權資本市場建設的重要內容，致力於打造中國版的「納斯達克」。目前新三板掛牌企業已經突破三千家，其中小型企業數量眾多，有接近百分之五十的企業營業利潤在五百萬元以下。從行業分佈看，除信息技術、生物醫藥等高科技行業外，還有眾多企業來自農業、社會服務、輕工製造等傳統行業，吸納了大量以農民工為代表的藍領人群。若這些中小企業能借助新三板平台做大做強，不僅會實現創業者自身（他們本身眾多就是藍領階層）的財富增值，還將帶動一大批藍領階層的收入與待遇提升。

河南省抓住了二〇一三年年底以來的新三板擴容契機，在新三板企業掛牌數量方面取得積極進展，位居全國第八位，中部區域排名僅次於湖北省。不過，掛牌企業尚未充分挖掘新三板潛能，持續融資機制未有效建立。截至二〇一五年五月底，新三板掛牌企業已定向增發募集資金三百五十億元左右，但從區域分佈看，北京、廣東兩地增發金額合計佔比超過百分之七十，河南省新三板掛牌企業增發募集資金僅四億七千六百萬元，全國佔比百分之一・三六。再者，做市轉讓股票的覆蓋比例不高，河南省掛牌企業中僅有不到百分之十採用做市商交易，眾多掛牌企業由於缺乏做市交易導致流動性不足，影響了增發募資及併購重組等核心功能的發揮。

（三）區域股權市場起步晚，藍領創業資本平台作用尚未發揮

區域股權交易中心是中國多層次資本市場的重要組成部份，定位於地方政府扶持小微企業發展的綜合性政策運用平台。區域股權交易中心的設立，延伸了資本市場的功能，使得廣大小微企業也能夠借助資本市場實現股權流轉、持續融資及資本運作，這迎合了藍領草根階層的創業需要，有助於提升資本市場與實體經濟發展及藍領中產階級崛起的契合度。自二〇一二年中央提出要規範發展區域股權交易中心以來，全國已有多個省市陸續成立了區域股權交易中心，累計掛牌企業近兩萬五千家，幾乎涵蓋了所有行業。河南省區域股權交易中心於二〇一五年下半年才得以組建，與其他地區相比已經落後，這直接導致了有近五百家河南省中小微企業在其他省市的區域股權交易中心掛牌上市。河南省亟需加快發展進程，積極借鑑上海、天津等地經驗，實施趕超戰略，盡快完善區域多層次股權資本市場建設，為區域內小微企業的持續發展及藍領草根階層的創業構建資本運作平台。

（四）私募股權投資發展滯後，對藍領創業的支持力度不強

私募股權投資對於孵化小微企業具有特殊功效，通過融資與投資的橋樑嫁接，實現了金融資本和產業資本的融合，能夠加快推進小微企業的成長壯大。伴隨創業板的繁榮發展與新三板的全國擴圍，私募股權投資的退出機制不斷通暢，盈利模式不斷清晰，近年來發展十分迅速。二〇一一至二〇一四年，全國私募股權投資（涵蓋 PE/VC）已經超過五千億元，尤其是二〇一四年度投資金額超過兩千億元，創歷史新高。從區域分佈來看，私募股權投資主要集中於北京、上海、廣東三地，合計佔比超過百分之六十。河南私募股權投資發展相對滯後，二〇一一至二〇一四年合計投資金額五十五億元左右，佔比僅百分之一．一八，中部區域中安徽、湖北排名均比河南靠前。此外，政府引導的創業投資基金發展緩慢，尚未形成政府資金對社會資本的示範與撬動效應。小微企業的經營具有較大不確定性，尤其是廣大藍領階層的創業多集中於農業、商貿零售、加工製造等傳統行業，行業發展本身吸引力不夠。若僅依靠民間資本，對這類企業的資金投入力度會明顯不足，但這類企業的成長壯大又事關藍領中產階級的崛起，因此亟需通過政府引導，以創業投資基金作為新型政策與資金扶持手段，通過市場化方式引導小微企業成長。

綜合分析，當前河南資本市場發展相對滯後，對藍領草根階層的創業創新及小微企業發展的金融支持作用仍有待加強。從中國多層次資本市場的發展態勢看，以新三板、區域股權交易中心、私募股權投資為代表的場外市場是未來建設與創新的重點，同時場外市場從功能定位上也主要服務於中小微企業。因此，要完善河南資本市場，發揮對小微企業及大眾創業的支持作用，可將場外股權市場建設作為切入點。

三、拓展新三板服務鏈條，打造支持藍領創業的新模式

當前，河南省在新三板市場建設中僅是在促進企業掛牌方面明顯發力，但新三板的功能並非簡單的企業掛牌，而在於打通多層次股權市場間的有機聯繫，提供從掛牌前的券商直投到做市、再融資、併購重組，再至轉板的全方位服務，即全產業鏈模式。這種全產業鏈模式迎合了廣大藍領草根階層創業發展的多樣化需求，是新三板的魅力所在。

（一）充分發揮券商直投的引導作用

券商直投的先期介入是拓展新三板產業鏈條、充分發揮新三板資本平台作用的重要舉措。券商直投的優勢在於可以充分整合母公司在資本市場的豐富運作經驗，通過項目主辦及持續督導等手段，識別發展潛力較好、增長空間較大的優質新三板項目，並形成強大的示範效應，撬動社會資本。如中信證券旗下的新三板專項投資基金——青島金石灝汭投資有限公司於二〇一三年七月注資皇冠幕牆，以貨幣形式出資人民幣一百萬元入股，佔總股本比例為百分之二・一七，迅速帶動天津市千易投資有限公司等機構紛紛跟投，使企業在掛牌前即獲得了首輪融資。目前，河南本土券商中原證券正致力於打造新三板全產業鏈業務，下一階段將充分發揮公司強大的資本實力，以直投基金為先導加大對省內優質小微企業的融資支持。

（二）加快做市步伐，提升掛牌企業的流動性

新三板掛牌企業流動性的提升，是進一步促進掛牌企業增發融資、股權流轉、公允價值顯現等功能

發揮的必要前提。做市商制度的引入，極大提升了新三板的流動性。目前，新三板做市企業數量雖僅佔百分之十五左右，但成交規模已接近整個市場的百分之五十。

要加快河南省新三板掛牌企業的做市步伐，首先需要廣大草根創業者充分認識到做市制度的巨大優勢與發展前景，做好企業經營，突出亮點、優化公司治理機制，讓做市商有充分意願為企業提供做市服務。其次，券商作為做市商主體，除積極遴選後備做市股票，加大資源庫建設之外，還需要不斷完善做市制度的流程建設。券商做市需要投放大量資金，購買庫藏股票，與私募股權投資有類似之處，因此券商需要加強對做市股票的深度基本面研究，綜合分析備選公司的行業前景、增長潛力與競爭優勢，高度重視風險控制。最後，鼓勵非券商類金融機構參與做市商業務。二〇一四年年底，中國證監會發佈了《關於證券經營機構參與全國股轉系統相關業務有關問題的通知》，明確提出要支持基金管理公司子公司、期貨公司子公司、證券投資諮詢機構、私募基金管理機構等機構在全國股轉系統開展做市業務。鑑於此，河南省可考慮出台相關扶持政策，積極引導非券商類金融機構參與省內新三板掛牌企業做市業務，從金融供給層面推動掛牌企業做市。

（三）採用多元化手段，構建藍領創業的持續融資機制

新三板市場掛牌企業的融資方式正在走向多元化。股權融資方面，新三板建立了「小額、快速、靈活」的發行制度，掛牌公司股票發行以事後備案為基礎，不設財務條件，也不限制發行間隔。二〇一五年以來新三板股票發行融資持續井噴，僅四月份就已完成一百一十五次定向增發，募集資金五十四億三千四百萬元，同時四月份還有兩百八十一家掛牌企業宣佈擬發行股票，擬募集資金一百零一億四千六百萬元。[1]債權融資方式，截至二〇一五年五月底，已有超過三十家新三板企業在滬深交易

所發行中小企私募債，合計募集資金十五億元左右。二〇一四年八月，中國證監會明確了「允許全國中小企業股份轉讓系統掛牌公司發行中小企業私募債」，目前新三板已配套制定了掛牌公司發行私募債的相關業務規則，並報請中國證監會批准，私募債未來有望在新三板實現掛牌交易。質押貸款方面，新三板已經和多家國有商業銀行、股份制銀行建立了合作關係，將為掛牌企業提供專屬的股票質押貸款服務。二〇一四年年底出台的《關於證券經營機構參與全國股轉系統相關業務有關問題的通知》，更是明確提出新三板做市商可以試點開展新三板股票質押業務。此外，從新三板的發展規劃看，可轉債、優先股等其他多融資方式也會陸續出台。

為充分利用新三板市場拓展融資渠道，河南省一是要加大對掛牌企業多元化融資方式的宣傳培訓。通過集中培訓、媒體宣傳等方式，不斷提升省內企業利用新三板融資的意識，尤其要加大對農業、商貿零售、輕工製造等傳統行業的宣傳培訓力度，這些行業中的企業科技含量不高，多由藍領草根階層創辦，相較高新技術產業，對資本市場的意識更加薄弱。可以參考上海、北京等地做法，充分利用區域內學術研究資源，結合河南省產業結構特點加強對新三板的市場研究，支持學術研究機構、金融市場、金融機構和企業之間開展深入的業務協作和產品開發，構建良性合作機制。二是要做好證企對接服務，為證券經營機構、基金公司與實體企業牽線搭橋。河南省這幾年一直在加強這方面的工作。二〇一四年七月舉辦的證券對接會上，達成意向融資六十八億五千萬元。下一階段，河南省要全面總結、借鑑過去幾年的成功經驗，進一步擴大「證企對接」活動範圍，可考慮針對藍領階層較多的

① 數據來源：〈新三板交投降溫，定增如火如荼，四月份掛牌企業完成一百一十五次股票發行〉，《證券日報》二〇一五年五月十一日。

傳統行業，如涉農企業舉辦新三板專項證企對接洽談會，深入挖掘這類新三板掛牌企業的融資需求，引導證券經營機構充分發揮資本中介功能，設計開發適應河南省新三板企業需要的證券化產品，支持實體經濟發展及大眾的創業致富。

（四）積極籌劃向主板轉板，拓展藍領創業的成長空間

從微觀企業層面看，以藍領為代表的草根階層的成長過程，其實就是其所創辦的企業由小到大的發展過程。新三板轉板機制的構建，正是為了拓展企業的持續成長空間。目前，新三板向主板的轉板通道正在不斷打通，首次公開募股（IPO）轉板、兼併收購曲線上市業內都已有案例，下一步制度建設的重點就是實現掛牌企業直接向主板轉板。雖然境內資本市場目前尚未有這方面的案例，但在成熟市場，多層次資本市場間的互聯互通已經相當成熟，如港交所在二〇〇八年就顯著簡化了創業板企業向主板的轉板程序。從新三板發展趨勢看，直接與主板市場的對接將成為日後轉板的主要模式，新三板的資本運作功能更加凸顯。當前，河南省在新三板掛牌的廣大創業企業可考慮抓住日後註冊制的推出契機，優化治理機制，伺機採用IPO方式向主板轉板，或者主動與主板企業合作，通過兼併收購、定向增發等資本運作手段實現曲線上市；此外，還應密切關注新三板主板轉板機制的政策動向，做好先期研究準備，待政策有所放開時率先實現向主板的直接轉板。

四、加快發展河南區域股權交易市場，構建藍領創業的大舞台

與新三板市場相比，區域股權交易市場的定位更加側重於支持大眾創業，是資本市場對接小微企業、服務藍領草根階層的理想平台。目前河南省區域股權交易市場已經組建完畢，下一步要加快扶持政策的出台

與落地，積極吸引省內優質小微企業進行股權託管、掛牌轉讓、持續融資、併購重組等一系列資本活動。

（一）加大政策扶持力度，激發藍領草根企業掛牌積極性

河南省區域股權市場建設起步較晚，導致省內眾多優秀企業外流至其他區域的股權市場掛牌轉讓。為此，河南省需要實施趕快戰略，採用多種手段積極拓展培育掛牌企業，爭取在一個較短的時間內實現掛牌企業在數量上的突破，發揮交易中心的企業集聚效應。一是考慮出台各級政府對掛牌企業的專項財政扶持與獎勵政策，降低企業掛牌成本。浙江有八十多個市、縣、區級政府出台政策支持本地企業到當地股權交易中心掛牌，對掛牌企業的獎勵在三十萬至一百萬元不等，安徽、湖北等地也有類似做法。河南省可充分借鑑這些區域的成功經驗，由各地縣根據區域內實際情況出台相應的財政支持政策，對企業改制、掛牌培育期所發生的各項費用給予適當補貼，對企業因評估資產增值而補繳的相關稅收給予適當減免，積極鼓勵支持本地企業到河南股權交易中心掛牌，尤其是對於那些由農民工、城鎮下崗職工等創辦的優質小微企業可給予重點補貼，形成藍領創業的示範效應。二是對掛牌承辦機構給予一定獎勵，充分調動中介機構的業務拓展積極性。如浙江對掛牌前一百位的企業，按每家掛牌企業二十萬元的獎勵標準，由浙江區域股權交易中心對推薦機構予以獎勵，獎勵費用由省財政予以專項補助。三是建立增信機制，安排財政資金與股權交易中心共同建立「小微企業發債的增信資金池」，為藍領草根創業企業利用債務工具融資提供增信手段，通過完善的制度建設，激發企業掛牌區域股權交易中心的積極性。

（二）積極引入優質投資者，提升股權交易中心的流動性

交易量少、交投不活躍是各地區域股權市場面臨的共同問題，這會嚴重影響掛牌企業的股權流

轉、增發融資、併購重組等功能發揮作用。要突破這個瓶頸，就一定要高度重視投資者的引入工作，積極吸引優質投資者入駐。首先，要做好股權交易中心的宣傳工作，通過籌備會議、舉辦論壇、組建聯盟、開展培訓諮詢、公開發佈研究報告等多渠道向投資者推介股權交易中心。其次，大力引入私募、風投等機構投資者參與，重點考慮引入由財政和社會資本合作成立的產業引導基金，按市場化運作原則投資掛牌企業，充分發揮引導基金的示範效應，撬動社會資本。最後，完善區域股權交易中心的信息披露機制，減少信息不對稱與內幕交易，同時做好風險揭示與教育工作，引導投資者理性參與投資。

（三）加大產品創新，提升股權交易中心對藍領創業的支持力度

場外市場的優勢在於機制靈活、監管寬鬆、金融創新的政策空間較大。從實際運作看，多個區域股權交易中心均推出了較具特色的創新型投融資工具。如上海股權交易中心推出了知識產權質押融資、PE份額轉讓報價系統、金融衍生品交易系統等產品；浙江股權交易中心推出了資產權益轉讓業務；齊魯股權交易中心與山東信託合作，發行了中國內地首只參與區域性股權交易市場的信託產品等。總之，各地區域股權交易中心的創新發展正如火如荼，河南省股權交易中心要積極借鑑其他省份的做法，深度調研本地需求，積極開發切合本地草根小微企業需求的創新產品，打造差異化競爭優勢，有效支持藍領創業。二〇一五年七月，證券業協會下發了《證券公司開展場外股權質押式回購交易業務試點辦法》，明確了券商可以為符合條件的區域股權交易中心掛牌企業提供股權質押服務。河南區域股權交易中心以本土券商中原證券為主導，公司資本金實力雄厚，在開展此業務方面具有得天獨厚的優勢，這是下一步對接河南小微企業融資需求、推動藍領草根階層創業創新的重要著力點。

（四）加強與其他區域股權交易中心的合作，實現共贏發展

各區域股權交易中心在業務發展模式及產品創設上各有不同，既是一種競爭關係，也存在潛在的合作空間。河南省區域股權交易中心由於起步較晚，競爭優勢尚未建立，可考慮採用與其他區域股權交易中心進行合作，共同加強技術系統建設，實現市場間的信息共享、信息互通，利用互聯網、大數據等手段充分挖掘實體企業需求，為小微企業提供一攬子、全方位投融資服務，更好地支持藍領創業，實現多方共贏。同時，積極探索區域性股權交易市場與場內市場的對接機制，推動多層次資本市場的互聯互通。

五、發展各類風投基金，形成社會資本支持藍領創業的良性機制

風險投資的介入，為廣大藍領草根階層創業提供了第一桶金，在一定程度上彌補了間接融資體系下對小微企業的金融供給不足的問題。為鼓勵各類風險投資基金發展，有效對接小微企業的融資需求，首先要積極貫徹落實河南省《關於促進創業投資和產業投資基金健康發展的意見》，鼓勵發展各類創業投資和產業投資基金。可借鑑天津濱海新區股權投資基金的發展經驗，設立地方政府引導的創業投資基金，聘請專業基金管理機構進行管理，吸引更多社會資金投入，實現政府資金的槓桿效應；同時抓住鄭州航空港建設的有利時機，積極試行科技成果轉化，採用科技金融改革創新等專項獎勵與政策優惠方式，鼓勵各類風險投資基金發展，打造河南省風險投資發展的重要實驗區。其次，大力發展互聯網金融，引入股權眾籌模式。股權眾籌以互聯網為媒介，向全社會籌集資金，這大幅降低了融資門檻，為藍領草根階層創業提供了公平的資源配置機會。二〇一四年年底，《股權眾籌融資管理辦法（試行）》出

爐，標誌著股權眾籌進入到規範發展時期。為促進河南省股權眾籌行業的發展，本土券商中原證券要發揮先導作用，從互聯網金融發展的整體戰略層面推動股權眾籌平台的構建，將股權眾籌作為支持河南藍領草根企業創業創新、促進藍領中產階級崛起的重要手段。

參考文獻

1. 李鳳、秦芳：〈六成以上小微企業主是初中生〉，新浪網專欄，二〇一四年六月二十五日。
2. 祁斌：〈關於多層次資本市場體系的十點思考〉，人民網，二〇一四年三月十一日。
3. 融三六〇研究院：《二〇一三中國信貸搜索現狀》。
4. 吳建有：〈小微企業生存現狀調查報告之河南篇〉，《中國經濟時報》二〇一二年十月十日。
5. 肖鋼：〈區域性市場功能定位應體現在四方面〉，中國證券網，二〇一五年三月七日。
6. 楊曉嘉：〈新三板是資本市場最大的創新〉，財經網，二〇一五年六月二十五日。
7. 楊曉嘉：〈新三板出現三大拐點〉，《上海證券報》二〇一五年五月二十五日。
8. 中國證券業協會：《中國證券業發展報告（二〇一五）》。
9. 周小全、鄧淑斌：〈我國證券公司業務轉型路徑之思考〉，《金融理論與實踐》二〇一二年第十一期。
10. 周小全：〈利用資本市場縮小地區差距〉，《中國金融》二〇一二年第八期。
11. 左永剛：〈新三板交投降溫，定增如火如荼，四月份掛牌企業完成一百一十五次股票發行〉，《證券日報》二〇一五年五月十一日。

（周小全，中原證券股份有限公司；張青，中原證券股份有限公司）

中國製造二〇二五背景下藍領中產階級培育與職業教育轉型
——以重慶市永川區為例*

王志傑、王　睿

人力資本積累不僅是促進經濟持續增長的關鍵要素，也是推動產業結構調整的重要基礎。隨著中國經濟總體步入以「增速換擋、結構優化、動力轉換」為主要特徵的新常態，勞動力整體素質和技術水平的提升，已經成為經濟進一步發展的迫切要求（厲以寧，二〇一五）。中國作為一個全球性製造業大國，其製造業正處於由產業鏈條末端向中高端邁進的新階段，「中國製造二〇二五」計劃提出了中國製造強國建設三個十年的「三步走」戰略，先前的低端勞動力將逐步向高素質勞動者和技能型人才轉變，這成為了藍領中產階級成長的產業基礎。當前，中國製造業的快速發展與技能型人才的供給不足之間存在著巨大差距。據統計，中國兩億兩千五百萬第二產業從業人員中，技能勞動者僅一億一千九百萬人，其中高技能人才約三千一百一十七萬人，僅製造業高級技工缺口就高達四百餘萬人。以中國電子信息產業為例，技師、高級技師佔技術工人的比例僅為百分之三．二，而發達國家一般在百分之二十至百分之四十（柯進，二〇一四）。其主要原因在於職業教育與製造業發展的不匹配以及勞動力市場二元化分割。製造業是職業教育服務的主要領域，職業教育的主要任務是培養和提高各類技能型人才的綜合素質和職業能力，只有進一步提高勞動生產率，打破勞工市場二元分割的現狀，釋放勞動力存量，才能為實現中國從製造業大國向製造業強國的轉變提供戰略支撐，真正培育起藍領中產階級。

一、發達國家「再工業化」戰略與職業教育發展

職業教育是增強國家競爭力的重要支撐。二〇〇八年國際金融危機以來，發達國家將完善職業教育作為實現「再工業化」和發展實體經濟的戰略選擇，力求在新一輪國際競爭中重新樹立人才和技術優勢。德國是全球製造業中最具競爭力的國家之一，這主要得益於其獨有的以雙元制為特徵的職業教育，即在職業學校和企業單位共同接受專業知識的學習和實習技能的培訓。德國的職業教育形成了一套相對完備而且不斷調整的法規體系，保障了以雙元制為主要特徵的職業教育長期穩定的發展，在德國每年約計六十萬年輕人開始接受雙元制職業教育，約佔同齡人數的三分之二。在再工業化過程中，德國政府意識到擁有高素質勞動者和技能型人才是工業四・〇戰略能否取得成功的關鍵因素。因此，該計劃明確提出要把培訓和持續的職業發展作為八項優先行動領域之一。結合工業四・〇計劃，德國實行了市場和政府的雙重調節，對職業教育法規進行了修訂，制定了一系列「模塊化」教育方案，進一步打通職業教育和高等教育之間的轉換通道，並在培訓類型、課程內容等方面不斷進行調整和優化。可看出，結合當前新一輪的科技革命和產業革命，新興行業的不斷湧現使得新的工業崗位需求大量增加，德國的職業教育更強調對產業工人技能需求的「彈性化」，注重知識寬度的掌握以及各門類知識的綜合運用。

為應對金融危機，美國提出了「工業互聯網」戰略，意在依託其在互聯網和資訊通信技術的絕對優勢，通過新一代信息技術與材料、工藝、裝備等工業領域的高度融合來帶動美國製造業競爭力的全面提升，重塑其在全球產業鏈的領先地位和產業佈局。在職業教育方面，社區學院是實施職業教育的主體，

＊中國博士後科學基金資助項目（2012M520087）。

通過成立社區職業學院、推動退伍軍人職業資格認定、開展學徒計劃等舉措，加快推進先進製造人才培訓。其中在學徒計劃方面，美國政府將投入七億美元用於製造工人的技能培訓，使之適應現代化製造業的發展需求（田洪川，二〇一五）。受老齡化等諸多因素影響，日本重新將製造業作為產業政策的核心，並將「再工業化」的重點聚焦於本土製造業的再發展，特別是在工業智能化領域。而日本職業教育體系主要由學校教育、社會教育和企業培訓等構成，包括短期大學、高等專修學校及企業內的職業訓練等不同層次，企業培訓是日本職業教育中最具特色的部份。隨著「再工業化」進程的推進，日本政府加大了對職業教育的改革力度，進一步強化企業培訓與公共職業培訓的緊密結合，增加教育培訓方面的經費投入，不斷創新企業培養技能型人才的模式，各職業教育機構也根據未來產業的發展趨勢以及自身特點，對教育課程和培訓內容進行了調整，既滿足學生對基礎知識和學科種類的需要，又能在實踐中靈活運用技能。

二、中國職業教育發展與藍領中產階級培育

勞動者工資收入水平很大程度上決定於人力資本積累，參加職業教育或培訓則是解決熟練技術工短缺、提高勞動者收入和人力資本積累的有效手段，職業教育和培訓不僅能直接通過提高勞動生產率增加勞動者收入，還能通過間接影響勞動者生產活動參與率來提高勞動者的收入水平。與此同時，人力資本投資結構中職業教育投資佔整個教育投資的比例越大，經濟增長率將會越高。這表明當經濟增長，產業結構發生轉型，經濟發展所需的技能型人力資本增加，職業教育投資在整個教育投資中的比重提高時，才能更好地為經濟服務（劉萬霞，二〇一四）。隨著劉易斯拐點的來臨和人口紅利的逐步喪失，中國具有比較優勢的勞動密集型產業將向資本和技術密集型產業轉變。大量新興產業和新型崗位的湧現，會引

起勞動力供給結構性暫時「錯配」和工資水平的顯著增加。由於對具備專業技術能力的青年勞動力的需求量大且供給缺乏彈性，勞動力市場中各類就業崗位不斷變化，勞動力質量逐步替代勞動力數量，技能型勞動力替代簡單勞動力，隨之帶來崗位的收入水平隨著需求的增加而上升，並且增加幅度明顯高於低端勞動力市場的工資水平。與此同時，由於二元勞動力市場的存在，在職業教育的推動下，具有相關職業技能和較高素質的勞動者能夠實現從低端勞動力市場向高端勞動力市場的轉移，以獲得更多的就業機會和更高的收入。這意味著，先讓藍領工人成為技工、熟練技工或者有專長的工作者，他們就有可能跨過從次等勞工市場轉到上等勞工市場之間的門檻，成為上等勞工市場中的一員（厲以寧，二〇一五）。

「十二五」以來，中國職業院校為各行業輸送了近五千萬高素質勞動者和技術技能人才，其釋放的人才紅利，有力促進了經濟轉型升級和民生改善（劉延東，二〇一五）。特別是二〇一四年中國國務院出台了《關於加快發展現代職業教育的決定》進一步明確了未來發展的方向，為職業教育的又好又快發展植入了強勁動力。根據中國教育部相關資料顯示，二〇一四年，包括技工學校在內的全國中等職業學校畢業生人數達到五百七十七萬七千，就業人數為五百五十八萬五千四百，就業率為百分之九十六・六八。其中，普通中專、職業高中、成人中專學校畢業生總數為四百七十一萬兩千四百人，就業人數為四百五十四萬八千五百人。以農民工為例，在全國兩億七千萬農民工中，二〇一四年接受過技能培訓的佔百分之三十四・八，比上年提高二・一個百分點。其中，接受過非農業職業技能培訓的佔百分之三十二，比上年提高一・一個百分點；接受過農業技能培訓的佔百分之九・五，比上年提高〇・二個百分點；農業和非農業職業技能培訓都參加過的佔百分之六・八，比上年提高〇・四個百分點。①

① 數據來源：《二〇一四年全國農民工監測調查報告》。

隨著職業教育的大發展，藍領工人的收入水平也在顯著提高，根據趕集網與北大聯合發佈的《變——二〇一五年新藍領薪酬報告》顯示，二〇一五年新藍領平均月薪為三千一百六十三元，同比二〇一四年增長百分之四・三，在某些行業甚至超過了白領的收入水平。

三、職業教育發展與藍領中產階級培育實踐：永川的做法

永川區地處重慶西部，是長江經濟帶、成渝經濟區、成渝城市群重要的戰略支點，在重慶五大功能區域發展戰略中屬於城市發展新區，是重慶工業化和城鎮化的主戰場、集聚新增產業和人口的重要區域，也是重要的製造業基地，是工業化、信息化、城鎮化和農業現代化同步發展示範區。

（一）永川藍領工人發展現狀分析

永川區現有藍領工人三十六萬三千人，主要分佈在建築類機械加工及製造和服務業等行業。其中，技能型人才總量有十八萬三千兩百人。其中，初級工五萬四千四百人，中級工十萬九千七百人，高級工一萬四千七百人，技師三千兩百人，高級技師一千兩百人。高技能人才一萬九千一百人，佔技能型人才的百分之十・四三。按行業分佈，電子信息技術佔百分之三十四・七二，機械加工、製造佔百分之二十三・八二，服務業類佔百分之十四・三四，汽車維修佔百分之十三・五一，其他行業佔百分之十三・六一。從行業來看，永川區藍領工人主要分佈在採礦業（煤炭開採和洗選）、機械加工製造、電子元器件製造等三大行業，其中採礦業以農民工為主，文化層次低。機械加工製造和電子元器件製造職業院校畢業生就業較多，文化層次較高，平均年齡約三十歲。機械加工製造工人相對穩定，流動較小。電子元器件製造工人流動性大。從企業分佈來看，國有企業工人約佔百分之七，民營企業工人約佔

百分之七十八，外資企業約佔百分之十五。其不同行業間的收入差距明顯，主要表現在：區域經理，財務主管、工程師、數控車工等技能型工人收入較高，薪酬大約在四千至一萬元；而文員、服務員等第三產業及生產性企業的一線普工等工人收入較低，薪酬在一千五百至五千元；相比平均收入差距在兩千元左右。可見具有一定技術性的崗位比非技術性的崗位具有更大的收入增長潛力。隨著永川產業發展以及職業培育的深入，大多數企業為了吸引技能型人才，普遍提高了企業員工的薪資待遇，月薪漲幅在一百至一千元不等，對有專業技能、技術含量較高的崗位更是高薪聘請，以滿足企業自身的發展壯大。永川區作為機械製造加工業的聚集地之一，針對如機械加工、模具製造、汽修等專業技能人才相當緊缺的情況，如果求職者在滿足企業基本要求後，擔心自身技術不夠，但又看重企業前景並有明確規劃，企業也會有專門的培訓，以提高員工的技能，使其更好地適應工作崗位。隨著用人單位自身發展的不斷壯大，對高素質、高學歷人才需求量也逐步增大，在招聘崗位中崗位設置要求大專及以上學歷的崗位也逐步增多，適合高校畢業生的就業崗位愈來愈多，而招錄高校畢業生的用人單位數量也較往年大幅度提高。

（二）永川區藍領中產階級培育特點分析

1. 產業轉型升級步伐加快為藍領中產階級培育提供了產業基礎

永川區按照五大功能區域發展戰略定位，搶抓「中國製造二〇二五」和「互聯網＋」等機遇，立足打造全市重要的現代製造業基地，深入推進「工業強區」和「產業興城」戰略，著力培育機器人及智能裝備、軌道交通、汽車及零部件、城市礦產、紙業、通用航空和軟件及信息技術服務七大百億級產業聚落。二〇一四年，三次產業結構由九・八：五十五・一：三十五・一調整為八・七：五十七・

三：三十四・〇，第二產業比重較上年提升二・二個百分點。目前，全區規模以上工業企業達到三百六十四戶，規模以上工業總產值實現八百二十五億一千萬元，增長百分之二十三・八；規模以上工業增加值實現一百九十五億元，增長百分之十二；機械裝備、電子信息、紙業產值分別增長百分之二十四・五、百分之四十二・二、百分之四十・六，園區集中度達到百分之七十二。加快淘汰落後產能，迫使企業轉型升級，完成三十二個企業技改升級，增加先進設備在生產中的使用，使傳統產業佔比由最高時的百分之六十六下降至二〇一五年上半年的百分之三十二，全員勞動生產率由二〇一〇年的十七萬四千九百四十五元／年上升至二十五萬三千六百八十元／年。產業結構和勞動生產率進一步優化和提升。

2. 職業教育快速發展為藍領中產階級提供了技能提升空間

永川區作為西部最大的職教基地，早在「十五」、「十一五」和「十二五」規劃中就明確提出「建設渝西職業教育園區」、「加快建設重慶職教基地」和「打造中國西部職教高地」，把職業教育與城市建設、經濟發展和產業升級結合起來優先發展。近年來，永川區不斷推進職業教育改革發展，深化「城校互動」模式內涵，將職教基地的建設與城市擴張、經濟發展進一步結合。目前，轄區內現有普通高等本科院校兩所，高職院校五所，中職學校八所，成人高等教育機構兩所，十七所院校中公辦十所，民辦七所，在校學生十一萬九千人。短期職業技能培訓機

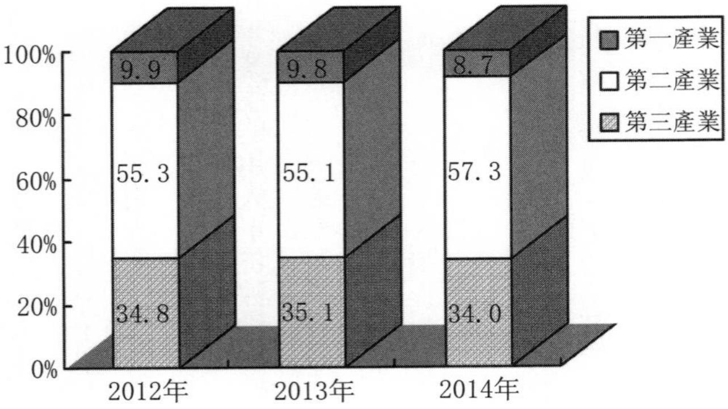

圖一：二〇一二至二〇一四年三次產業結構對比圖

數據來源：《二〇一四年全國農民工監測調查報告》。

構二十二個，年培訓量四萬餘人。

永川區職業教育積極推動職教集團化、產業化和品牌化發展，圍繞軟件與信息服務外包、機器人與智能裝備等主導產業，深化校企合作，促進產教融合發展。近三年，新增客戶信息服務、軟件外包服務、物聯網應用技術、計算機網絡技術等六十餘個專業。採取「引企入校」、「辦校進企」等方式，建立了八個軟件與信息服務外包和三個機器人及智能裝備人才培養基地，引進三十餘個企業進校建設生產實訓基地，開設一百二十餘個校企合作培養班，為轄區企業輸送技能人才八千餘人。建立職業技能公共實訓示範基地，成立公共實訓管理中心，面向全社會提供示範性技能培訓和鑑定服務。開設專業涵蓋了勞動技能鑑定部門能鑑定的五百多個工種，累計培育機械製造、汽車、電子技術、數控技術等具有中級及以上技術職稱的「永川技工」三萬兩千人，組織開展職教學生職業技能鑑定八萬兩千六百人次，就業率穩定保持在百分之九十六以上，實現了職業教育、產業經濟、城市發展共贏共進。與此同時，積極創新產教對話協作機制，著力建立「政府搭台、校企唱戲」的政校企合作機制，教育、人社和產業園區成立校企合作服務機構，引進專業企業成立人力資源公司，為園區企業和職業院校提供人才培養、實習實訓、認證、就業等服務，搭建起院校與園區企業互利共贏橋樑。另外，永川區還積極推進職業教育與普通教育協調發展，在二〇〇八年率先在全國實施免費中職教育，中職與普高比例保持在四・六：五・四左右，基本實現高中階段教育普職大體相當。

3. 政策體系的完善為藍領中產階級培育提供了堅實保障

永川區把培育藍領中產階級作為全區的重要工作之一，先後出台了《關於加快建設中國西部職業教育高地的意見》、《重慶市永川區公共租賃住房管理實施細則》、《關於進一步加快發展職業技術教育的決定》等多個文件，相關部門也相繼推出了多個配套實施辦法，構建與經濟社會發展相適應的促進藍領中產階級培育的政策體系。與此同時，通過改善技能型人才待遇，倡導有條件的企業建立內部技能型人才津貼制度，對具有高級工及以上職業資格證書的在崗高技能型人才可按月發放崗位技能津貼。完善技能型人才工資福利政策，對企業和職業院校培育的技能型人才給予職業技能培訓補貼、企業職工職業培訓補貼、就業適應性培訓補貼等多元化的獎勵機制，促進藍領工人向藍領中產階級轉移。另外，針對藍領工人流動性大等特點，在現有城鎮社會保障體系，特別是城鎮職工社會保險框架基礎上，有序推進戶籍遷移、醫保、社保等城鎮社會保障體系的全覆蓋，並明確將符合公租房准入條件的藍領工人作為公租房申請對象，從制度上將藍領工人納入保障範疇。在醫療保障方面，開通藍領工人就醫綠色通道，建立了社區衛生服務中心，讓藍領工人在身邊就能享受到便捷、安全、高效的醫療衛生服務。與此同時，還進一步加強職業病防治，對存在鉛、苯、錳、氨、粉塵等職業病危害的藍領工人加強健康教育，開展崗前、崗中和離崗體檢。

（三）永川區藍領中產階級培育與職業教育轉型的探索

永川區職業教育通過構建以應用本科為引領，以高職為主體，以中職為基礎，中職、高職、應用本科有機銜接，職前職後一體化的現代職教體系，探索職業教育轉型，為藍領中產階級培育提供職業教育的基礎和實踐。

1. 改革培養模式，增強職教服務能力

推進教育教學改革，重點探尋有效教學，全面推行以項目教學、案例教學、工作過程導向教學等教學模式改革。進一步加強實踐教學，推動教學過程與生產過程對接。開展現代學徒制試點，探索地方實施現代學徒制的支持政策和保障措施，以創新招生制度、管理制度和人才培養模式為突破口，支持轄區內職業院校開展現代學徒制試點，統籌轄區內職業院校和企業，立足轄區內職業教育資源和企業資源，合理確定試點專業和學生規模。構建全面融通的人才培養體系，推進轄區內中等和高等職業院校在培養目標、專業設置、教學過程等方面的有效銜接。推動專業設置與產業需求、課程內容與職業標準、教學過程與生產過程對接，通過校企融通、課程融通和課堂內外融通，制訂並實施「校企方案共定、課程共建、人才共育、過程共管、成果共享」的校企協同育人方案。

2. 加強專業建設，突出職教辦學特色

實施專業動態調整，圍繞重慶、永川的主導產業和新興產業，建立專業動態調整機制，根據企業用人標準、崗位要求和區域產業結構調整需求，調整專業結構及課程設置等，形成與產業結構相適應的專業佈局。每所職業院校對接有區域優勢的特色產業，集中人財物，重點建好一兩個大類專業。打造現代裝備製造、智能電子信息、服務外包、交通物流、服裝製作、水利電力、土木建築、財經商貿、汽車維修、現代農業十個專業集群，調整、優化和新增一批專業。加強重點專業建設，以精品課程建設為主線，著力打造具有品牌優勢的國家級和市級示範專業以及緊缺急需專業，構建與區域產業發展需求相適應的專業體系，重點建設三十個示範專業、五十個精品課程，實現專業與產業、企業、崗位對接，專業課程內容與職業標準對接，教學過程與生產過程對接。

3. 深化校企合作，促進產教深度融合

建立校企深度融合的人才培養平台，完善政府主導、行業指導、企業參與、學校主動的校企合作運行機制，建立起政、產、學深度融合的戰略聯盟。依託職教集團、職教學會、就業聯盟等平台，按照「專業建設緊盯產業需求，人才培養對接企業實際，學校辦學緊貼區域發展」的思路，建立學校對接企業、人才培養對接用人要求、課程對接崗位、教材對接職業標準與技能點、教學過程對接生產過程的工學結合人才培養機制。建立產教對話協作機制，建立由行業企業專家和學校專業教師組成的專業建設指導委員會，指導職業院校依據企業需求改革專業，按照企業「訂單」組織招生培養，校企共同組織實施人才培養全過程，校企聯合開發一批系統、完整、豐富的課程資源，全面推進「引企入校」、「辦校進廠」、「企業辦校」、「校辦企業」等深度校企合作模式，建立校企「雙主體」培養人才機制。建立「校地」及「產學研」合作機制，整合學校和企業的技術、設備設施、市場信息、智力等資源，建立「數控技術」、「機器人應用」、「軟件與信息服務外包」等技術工作站。進一步促進校企協同創新，強化「校地合作」，推動職業院校與相關部門、園區及各企業共建科技產業園，促進科研成果有效轉化。

4. 推進多元互通，構建人才培養立交橋

推進中高等職業教育有機銜接，以推進各層次職業教育有機銜接為重點，探索國家示範中職學校、高職院校、應用型本科院校，開展五年一貫制、「3＋2」、「3＋4」等分段系統培養等模式，大力培育應用工程師、項目工程師、創業工程師。建立中高職、應用型本科銜接專業教學協作組，研究並修改審定各院校人才培養方案，推進培養目標、專業設置、教學內容及教學過程等的溝通與銜接，開發中職、高職、應用型本科教育相銜接的課程體系。推進普職融通發展，鼓勵普通中小學開設職業啟蒙、職業勞動體驗課程，開展以職業引導、職業體驗等為主要內容的職業預備職業教育，推進職業教育與普通教育互通融合，形成多元選擇課程體系、靈活多樣的教學管理和富有成效的就業指導，促進普通高中與職業學校合作辦學，實行學籍流動和學分互認，促進職業教育實訓基地、課程和師資向普通中學開放。

5. 建設智慧職教，提升職教現代化水平

推進數位校園全覆蓋，實現「每個專業有一個網站，每門課程有一個平台，每個教師有一個空間，每個教室有一個終端，每位教師有一套現代辦公工具」的現代教育教學模式。設立網絡公共實訓平台。

以現代服務業為重點，建設集理論學習、工作流程教學、資料查詢、實操實訓、實操考核、理論考核、記錄查詢和結果統計等功能為一體的網絡公共實訓平台。建設就業服務平台，依託永川網、永川人力資源網、永川教育城域網等網絡資源，搭建集就業動態、素質測評、職業圖譜、創業項目、職業培訓等功能為一體的就業「一卡通」服務平台，建設集互聯網、觸摸終端屏、戶外電子屏、數位電視以及現場招聘會五位一體的電子人才市場，實現求職者「在家裡、在社區、在市場」都可以自主求職就業。建立優質資源共享庫，加快引進和開發普惠適用、開放共享的職業教育專業精品資源共享課、專業精品視頻課以及相關專業特色教學資源。以專業教學和實習實訓的重難點為關鍵環節，開發具有專業特點的典型教學案例，構建「專業建設＋課程學習＋繼續教育＋教學研究」四位一體的共享型專業教學資源庫。

6. 加大扶持力度，激發創新創業活力

順應「大眾創業、萬眾創新」的新趨勢，加速構建藍領工人創新創業的生態系統，不斷完善創新創業輔導體系。通過對資金、技術、人才、政策等各類要素的聚集，為藍領工人提供全方位全過程的專業服務。充分發揮藍領工人特別是高技能和創新型人才的帶動引領和示範作用，面向藍領工人開展「創新能手」和「金牌藍領」評選。積極為創新創業活動提供孵化空間，支持企業設立「勞模工作室」。構建市場化、專業化、網絡化的眾創空間，設立機器人及智能裝備產業眾創空間、軟件及信息技術服務「互聯網＋」眾創空間、種苗‧雲港星創天地等創業服務基地，培養和扶持創客，促進各類創業平台和孵化器之間的合作與資源的開放共享。

儘管做了一些有益的探索，但目前在藍領中產階級培育方面仍存在一些問題：一是現有職業教育發展與區域產業需求矛盾突出；二是藍領中產階級的成長通道還不盡完備；三是培育藍領中產階級的「市場化」機制有待形成；四是「創新創業」在培育藍領中產階級的作用有待提升；五是藍領中產階級的培育缺乏「工匠精神」的有效支撐。

四、對策建議

（一）加快區域產業發展轉型與職業教育的相互融合

儘管中國整體上已進入工業化中後期，但各區域間工業化發展水平依舊不平衡。各區域間經濟發展階段以及產業結構的差異決定了對人才類型以及人才結構的不同需求。圍繞區域製造業發展的重點方向，特別是戰略性新興產業、生產性和生活性服務業的需要，職業教育應著眼於區域產業發展趨勢，加快建立與區域產業體系相適應的職業教育體系，進一步增強主動對接經濟和服務社會的能力，增強技能型人才培養的產業適應性，提高職業教育與產業協調發展的融合度。以區域產業發展對人才的需求為依託，因地制宜確定人才培養的目標，以產業和就業為導向，根據區域產業發展的變化適時調整專業設置情況和招生規模。進一步做好專業建設規劃，在有條件的地區，可探索產業園區、產業集聚區與職業院校同步規劃建設模式，重點加強支撐區域支柱產業的技能型人才培養，有效提升辦學適應性，確保為產業發展提供必要的人力支撐。與此同時，各地區在產業規劃中也要把職業教育作為促進產業轉型升級以及實施「中國製造二〇二五」戰略的重要手段，從政策設計、資源配置以及保障措施等方面「多管齊下」，把技能型人才的培養作為區域人才戰略的重要內容優先謀劃。

（二）發揮市場在培育藍領中產階級中的引導性作用

進一步發揮市場在勞動力資源配置中的決定性作用，加快改善勞動力資源優化，不斷深化勞動力市場化進程，利用市場手段消除限制藍領中產階級發展的各種障礙。通過建立完善的勞動力市場機制，打破勞動力市場的制度性分割以及城鄉、地區間的「二元分割」，推動藍領工人在勞動力市場上的公平就業。利用大數據、雲計算等前沿科技，加快勞動力市場的信息化建設，實現勞動力市場狀況與藍領工人的信息匹配，促進藍領工人從低收入部門（行業）向高收入部門（行業）合理流動。以需求驅動為導向，探索技術工人市場化供給機制，改善供給路徑，擴大供給總量、提高效率和質量。以市場化推進辦學體制的多元化，鼓勵和支持各類社會力量興辦職業院校和實訓基地，實現供給的多樣性和針對性，採取「訂單合作」、「聯合培養」、「見習實踐」等方式，加快職業院校與企業間的有效互動，增強藍領工人在市場中的適應能力。

（三）將「大眾創業、萬眾創新」作為培育藍領中產階級的重要抓手

高度重視創新創業對於培育藍領中產階級的作用；藍領工人的創新活動直接來源於一線實踐，能快速實現生產力的有效轉化，應積極創造條件，以企業技術改造和技術創新為切入點，提高藍領工人的素質能力，通過勞動競賽、技術革新、創新創業沙龍等各類形式，引導和動員藍領工人從事各類創新創業活動。進一步降低創新創業門檻，加快對現有創新創業基地的功能整合和業務拓展，圍繞創新驅動和轉型升級需要，加大創新創業培訓和指導，將創新創業引入職業教育和培訓體系，強化藍領工人的創新創業熱情和意識，打造藍領工人技能積累與創新創業載體，推動科研院所的實驗室、工程技術研究中心、協同創新平台向其開放，構建各具特色的眾創空間，創辦技能人才創新創業工作室，為其提供資金支持、名師指導、政策扶持、金融服務、實驗設備等便利化的綜合服務平台，促進創新創業項目成果轉化與市場需求和社會資本的有效對接，不斷壯大藍領中產階級主體。

（四）以改革的力量打通藍領中產階級的成長通道

規範和完善職業技能開發體系，確保藍領中產階級的形成和職業教育的可持續發展。進一步發揮政府主導作用，編製適應中國製造二〇二五的製造業人才發展規劃，強化對職業教育以及藍領中產階級在資源配置、政策措施等方面的統籌管理和分類指導。改革職教和普教招生模式，探索實現兩類人才、兩種模式高考，促進職教和普教發揮各自特長，互補發展。綜合施策，深化收入分配制度改革，逐步提高技能型人才的收入水平和合理增長機制，確保藍領工人有機會擁有暢通的職業上升通道和收入提升保障，為培養藍領中產階級提供空間和環境，讓藍領工人逐漸成為中產階級重要組成部份。破除鄙薄職業技術教育的偏見，盡快修改唯學歷要求的政策文件，積極營造尊重技能型人才的社會環境，充分動員教育、人社、科技等部門，協同推進藍領中產階級培育，完善當前選人用人制度和待遇政策，打破並改變目前無論職務晉陞、職稱評定、工資待遇、落戶政策等方面都以學歷而不是技能為主的現狀，破解藍領工人職業晉陞「天花板」難題。促進職業資格證書和學歷證書互通互認，探索其與積分落戶等掛鉤的可能性，通過戶籍、社會保障、教育等系統性制度改革，消除城鄉、行業、身份等影響藍領中產階級培育的制度性障礙，確保藍領中產階級成長的穩定性和持續性。

（五）培育藍領中產階級的「工匠精神」

在職業教育中重塑藍領工人「工匠精神」的價值觀，讓「工匠精神」成為藍領中產階級培育的重要內涵，推動藍領中產階級工匠精神的回歸。通過加強培訓、管理、獎勵等多種措施，強化對「工匠」的激勵機制，讓「工匠」價值得以充分施展。將工匠精神納入職業教育的辦學理念，大力實施「現代學徒制」制度，提高藍領工人技術能力的培訓比重，廣泛開展各類職業技能競賽，培養藍領工人「精益求精」的職業素養，激發藍領工人鑽研業務的動力。進一步創新培養模式，把工匠精神的培養和職業能力培養緊密結合，注重除技能技術培育以外的職業精神、文化素養等方面的培養。積極營造「三百六十行，行行出狀元」的輿論氛圍，消除對「工匠」固有的社會偏見，在全社會形成尊重藍領、推崇「工匠精神」的良好環境，使藍領中產階級獲得除技能之外的職業尊重。

參考文獻

1. 趕集網、北京大學：《變——二〇一五新藍領階層薪酬研究報告》，二〇一五年五月。
2. 中國國家統計局：《二〇一四年全國農民工監測調查報告》，二〇一五年四月。
3. 厲以寧：〈論藍領中產階級的成長〉，《中國市場》二〇一五年第五期。
4. 劉萬霞：〈人力資本投資結構與地區經濟增長——對職業教育發展的啟示〉，《中國人口資源環境》二〇一四年第S1期。
5. 劉延東：〈推動職業教育發展實現新跨越〉，在深化職業教育改革創新座談會上的講話，二〇一五年六月。
6. 柯進：〈職業教育如何與經濟轉型「對表」〉，《中國教育報》二〇一四年六月二十日。
7. 田洪川：〈從先進製造戰略到工業互聯網，美國掀起再工業化浪潮〉，《世界電信》二〇一五年第四期。

（王志傑，北京大學光華管理學院，中共重慶市永川區委；王睿，重慶大學可持續發展研究院）

農業發展方式轉變與農民職業化——以北京市為例

于鷟隆、韓振華

隨著中國城鎮化、工業化、信息化和農業現代化的推進，農業的從業主體——農民也必將向職業化轉變，也將與其他行業的從業人員一樣，具有相對均衡的收入水平，享受均等的社會保障。目前，北京的城市化率在百分之八十六以上，第三產業佔地區生產總值的比重在百分之七十七以上，處於城市化、工業化的高級階段，兩百八十萬農民中只有五十萬從事農業，種養大戶、家庭農場等新型經營主體不斷出現，城鄉基本的養老、醫療等社會保障制度逐步實現統一，農民與市民之間收入的相對差距不斷縮小。政府各部門完善政策，加大對職業農民的培訓力度，一方面讓農民從第一產業轉移出來向第二、第三產業就業，另一方面讓從事第一產業的農民逐步向職業化轉變。

北京農林牧副漁經濟總量佔全市地區生產總值雖然不足百分之一，但其地位作用卻十分突出。北京是中國政治和國際交往中心，常住人口超過兩千一百五十萬，對各類農產品存在巨大的市場需求，擁有巨大市場優勢，具有發展都市型現代農業的有利條件。北京農業發展受資源環境影響較大，農業發展已經到了提升都市型現代農業發展水平的重要階段。北京農業用地面積約一千六百四十九萬畝，主要是生態林佔地，耕地三百四十八萬畝，約佔全市百分之十四，人均耕地只有〇·一八畝，是全國的八分之一，世界的二十分之一。①北京人均水資源量只有一百多立方米，是中國的二十分之一，世界的七十二分之一。②種植面積在五畝以下的家庭經營比例達到百分之六十七，因此分散經營不利於提高生產效率，也不利於管理。③二〇一四年二月二十六日，習近平總書記視察北京並做重要講話，明確要求北京要少種大田作物，多種樹，發展節水農業。北京市委、市政府研究出台了《關於調結構轉方式發展高效節水農業的意見》，在堅持都市型現代農業大方向的基礎上，著力在做大做強農業的生態服務功能上下功夫，讓都市農業在首都城市建設中發揮更大作用。隨著北京都市型現代農業的發展、結構調整和發展方式轉變，北京郊區的農民也產生了分化，未來亟需培養高素質的職業農民，解決首都農業「誰來種地、誰來護綠護地」的問題。

隨著北京農業向「節水高效、生態功能優先」的方向調整，傳統種養業規模逐漸調減，佔農業戶籍人口僅七分之一的農業從業人員將進一步分化，讓留在第一產業的從業人員的收入水平逐漸提高到與其他行業基本均衡的收入水平，進而形成一個依靠規模化、專業化經營和高附加值農業生活的職業農民階層。與此同時，政府要加快統一城鄉社會保障制度，把職業農民和城鎮職工一樣納入到社會保障體系中來，享受到相對均等的養老、醫療、失業、低保等社保水平，在農村土地制度特別是宅基地制度改革完善的基礎上，建立職業農民的住房保障制度，讓職業農民可以像城鎮職工一樣自由選擇居住地。

一、北京都市型現代農業發展現狀

（一）北京農業是現代農業

當前，農業發展進入了高投入、高成本、高補貼、高價格時代，這在北京體現得更為明顯。在耕地面積不斷減少、勞動力成本明顯提升的情況下，要想提高北京農業的綜合效益，必須加快轉變農業發

① 數據來源：北京市國土局二〇一二年土地變更調查數據。
② 數據來源：《京津冀協同發展規劃綱要》，二〇一五年。
③ 數據來源：北京市農業局二〇一三年農業規模化經營調查報告。

展方式，依靠科技進步，挖掘生物遺傳潛力，強化農業新品種、新技術的推廣應用，大力發展設施、籽種、會展、觀光等新型農業業態，推動農業規模化、園區化、標準化發展，大幅度提高土地產出率，推動農業向高質化、高效化發展，確保農業綜合生產能力穩步提高。二〇一四年北京農林牧漁業總產值四百二十億一千萬元，農民人均純收入達到兩萬零兩百二十六元，連續六年超過城鎮居民增速，城鄉居民收入比例下降到二・一七：一。從生產要素方面看，土地、水、勞動力、化肥等傳統生產要素投入總量下降，科技、信息等現代生產要素作用明顯。京郊冬春季農田覆蓋率提高到百分之九十以上，累計實施科學測土施肥一百萬畝，推廣有機肥、配方肥等五萬餘噸，減少化肥用量百分之二十五以上；重點在蔬菜種植基地推廣生物、物理防治和科學施藥技術二十餘項，減少化學農藥用量百分之二十五以上。「十二五」期間，北京市深入推進農業科技體制機制創新，不斷提高自主創新能力，研發出一批重大成果並實現產業化應用推廣，對北京乃至全國農業的轉型升級發揮了重要支撐作用。據二〇一三年測算，北京市農業科技貢獻率近百分之七十，高出全國平均水平約十六個百分點，接近發達國家水平。

（二）北京農業是都市型農業

近年來，北京農業的服務功能進一步拓展，呈現很強的都市型農業特徵。從農產品保障供應看，二〇一三年，全市設施農業面積三十五・五萬畝，蔬菜播種面積九十多萬畝，全年蔬菜總產量兩百六十多萬噸，穩定供應三分之一的需求量，肉、禽、蛋、奶自給率已達百分之三十一、百分之六十三、百分之五十四、百分之五十六，控制率達百分之八十三・三、百分之六十九、百分之六十七、百分之七十九・七。從農業的生態保障功能看，北京農業生態服務價值超過一萬億元，與北京GDP總量大體相當。建設宜居城市是北京發展的重要目標，宜居離不開生態，生態離不開農業。從生活服務看，目前，全市農業觀光園一千三百多個，民俗旅遊經營戶八千多戶，每年可接待遊客接近兩億人次，在提升居民生活服務方面發揮了重要作用。①二〇一四年北京地區生產總值超過一兆八千億元，人均GDP超過一萬三千美元，達到了中上等國家收入水平。隨著收入水平的提高，首都市民消費觀念、消費結構正在發生顯著變化，北京農業的生活服務功能將不斷加強。

（三）北京農業是生態安全農業

近年來，農產品安全事件多發。中共中央、國務院高度重視農產品安全問題，李克強總理對北京市打造高端農業品牌寄予厚望，希望北京在食品安全性、高端化方面發揮引領示範作用，做大做強三元等農業品牌，打好北京「安全農業」品牌，走高端、綠色、生態發展道路。北京圍繞安全農產品品牌建設，大力推動農業標準化生產，全面加強社會化農業服務體系建設，進一步擴大「三品一標」優質農產品覆蓋範圍，切實保障農產品安全可靠供應。所謂「三品」是指無公害、綠色和有機農產品，「一標」是指地理標誌。北京市實施「安全農業」品牌戰略，健全農業標準化體系，初步建立了農產品質量安全保障體系、從農田到餐桌全過程監管控制體系、食用農產品質量安全追溯系統。北京創建菜籃子標準化基地一千兩百餘家，標準化生產覆蓋面不斷提高；實施農業地方標準一千六百多項，種養業主導產品的標準覆蓋率達百分之九十以上，「三品」（綠色、有機、無公害）認證產品佔農產品生產量的近百分之四十，生產基地農產品合格率處於全國前列。同時，加強動物疫病防控，構建重大動物疫情應急指揮平台，投資兩億元建設北京市動物疫病預防與控制中心，北京重大動物疫病防控工作步入科學化、規範化

①數據來源：《二〇一四北京市統計年鑑》。

軌道，有效阻擊高致病性禽流感，成功撲滅亞洲I型口蹄疫疫情，連續多年未發生區域性重大動物疫情。北京市自產畜禽產品的瘦肉精等主要藥殘抽檢合格率已連續六年保持百分之一百。

（四）北京農業是高效節水農業

按照北京市委、市政府制定的《關於調結構轉方式發展高效節水農業的意見》，在退出方面：將地下水嚴重超採區和重要水源保護區確定為重點控制區域，該區域面積三千一百一十三平方公里，在該區域內逐步退出小麥等高耗水作物種植，採用宜林則林、宜草則草、宜果則果、宜休耕則休耕的方式恢復水源涵養功能，糧田由二〇一三年的一百七十萬畝調減到八十萬畝左右。未達到規模生產的散戶養殖有序退出，生豬年出欄量調減三分之一，穩定在兩百萬頭左右；畜禽年出欄量調減四分之一，穩定在六千萬隻左右；奶牛存欄量穩定在十四萬頭左右；蛋雞存欄量穩定在一千七百萬隻左右；水產養殖面積穩定在五萬畝左右，推廣工廠化、溫室循環、標準化的節水池塘養殖和生態養殖。在調整方面：高耗水作物退出後，重點發展籽種田三十萬畝，旱作農業田三十萬畝，生態景觀田二十萬畝。菜田佔地由二〇一三年的五十九萬畝增加到七十萬畝左右。觀光採摘果園佔地穩定在一百萬畝左右，升級改造其中的低效果園。繼三年完成一百萬畝大規模平原造林任務之後，增加綠化面積三十八萬畝以上，其中規模化苗圃十萬畝以上，利用砂石坑、撂荒地、荒灘荒地等實施綠化十萬畝，「一綠」、「二綠」地區增加綠化面積十五萬畝。在節水方面：按照「地下水管起來、雨洪水蓄起來、再生水用起來」的原則，實施四大節水工程，即設施節水、農藝節水、機制節水、科技節水；推廣六種節水模式，即細定地、嚴管井、上設施、增農藝、統收費、節有獎；採用三十項節水技術，明確設施作物年用水量控制在五百立方米／畝左右，大田年用水量控制在二百立方米／畝左右，果樹年用水量控制在一百立方米／畝左右，農田灌溉水有效利用係數要從〇・七提高到〇・七五，農業用新水從二〇一三年的七億立方米左右降到五億立方米左右。①

二、北京農民分化及職業化

隨著中國改革開放的推進，「農民」這一概念的內涵和外延都發生了很大變化。計劃經濟時代，農民要想轉變身份，只有考學、入伍提幹、工廠臨時工轉為正式工等非常有限的途徑，農民與居民之間在社會福利待遇上有著非常大的差距。隨著市場經濟改革的深化，農民轉變身份的途徑更加多樣化，農民與居民之間在社會保障制度上逐步統一，在計劃生育、宅基地等有些福利和權利待遇上，農民甚至要優於城市居民。北京作為大都市，目前農民僅有兩百八十多萬，其中從事第一產業的人口僅有五十多萬。北京農民隨著城市化推進、農業結構調整，主要分化為城市化農民、務農農民、綠崗就業農民、非農就業農民及外來常住農民。

（一）城市化農民

可以分為被動城市化農民和主動城市化農民兩種。全市三千九百三十八個行政村中，有四百多個村位於「規劃城鎮建設用地範圍」內，主要為城鄉接合部地區，應該實現城市化改造，這些農民的土地將逐步被全部徵收為國有，農民獲取一定的經濟補償和樓房實物補償，並享受與城鎮職工一樣的社會保障，農業戶口轉變為城鎮戶口，這些農民被一些專家稱為失地農民，也被另一些專家稱為「食利者階

---

①數據來源：北京市農委、市農業局及市水務局《關於調結構轉方式發展高效節水農業的意見》。

層」，成為被動但獲利較高的城市化農民。這一群體不再擁有耕地，也不再從事農業生產，他們成為新市民，全市大概有四十萬人左右。還有很多村莊，比如大興區西紅門鎮、昌平區鄭各莊村等，走主動城市化的發展路子，保留集體對土地的所有權，村集體自主開發建設，農民分享土地開發的長期收益，這些地區的農民儘管沒有將農業戶口轉為城鎮戶口，但也不再從事農業生產，成為主動城市化的農民。還有一些農民選擇自主創業，成功後也不再從事農業生產，成為農民企業家，帶動全家主動城市化。

（二）務農農民

北京全市有兩千多個村莊完全在城市擴張邊界之外，集中在九大基本農田範圍內，這些村莊還有大片耕地，無法轉移到非農產業的勞動力主要從事第一產業，他們分佈在遠郊區縣和偏遠山區，總體上年齡較大、沒有其他就業技能。從統計數據來測算，目前全市第一產業從業人員共有五十五萬人左右，北京戶籍農民大概有四十多萬人左右，僅佔全市農村常住人口的七分之一。從農民收入來看，近年來，工資性收入已經成為北京農民收入的主體，佔百分之六十以上，二〇一四年更是達到了百分之六十四・六；家庭經營性收入逐年下降，二〇一四年降到了八百六十七元，僅佔百分之四・三，其中來自第一產業的純收入僅為兩百五十八元，來自第二、第三產業的純收入為六百零九元。從全市農民的收入構成看，這也與第一產業從業人員佔比低相吻合。

（三）綠崗就業農民

北京愈來愈重視農業的生態功能，大力推進百萬畝造林、山區低效林撫育等生態工程，不斷調減農業種植面積，擴大林業面積，因此需要愈來愈多的護林員、護水員。近年來，北京啟動了綠色就業行動計劃，努力開發從事環境和生態保護工作的直接性綠色崗位，從事綠色產品生產和服務的間接性綠色崗位以及從事治理污染等領域的綠色轉化崗位，市園林綠化局制定的養護管理辦法要求招收本地農民的比例不低於百分之六十作為養護單位參與養護的前提條件。各區縣有針對性地開展本地區的綠色就業工作，並取得了較好的效果。如順義區堅持「農民不離土地，就近就業」的原則，積極推進農民第一產業就業員工化管理模式；昌平區以世界草莓大會為契機，發展規模特色產業帶動就業，實施精品服務促進就業；朝陽區大力發展綠色生態農莊、現代休閒農業、特種養殖基地、綠色食品配送基地等都市型現代農業，提供了大量的綠色就業崗位等。近些年，林業的大發展及綠色就業崗位的增加，讓一部份農民向林農轉變。

（四）非農就業農民

工資性收入正成為京郊農民收入的主要來源，佔到農民總收入的百分之六十以上。北京市近五年內有三十多萬農民迫切需要轉移到第二、第三產業就業。近年來，北京市不斷加大農民就業技能培訓力度，對農民實施定向培訓，增強他們的就業技能。北京市政府已連續多年將農村富餘勞動力培訓工作列為為群眾辦的實事之一。北京市農委用於農村富餘勞動力培訓的投入達一千萬餘元；北京市科委、北京市教委也投入一千萬餘元，支持所屬成人學校、星火富民學校購置教學儀器和實訓設備；各區縣投入農村富餘勞動力轉移培訓資金達兩千五百萬元。二〇一四年全市完成富餘勞動力轉移培訓十五萬兩千人次，五萬五千個農村富餘勞動力實現了就業。全市還確定了六十八個農村富餘勞動力培訓示範基地，各基地將堅持對農民實施長期不斷的「動態培訓」。同時，培訓基地將與各類企業、用人單位聯繫，幫助受培訓農民實現就業。

（五）外來務農人員

北京作為大都市，本地農民不少都有不俗的分紅與租金收入，無須以務農為生。但在屬於他們的土地上，還種著蔬菜和糧食，這是因為僱用了外來務農者。社科院等機構的研究報告指出，北京目前至少有十二萬外來務農人員。北京外來務農人員大多來自河北、河南、山東等鄰近北京的省市，也有一部份來自安徽、湖南、湖北等中部省份。其流出地的農業生產自然條件往往較差，人均耕地面積較小。在都市郊區務農人群中，絕大多數年齡介於三十五歲到六十歲，缺乏從事其他工作的勞動技能，無法順利被第二、第三產業吸納。外來務農者已成為發達地區及城郊農業的新生力量。

三、北京農業「調轉節」對培育職業農民的新要求

新型職業農民是指以農業為職業、具有一定專業技能、收入主要來自農業的現代農業從業者，他們是北京發展都市型現代農業的基本力量和重要基礎支撐。加快培育新型職業農民，是發展現代農業，解決好「誰來種地」、「如何種好地」等問題的基礎性工作，過去幾年的中共中央一號文件對此都提出了明確要求。

目前，北京郊區都市型現代農業發展進入了一個突出生態功能、突出高效優質、突出多產業融合的發展階段，必須加快培育與之相適應的新型農業經營主體，而無論是種養大戶、外來的農業生產能手，還是家庭農場，無論是合作社，還是龍頭企業，其發育成長都有賴於職業農民的培育。這意味著，當前培育新型職業農民比過去任何時候都更為迫切。

（一）加快培育從事高效種植業的職業農民

為實現節水高效生產，北京市提出，按照打造「三田」（旱作田、籽種田和景觀田）、提升「三力」（綜合生產能力、生態服務能力和景觀服務能力）、發展「四種農業」（節水農業、籽種農業、旱作農業、景觀農業）的思路，未來京郊將著力打造首都八十萬畝生產性綠色空間和優美田園景觀。根據農業規模經營的要求，未來家庭種植三十畝以上農田的農民將成為主體，因此，培育一批新型種養大戶和家庭農場所需的生產技術和經營管理人員，才能適應新形勢的要求。

從目前實際看，土地流轉成本高是制約北京農業規模化經營的主要困難。據調研，北京農業用地流轉成本大都在一千元／畝以上，是外省市的二至三倍，要讓規模化經營能夠贏利並讓農民獲得足夠高的收入比較困難，必須發展高附加值的種植業，這對職業農民的生產技能及經營管理才能提出了更高的要求，政府也必須加強對這些職業農民的常態化培訓和市場輔導，建立推廣農業保險制度，在遇到市場大幅波動或自然災害時，要讓農民的損失降到最低。唯有建立較為完善的配套制度，在北京從事種植業的職業農民的培養才具有可持續性。

（二）加快培育從事「菜籃子」生產的職業農民

按照「增面積提升蔬菜產業保障能力，轉方式推進蔬菜提檔升級，強監管確保蔬菜產業優質安全」的思路，北京市提出適度增加菜田面積，並按照規模化發展、園區化建設、標準化生產的要求，穩定「菜籃子」自給率。為提高蔬菜質量，保證蔬菜生產的安全性，未來所有蔬菜種植人員均應通過參加培訓取得相關證書，成為新型職業農民，並實現規模經營。

北京作為超大型城市，必須保證一定的蔬菜等鮮活農產品的自給率。目前北京正在劃定七十萬畝的基本菜田，引導郊區發展滿足城市需求的蔬菜等鮮活農產品。由於北京土地和人力成本較高，北京必須發展品牌化的蔬菜種植，多種植綠色、有機、無公害的蔬菜，探索物聯網銷售、直售以及會員制、訂單式的銷售模式，搶佔中高端市場。職業農民不僅會種菜，還要會銷售菜，盡可能分享產業鏈各個環節的利潤。

（三）加快培育從事林業的職業農民

林業中面積最大的是生態涵養林，其中有山區林業，也有平原造林。林業養護中的技術人員、管理人員要有較高的能力和水平，應該全部培育為新型職業農民，以滿足生態涵養林技術指導和管理的要求。北京郊區的鮮果林具有一定的面積，按照規模經營的要求，未來鮮果林種植面積在二十畝以上的農戶將成為主體，這就需要培育一批適應林果業生產經營大戶要求的生產技術和經營管理人員。此外，北京還有一批花卉、種苗、養蜂業從業人員，其中大部份具有一定的經營規模，需要將其培育為新型職業農民。

隨著產業結構的調整、全市耕地面積的減少以及林下經濟的發展，林業對農民就業增收發揮的作用愈來愈大。高效果園、林下養殖、種植業的發展以及採摘旅遊等為農民增收拓寬了渠道，出現了林菌、林禽、林藥等十餘種林下經營模式。未來北京農民從事林業經營大有可為，應該在現有基礎上培養壯大從事林業經營、依靠林業致富的職業農民群體。

（四）加快培育從事觀光休閒與民俗接待的職業農民

觀光休閒與民俗接待是郊區服務城市居民多樣化需求和農村經濟發展的新增長點，是京郊農民就業的新領域。要擴大規模，提高質量，突出特色。近年來，北京市在郊區已經認定了一批觀光休閒農戶。隨著大休閒時代的到來，未來觀光休閒產業還會有一個大發展，需要培育一批適應民俗接待和休閒觀光農業發展要求的新型職業農民。

觀光休閒與民俗接待是農業與旅遊業相融合的新型產業模式，能夠提供採摘、住宿、體驗、娛樂等多種服務。未來的職業農民要把自家的農田、院落打造成一體化的旅遊設施和景點，必須先合理配置種植作物，掌握旅遊服務知識和行銷技能，才能提升鄉村旅遊業的發展檔次。

（五）加快培育從事規模化畜牧水產業的職業農民

北京市提出，畜牧水產養殖業要控制新增規模，疏解現有總量，發展節水型養殖業和漁業，提高養殖水平。京郊畜牧養殖業結構調整的目標是：調減生豬和肉禽，穩定奶牛和蛋雞，通過建立標準化、規模化、無害化的生產與繁育體系，重點發展養殖場、良種場與屠宰場，把畜禽養殖業做優。未來需要將符合規模養殖條件的畜牧養殖戶所吸納的就業人員培育成新型職業農民。穩定水產養殖規模，以池塘改造、溫室循環養殖為主，推廣工廠化、溫室循環、標準化節水池塘養殖和生態養殖技術，重點發展籽種魚、休閒魚、精品魚，做優調精水產養殖業。未來需要將水產養殖業的從業人員全部培育成新型職業農民，以滿足水產業的新要求。

（六）加快培育從事農業社會化服務的職業農民

除以上生產領域的新型職業農民培育以外，按照農業社會化服務發展的需要，在郊區農村還需要一批社會服務型的新型職業農民，可為農業生產提供農資、農機、植保、獸醫、農產品銷售、合作社服務等，他們是京郊農業生產發展和農村經濟繁榮不可忽視的力量，也應納入新型職業農民培育工作範疇，給予高度重視。

參考文獻

1. 中共北京市委、市政府：《關於調結構轉方式發展高效節水農業的意見》，二〇一四年。
2. 北京市統計信息網：http://www.bjstats.gov.cn。
3. 中國國家林業局網站：http://www.forestry.gov.cn/Zhuanti/content_stwm/767624.html。
4. 江晶、史亞軍：〈北京都市型現代農業發展的現狀、問題及對策〉，《農業現代化研究》二〇一五年第二期。
5. 梁曉聲：《中國社會各階層分析（增訂版）》，文化藝術出版社二〇一四年版。
6. 馬俊哲：〈京郊需要什麼樣的新型職業農民〉，《京郊日報》二〇一五年四月十三日。
7. 許恆周：《農民階層分化、產權偏好與農村土地流轉研究》，經濟科學出版社二〇一三年版。
8. 楊繼繩：《中國當代社會階層分析》，江西高校出版社二〇一三年版。
9. 《二〇一四北京統計年鑑》。

（于鷙隆，北京市政府研究室；韓振華，北京市政府研究室）

能源藍領發展之路探索
——以揚州供電公司人才培養為例

童光毅、程志超

一、引言

中國國家電網揚州供電公司成立於一九六二年，是中國國家電網江蘇省電力公司所屬的國有大一型企業，主要負責揚州市境內的四縣及三區的供用電業務。截至二〇一五年六月底，揚州供電公司系統用工總人數六千三百四十二人（其中：全民兩千零六十二人、集體七人、農電兩千八百三十六人、勞務派遣一千四百三十七人），全民員工中具有專業技術職稱的一千三百八十人（其中：高級職稱一百五十七人、中級職稱四百四十七人、初級職稱七百七十六人），高級技能人才一千三百八十六人（其中：高級技師五百一十九人、技師四百八十九人、高級工三百七十八人）。

二〇一四年，揚州供電公司擁有二百二十千伏電網的主幹輸電網，管轄四個縣級供電公司、六十四個基層供電所，共服務電力客戶兩百一十餘萬戶；擁有三十五千伏及以上變電站一百六十二座，變電總容量一千八百三十五萬六千五百千伏安；三十五千伏及以上輸電線路三百五十八條，線路長度約四千五百五十八・一一公里。二〇一四年，揚州全社會用電量兩百零四億三千六百萬千瓦時，同比增長百分之三・五四；售電量為一百七十二億七千四百萬千瓦時，同比增長百分之五・七六；用電最高負荷為三百四十九萬一千一百萬千瓦，同比增長百分之二・〇九。

為了公司自身更好地發展，揚州供電公司結合揚州的「人文、生態、精緻、宜居」城市發展理念和中國國家電網的「誠信、責任、創新、奉獻」的核心價值觀，提出了「精緻、匠心、創新、求實」的藍領工人發展理念，並依此開發了適合本企業發展的藍領工人培訓開發體系和職業化評價體系等；從資金、場地、時間各方面支持員工實現自身價值、提升自身素養，建立小型圖書館，組建各類技術創新小組，開展道德課堂等活動。同時，打破國有壟斷企業的「大鍋飯式」的同工同酬模式，建立了基於成就導向的寬帶薪酬體系和KPI（Key Performance Indicator）績效管理指標體系，充分發揮成就導向績效評估的作用，實現「多勞多得、優勞多得」的良性競爭局面。同時，本著技術立國的指導思想，揚州供電公司突出強調藍領工人的重要地位並將其體現於薪酬體系設計中，改變了中國數十年「藍領低薪」的現狀，極大地激發了藍領工人的工作積極性和工作創造性。

此外，揚州供電公司在工作標準化的基礎上，將各崗位工作流程具體化，形成了系統的工作規範、行為守則和相應的罰責措施，為員工的自我提升、自我約束提供了可靠的參考依據。與此同時，為了激發全員的創造力，揚州供電公司積極開展各類技術比武比賽，選拔業務菁英，鼓勵刻苦鑽研，突破技術瓶頸，實現技術創新，樹立精緻匠心的藍領文化，有效地提高了能源藍領工人的業務技能和職業素養。

揚州供電公司學習國內外成功經驗，建立了戰略性人力資源管理體系，完善了人性化的管理制度，引入積極競爭機制，細化工作流程，鼓勵技術創新，為企業的運轉提供了有效保障。

揚州供電公司在生產、經營、基建、精神文明等各項工作中都獲得了不菲的成績，成為中國國家電網體系中典型標竿企業，為中國能源藍領工人的培育與成長之路的探索提供了可借鑑的成功典範。

二、能源藍領工人是中國能源產業升級的主力軍

二〇一四年十二月中共中央經濟工作會議在北京召開，會上明確地做出了中國進入新常態經濟發展階段的判斷，要求把經濟工作的著力點放到轉方式、調結構上來，推進新型工業化、信息化、城鎮

化、農業現代化同步發展，逐步增強戰略性新興產業和服務業的支撐作用，著力推動傳統產業向中高端邁進。

新時代背景下，身為產業的中堅力量，藍領工人的革新是適應和實現中國經濟轉型和產業升級的必備條件。他們處於產業價值鏈的直接增值環節（如圖一所示），分佈於研究與開發、生產與製造、銷售與服務等環節，其技能水平、創新能力等決定了最終交付產品或服務的性能、質量和效率，進而影響產業升級水平。傳統產業的升級對藍領工人提出了更高的要求，如創新常態化、工作精細化、團隊協調化、決策戰略化、紀律嚴格化等，使新藍領工人成為富有創造力的、卓越的產業升級主力軍。

當前，信息爆炸、產品生命週期縮短、技術進步速度加快、技術融合加劇都對藍領工人技能素養、創新能力提出了全新要求。對能源藍領工人的培育不僅包括技能、創新能力的培養，還包括創新精神和文化理念的培育。精神培育可以指引發展方向，通過強化學習意願，提高凝聚力，提高勞動生產力，更好地促進新型藍領工人的成長。

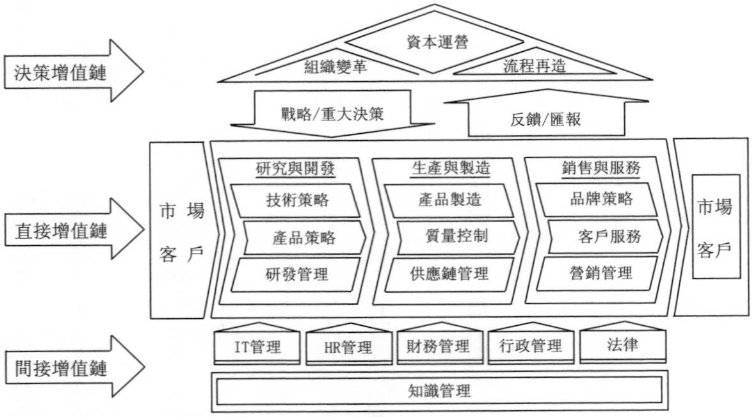

圖一：產業價值鏈（藍領工人處於價值鏈核心環節）

作為能源產業的載體，能源企業承擔著對能源藍領工人的重要培育責任。為使企業能夠獲得並保持競爭優勢，藍領工人應不斷學習新技術、新觀念，使企業在生產工藝、產品開發等環節能夠不斷改進，設計、開發和製造出性能先進、質量優異的產品。以國家電網為例，除了發電環節，國家電網以建設和運營電網為核心業務，承擔著保障更安全、更經濟、更清潔、可持續的電力供應的基本使命，經營區域覆蓋全國二十六個省（自治區、直轄市），覆蓋國土面積的百分之八十八，一一〇（六六）千伏及以上輸電線路一百零九・五萬公里，一一〇（六六）千伏及以上變電設備三十四億三千萬千伏安，供電人口超過十一億人，城市供電可靠率百分之九十九・九六七，農網供電可靠率百分之九十九・八七八。公司員工總量約一百八十六萬七千三百人，二〇一四年營業收入三千三百三十三億八千六百五十萬美元。在國家電網系統中生產技能人員比例偏大，而高級技術人員佔比較低，這使得國家電網公司對新型藍領工人的培育責任顯得尤為突出。據不完全統計，二〇一〇年年底，中國技能勞動者一億一千兩百萬人，佔從業人員的比例不足百分之十三，高技能人才僅為兩千八百六十三萬人，技師、高級技師僅佔技能勞動者的百分之五。這一數據表明，中國急需高技能人才。（數據來源於《全國新聞聯播》）

新時期，企業人力資源管理已不同於以往（如圖二所示），二十一世紀的人力資源管理是一種人力資本管理，即將人力資源視為可以實現價值增值的人力資本。企業應通過高度的信息技術的應用以及對員工相關知識和技能的

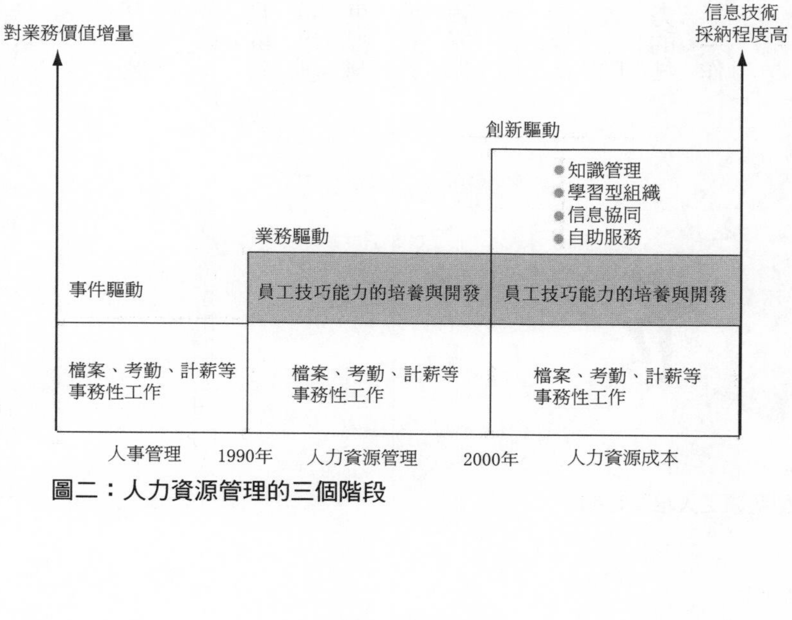

圖二：人力資源管理的三個階段

培養，強化藍領工人的信息共享能力，並不斷提升其學習能力和創新能力，使藍領人力資本的升值能夠為企業創造更高的價值增值。

三、從揚州供電公司看能源藍領工人成長與提升之路

藍領工人的培育效果，關鍵在於建立良好的培養機制（如圖三所示）。基於國家電網公司的人才培育理念，揚州供電公司在藍領工人的培養機制上進行了積極的嘗試，樹立了全面的人力資源戰略目標，即堅持終身學習、全員培訓的思路，通過構建符合公司實際的牽引機制、激勵機制、約束機制和競爭機制，形成分層次、分類別、多渠道、大規模的人才培養新格局，努力培養和造就一支政治素質好、經營業績好、團結協作好、作風形象好、富有創新精神、能夠防範經營風險、應對複雜局面的經營人才隊伍，一支職業素養好、市場意識強、熟悉電網企業經營管理業務、堅持並實踐公司發展戰略、執行力強的管理人才隊伍，一支理論扎實、作風嚴謹、具有技術創新和科技攻關能力的技術人才隊伍，一支愛崗敬業、技能精湛、勇於實踐、一專多能、作風過硬的技能人才隊伍。

（一）牽引機制——新時代能源藍領工人成長與提升的嚮導

牽引機制是指通過明確組織對員工的期望和要求，使員工能夠

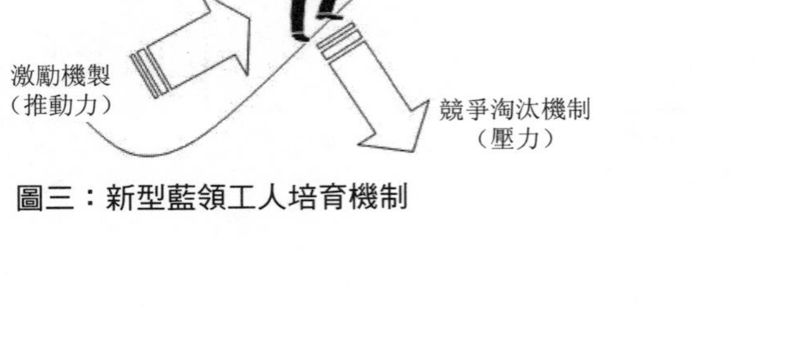

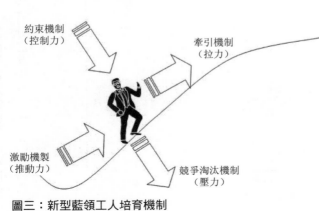

圖三：新型藍領工人培育機制

正確選擇自身的行為，最終組織能夠將員工的努力和貢獻納入到幫助企業完成其目標、提升企業核心能力的軌道中來。牽引機制的關鍵在於向員工清晰地表達組織和工作對員工的行為和績效期望。因此，牽引機制主要依靠以下人力資源管理模塊來實現：企業的文化與價值觀體系、職位說明書與任職資格標準、KPI指標體系、培訓開發體系。

1. 企業匠心文化與價值觀體系

揚州供電公司將國網公司的「誠信、責任、創新、奉獻」核心價值觀與當地的「精緻」文化相結合，形成本企業藍領工人的「匠心」文化理念，在揚州供電公司的配電運檢室弘揚著「幹中學，學中幹，總結、提煉、提升」的產業工人精神。

自二〇一三年以來，配電運檢室圍繞「一流配電網建設」，不斷挖掘一流電網改造過程中發現的問題，積極開展提升配電網施工工藝標準的探索和研究。

第一，在近八十八平方公里示範點的標準化改造過程中，細心的運維人員發現導線搭接處仍存在裸露帶電部位，存在異物短接的隱憂，為此配電運檢室研製出系列接頭絕緣保護罩，能夠滿足任何形式接頭安裝的需要，同時該保護罩運用了新材料使得在溫度達到攝氏一百二十度時產生收縮變形，便於運維人員及時發現接頭過熱的故障。工人們在改造中還發現了部份封堵膠泥已風化脫落、起不到封堵效果且外形不美觀的現象。配電運檢室採用絕緣高分子記憶材料研製了拉鏈式絕緣密封罩，替代了原先的封堵膠泥，不僅封堵效果好，而且外形美觀便於檢修。

第二，在配變台架安裝方面，檢修人員發現傳統配變台架進出線電纜存在大幅度彎曲，容易損傷大截面電纜，且安裝中施工工藝控制困難。配電運檢室針對上述難題研製了景觀型裝配式柱上配變台架，配變各附屬部件採用模組化安裝，避免了進出線電纜的彎曲，提高了安裝效率。同時又根據揚州園林

「漏窗」的特點，專門設計了窗櫺式箱體，外形簡潔美觀，與環境協調。

第三，在配電自動化示範區改造時，檢修人員發現配電自動化開關的二次線纜沿電桿表面施放，不僅嚴重影響登桿作業，且容易被損壞。為此配電運檢室研發了柱上配電自動化，開關二次線纜安裝新工藝，將二次線纜用對扣管固定保護，多餘的二次線纜盤用餘纜盤整理收納，既方便了施工人員登桿檢修，同時設計了對扣三通，避免了通信光纜做中間接頭的高昂費用。

上述工藝創新無疑是新藍領工人們匠心文化的最好體現，這些創新產品大幅度提升了一流配電網改造的效果，使得配電線路安全可靠且簡潔美觀，與環境相協調。

2. 培訓開發體系

身先為師，身正為範。揚州供電公司將多年傳承下來的「傳幫帶」培訓方法進一步科學化、精細化，結合對藍領工人的職業生涯規劃或者技術等級發展規劃編製了完善的培訓計劃。

A. 編製一套翔實的「傳幫帶」實施方案。每一個生產技能類的新進職工都會有一個具有豐富現場經驗和較高技能水平的老職工作為導師，發揮優秀員工「傳幫帶」的作用。

B. 規定師傅應主動瞭解徒弟的培訓需求；制定師帶徒培訓計劃與目標，認真執行培訓計劃，包括：安全教育；結合現場傳授崗位技能知識；協助制訂師帶徒期間考評方案；在工作和生活上關心徒弟，成為徒弟的良師益友。

C. 徒弟應服從師傅教導，按照培訓計劃認真學習理論知識，不斷提升技能水平，及時總結學習情況，加速實現培養目標。

D. 建立督導人機制。督導人是師帶徒培訓的監督與指導者，由所在單位負責人或專職擔任，負責監督師帶徒培訓工作的開展；指導師傅制定帶徒目標與培訓計劃；定期與師徒開展交流並檢查培訓效果；

參與師帶徒培訓合同期考評。

除了本班組內的師帶徒，揚州供電公司還設計了完整的培訓體系，以對公司內每個藍領工人職業技能的成長與提升加以引導。主要分為崗前培訓、崗位培訓、待崗培訓和職（執）業資格培訓四個類別：

A. 崗前培訓。對各類新錄用人員、轉崗或晉級員工，必須按照崗位規範要求進行專業知識和技能培訓，培訓考試合格、符合上崗條件後方可上崗。

B. 崗位培訓。主要包括脫產培訓、現場培訓、網絡培訓和在崗自學四種形式。

C. 待崗培訓。對已在崗人員，依據崗位責任體系要求進行崗位能力考試考核，考試考核不合格，須離崗接受不少於半年的待崗培訓，培訓合格後，方可重新競聘上崗。

D. 職（執）業資格培訓。從事國家規定實行就業准入制度的職業和工種的員工，必須取得相應職（執）業資格證書，方可從業。生產一線員工參加職業技能鑑定前，應按照國家有關要求，參加相應工種的職業資格培訓。

（二）激勵機制——新時代能源藍領工人成長與提升的動力

根據現代組織行為學理論，激勵的本質是激發員工去做某件事的意願，這種意願以滿足員工內在需要為前提條件。因此激勵的核心在於對員工內在需求的把握與滿足。激勵機制主要依靠以下人力資源管理模塊來實現：薪酬體系設計、職業生涯規劃與陞遷異動制度、分權與授權系統。

1. 職業生涯管理

揚州供電公司結合本企業特點設計了一套翔實的員工職業生涯培養方案，從員工新進公司到逐漸成長，實行著一套梯次培養計劃。在新員工培養過程中實施「一年入職、二年入行、三年成熟、四年成才、五年拔尖」的梯次培養計劃，晉級階段劃分為中級工、高級工、技師、高級技師。將企業要求和個人需求緊密結合，系統開展新員工培養，通過制定具體的培養目標，引導和督促新進員工有方向、有目標地健康成長、順利成才，為其職業發展晉級打下堅實的基礎。這一細則的實施由人力資源部、運維檢修部、行銷部（客戶服務中心）、電力調度控制中心、安全監察部、黨群工作部、企協工作部、新員工所在單位、教育培訓部共同承擔。員工在每一梯次上的成長都由這些部門共同考核並提出意見，梯次培養計劃也促使著職工有一個清晰的職業生涯規劃，激勵職工級級遞進，逐步成長為企業所需人才。

2. 薪酬體系設計

在國網薪酬體系框架內，揚州供電公司有導向性、針對性地設計了有自己特色的薪酬結構，全面構建以崗位績效工資制度為基本模式，與崗位價值、績效貢獻、能力素質三個要素相掛鉤，由崗位薪點工資、績效工資、年功工資、輔助工資四個單元構成，適應公司發展戰略的差異化薪酬分配體系。其中績效工資佔總收入的百分之五十左右。

（三）約束機制——新時代能源藍領工人成長與提升的規範

有激勵機制就要有約束機制，約束機制與激勵機制相輔相成。所謂約束機制，其本質是對員工的不良行為進行限定，使其符合企業的發展要求。約束機制使得員工的行為始終在企業預定的軌道上運行。標準的約束機制主要有三個關鍵要素，即以企業KPI指標為核心的績效考核與管理體系，以任職資格體系為核心的職業化行為評價體系以及具體化的員工基本行為規範與員工守則。

1. 以企業KPI指標體系為核心的績效管理體系

揚州供電公司人力資源部基於「誠信責任、創新奉獻」的核心價值觀，聯合其他相關部門，建立了一套可持續改進的績效管理循環系統，包括公司的績效目標、績效計劃、績效實施、績效考核、與員工定期的績效反饋、管理溝通六大要素。績效目標、績效計劃、績效實施、績效考核、績效結果五大要素之間環環相扣，管理溝通則貫穿整個過程，最終實現並提升績效目標（如圖四所示）。這套完善的績效評價體系，涉及範圍從新員工實習培訓到老員工退休，使績效管理貫穿於員工的職業生涯始終，充分發揮績效管理的作用。

圖四：績效管理循環系統

表一　二次系統檢修班考核內容（舉例）

序號	考核內容	關鍵指標	考核標準	考核周期
1	勞動紀律	出勤率	沒有無故缺勤	一個月
2	安全風險控制	工作票合格率	100%	一個月
3	安全風險控制	安規考試	合格	一年
4	PMS 系統記錄維護	完整率	100%	一個月
5	消防器具周期檢查維護	完整率	100%	三個月

例如，隸屬於變電檢修室的二次系統檢修班，現有員工十一人（其中男員工十人，女員工一人），主要承擔著市區四十三個變電站（其中一百一十千伏變電站三十七座，三十五千伏變電站五座）二次系統裝置的調試、搶修、消缺等工作。該班組將員工自身安全和高質量完成工作視為同等重要的績效目標，並依此分別制定了年度、季度、月度和每週的績效計劃。同時該班組羅列了一系列考核內容及對應的關鍵指標和考核標準，例如勞動紀律、安全風險控制等（如表一所示）。通過嚴格的績效考核，該班組實現了零次安全事故，並在日常檢修工作甚至在緊急情況發生時都能夠高質高效地完成檢修任務，合格率達到百分之一百。二〇一四年，該班組被評選為「標竿班組」、「安全生產先進班組」等。面對已有成績該班組沒有驕傲，反而對自己提出了更高要求，在內部開展了相關學習活動，以提升自身的創新改造能力。該班組不菲成績的取得，離不開揚州供電公司完善的績效管理

系統。可見，持續改進的績效管理系統為現代新藍領工人樹立匠心精神、提升創新意識、實現自我價值提供了良好的秩序和氛圍，是新藍領工人不斷前進的驅動力。

2. 以任職資格體系為核心的職業化行為評價體系

古人云，「術業有專攻。」職業化行為評價體系的建設是提升中國藍領工人職業素養的必然要求，也能有效彌補中國藍領工人在技能方面的缺失。對藍領工人來說，職業化行為評價體系主要包括職位說明書、任職資格標準、任職資格等級制度、職業發展計劃等方面，並輔以考試認證。

揚州供電公司的每個崗位均有詳細的職位說明書及相應的任職資格標準、等級制度（如中級工—高級工—技師—高級技師）等。此外，揚州供電公司建立了系統的職業發展路徑。例如，為培養優秀的新藍領工人，揚州供電公司開展了「梯次培養計劃」，幫助新員工完成從新員工實習到技師認證的成功轉變。揚州供電公司的職業發展體系為每一位藍領工人設計了獨特的、符合其自身特點的職業發展計劃，有效改變了現階段中國藍領工人職業迷茫的現狀。

3. 員工基本行為規範與員工守則

員工的行為是企業價值觀的直接體現，制定合理、易實行的行為規範和守則是落實企業文化的關鍵。將工作每一個細節做到極致，愛崗敬業，是現階段中國藍領工人所缺乏的「精緻匠心」的精神。揚州供電公司針對不同崗位的員工，都設置了一系列的基本行為規範及守則，如崗位道德規範、安全生產管理標準等，以保證公司各部門互相協調、共同發展。以二次系統檢修班為例，該班組為了保證工作質量，追求完美的目標，將工作流程中每一個細節都列入「指導書」、「規範」等固化下來，以達到卓越的標準。

該班組工作流程中明確提出在對新建變電站進行二次設備安裝調試作業時，要嚴格按照《生產技術改造工作管理標準》、《電力系統二次迴路控制、保護裝置用插箱及插件面板基本尺寸系列》等規範的要求操作，使工程質量百分之一百達到《電氣裝置安裝工程施工及驗收規範》的要求。二次系統檢修班組以實際行動落實「精緻匠心、創新求實」的發展理念，為自身的發展奠定了堅實的基礎。除此之外，該班組還要求定期清理所轄衛生區的環境衛生、物品管理要與定置圖相符等，從一點一滴培養精緻匠心的價值觀。

（四）競爭機制——新時代能源藍領工人成長與提升的鞭策

企業不僅要有正向的牽引機制和激勵機制，不斷推動員工提升自己的能力和業績，而且還必須有反向的競爭機制，將不適合組織成長和發展需要的員工釋放於組織之外，同時將外部市場的壓力傳遞到組織之中，從而實現對企業人力資源的激活，防止人力資本的沉澱或者縮水。揚州供電公司作為國有大一型企業，也曾受到國有企業特有風氣和意識的影響，例如缺乏自主意識、吃大鍋飯等。為了打破「國有」頭銜對企業活力的束縛，揚州供電公司建立了崗位競爭與淘汰機制，主要包括擇優競爭上崗和技術比武兩個方面，取得了很好的效果，為其他國有企業改革樹立了成功的典範。

1. 制定競聘上崗制度，培養競爭意識

競聘上崗是市場經濟對企業的內在要求，通過與激勵機制的相互配合，激發員工的工作積極性，提高員工的創新能力。揚州供電公司依據「能者上、庸者下」、「人人平等」等原則，組織各領域考官對員工進行考核，以德、才、能、識、體的標準全面衡量選拔員工。

揚州供電公司從新員工實習開始抓起，培養員工的競爭意識。例如《新進大學生轉正定級考核實施細則》指出，新進大學生完成入職培訓、生產過程見習、專業崗位見習三個階段後，經所在單位就政治思想、道德品質、組織紀律、勞動態度、團隊合作、業務水平和工作能力等方面綜合評定後，實習滿一年，應參加公司組織的轉正定級考核，轉正定級考核分為轉正定級答辯和中級工技能鑑定兩個環節。對於轉正定級考核，該公司改變以往單一試卷考試模式，從綜合面試答辯、國網培訓考核和中級工鑑定三個方面（轉正定級考核成績＝面試答辯成績×百分之四十＋國網培訓成績×百分之二十＋中級工鑑定成績×百分之四十）進行考察，從而增強了員工對技能靈活應用的重視。未通過中級工鑑定考試的人員按考核不合格處理，延期轉正。

作為新員工的參考樣本，老員工的競爭意識更不能少。對已在崗人員，揚州供電公司依據崗位責任體系要求進行崗位能力考試考核。考試考核不合格，須離崗接受不少於半年的待崗培訓，培訓合格後，方可重新競聘上崗，以保證企業高效率運轉。

2. 建立比賽平台，樹立領域模範

為了切實提高藍領工人的業務技能和職業素養，中國國家電網建立了一個較為全面的技術比武平台，制定詳細競賽活動計劃，建立專題網站，完善工作例會制度，定期分析、總結相關工作，並按照工種（如電力調度自動化廠站端調試檢修員、變電站值班員、送電線路工等）開展不同種類的競賽，包括崗位競賽、技能競賽等。通過各項比賽，選拔了各領域的業務菁英和道德模範，並對其進行表彰和宣傳。技術比武平台的建立，提高了國家電網體系內各模塊的競爭意識，激活了員工的工作積極性和創新性，為公司的有效運轉提供了有力保障。

揚州供電公司不但積極參與國家電網體系內的各項比武，還在本公司內部開展以基層工作任務為內容的技術比武，授予「排頭兵」等稱號。同時，揚州供電公司建立了專利成果展示平台以及優秀班組展示間等，全面覆蓋了整個公司各個工作模塊的優秀人才，並將比武比賽結果、稱號、專利成果等與績效相結合，使這些優秀人才能在其領域內起到模範帶頭作用，更好地激發員工創新求實的積極性。

作為公司的「標竿班組」，變電二次檢修班得到了全公司的認可。揚州供電公司為變電二次檢修班設立了展示間，展示了檢修班所有成員的優秀業績，還設立了「兄弟連」稱號和「攻佔一切不可能」的口號，並設計了獨特的「兄弟連」標籤，增加了員工的榮譽感、歸屬感和忠誠度。特別是，展示間擺放了很多該班組成員的工作日記、學習感悟等，為其他班組的學習提供了切實可行的參考路徑。該班組還在內部開展了「黨員突擊隊」、「爭當排頭兵」、「向我開炮」等活動，通過內部帶頭、內部競爭、自我批評等流程，使該班組成為一個自身不斷成熟發展的成長性班組。

揚州供電公司在能源藍領工人的培育過程中積累了大量的有益經驗，探索出了一條較為成熟的、可資借鑑的藍領工人成長與提升之路。揚州供電公司以科學發展觀和科學人才觀為指導，堅持以人為本、企業與員工共同成長的社會責任準則，視人才資源為第一資源，尊重勞動、尊重知識、尊重人才、尊重創造，抓住培養、吸引、使用等關鍵環節，以能力建設為核心，以高層次人才和創新型人才培養為重點，大力開展全員培訓，提高隊伍整體素質，培養和造就結構合理、素質優良的經營人才、管理人才、技術人才和技能人才隊伍。揚州供電公司以出色的藍領工人隊伍切實保障了社會持續發展的用電需求，為促進揚州實現綠色發展、循環發展、低碳發展，做出了傑出貢獻。

四、能源藍領工人的新紀元

能源藍領工人的培育，無論對中國能源產業的升級，還是對能源企業競爭優勢的構建，都具有重要意義。通過技能素養和精神素養的培育，藍領工人可以實現自我充實和提升，開闊自身職業生涯的發展方向。

二元勞工市場理論認為，勞工市場分為上等勞工市場和次等勞工市場，上等勞工市場的工作，被看成是「好職業」，次等勞工市場的工作被稱為「壞職業」。長期以來，藍領工人處於次等勞工市場，收入水平與上等勞工市場相差較大，而且由於技術水平和職業發展通道的限制，他們很難由次等勞工市場上升至上等勞工市場。這種勞工市場分裂現象被稱為二元勞工市場。能源藍領工人培養體系的建設有助於打通二元勞工市場，為能源藍領工人創造自我提升和職業晉陞的通道，從而提高能源藍領工人在中國勞動力市場中的價值和地位。

中國國家電網揚州供電公司以中國國家電網總公司的總戰略為導向，融合揚州市整體發展理念，根據能源藍領工人的現狀，打造了獨樹一幟的能源藍領工人發展理念，即「精緻匠心、創新求實」，創建了較為完善的人力資源戰略體系和管理系統，探索出一條以創新求實為基礎的、體系化、知識化、規範化的能源藍領工人培育之路，為中國能源藍領工人的成長和培育樹立了良好的典範。

參考文獻

1. 蔡昉：《中國人口與勞動問題報告》，社會科學文獻出版社二〇〇九年版。
2. 陳濤、李廉水：〈德國高級藍領培養與培訓體系的經驗分析〉，《技術經濟》二〇〇五年第五期。
3. 蔣如意：《新生代藍領員工離職研究》，清華大學博士論文，二〇一三年。
4. 厲以寧：〈論藍領中產階級的成長〉，《中國市場》二〇一五年第五期。
5. 厲以寧：《中國經濟雙重轉型之路》，中國人民大學出版社二〇一三年版。
6. 厲以寧、孟曉蘇、李源潮、李克強：《走向繁榮的戰略選擇》，經濟日報出版社二〇一三年版。
7. 戚剛：〈高級藍領短缺與社會保障問題研究〉，《北方經貿》二〇一四年第一期。
8. 葉劍峰：〈面對廉價用工時代的終結〉，《中國人力資源開發》二〇一二年第九期。

（童光毅，國家能源局；程志超，北京航空航天大學經濟管理學院）

中小微企業政策與藍領中產階級發展
——以安徽省阜陽市潁東區為例

劉焕性、劉俊禮、劉中升

改革開放尤其是二十世紀九十年代以來，中小微企業在中國的經濟發展中的作用愈來愈大。不僅創造了巨大的社會財富，而且還成為藍領中產階級成長壯大的重要推手。①根據有關數據，截至二〇一三年三季度末，中國工商註冊的中小企業總量超過四千兩百萬家，比二〇〇七年增長了百分之四十九．四，佔全國企業總數的百分之九十九以上；同時，中小企業也貢獻了百分之五十八．五的GDP，百分之六十八．三的外貿出口額，百分之五十二．二的稅收和百分之八十的就業崗位②。這表明中國的中小微企業已成為國民經濟和社會發展的重要力量，在繁榮經濟、增加就業、推動創新、改善民生等方面，發揮著愈來愈重要的作用。中小微企業的發展壯大造就了一大批藍領中產階級，但由於農民工和普通工人與白領中產階級之間存在著收入差距，而且受教育狀況也存在著差距，因此藍領中產階級在打破階層僵化、推動底層社會向上流動等方面具有重要意義。它清楚地告訴我們「藍領」作為體力勞動者的稱號，並非永遠被定為在社會的下層，這種地位是可變的。在法治社會潮流之下，只要機會均等，只要勞動者勤於工作，努力學習，走自行創業的道路是會有收穫的。未來的前途要靠本人的努力，而並非依靠門第家庭出身和父母留下的遺產。③

作為社會主義市場經濟主體的重要組成部份，中小微企業也是當前釋放改革紅利、刺激經濟發展的關鍵領域和薄弱環節。近些年來，安徽省阜陽市潁東區根據自身實際情況，相繼出台了一批旨在促進中小微企業發展的扶持政策，為中小微企業的發展和藍領中產階級的壯大插上了騰飛的翅膀。

一、潁東區中小微企業概況

潁東區地處黃淮海平原，是阜陽的重要窗口和門戶。作為傳統的農業區，它也是國家級貧困縣（區），第二、第三產業底子薄，企業技術含量和經濟效益不高。但是它的區位優勢明顯，立體交通四通八達，是全國著名的綜合交通樞紐；物產富饒，是全國重要的糧棉油肉商品生產基地，素有「百億江淮糧倉」的美譽；勞動力資源豐富，是遠近聞名的人力資源大市；商貿物流業發達，是安徽省政府確定的皖西北商貿物流中心；煤炭資源已探明可採儲量八十多億噸，是華東地區新興的煤電能源新城。

近年來，潁東區委、區政府依託這些資源優勢和稟賦，審時度勢，大力發展食品及農副產品深加工、煤化及新型建材、機械電子、文化及印刷包裝、紡織服裝和醫藥衛材等為主導的六大工業體系，實施「三化聯動，一化優先」（即堅持新型工業化、城鎮化和農業現代化「三化」聯動發展，突出工業主導地位）的工業突破戰略，加快發展區域經濟，不斷壯大綜合實力。把促進工業發展作為推動經濟持續較快增長的第一引擎、財政增收的第一源泉、勞動就業的第一渠道，以及推進城鎮化的第一動力。以工

① 「中產階級」（Middle Class）一詞，最早出現在近代歐洲，而其作為一個社會階層的產生，則與十八世紀的工業革命有著密切的聯繫。早期的中產階級由大小不等的商業和工業資本家構成，他們對財富孜孜以求，藉以實現社會地位的提升，這些人被認為是「老式中產階級」的代表。一般而言，工業化過程中企業僱傭的從事管理和技術的人員被稱為白領，從事體力勞動的人員被稱為藍領。現在的中產階級，根據厲以寧教授的說法，中產階級不僅是一個按收入水平劃分的概念，同時也是一個按文化素質確定的概念，不能夠認為只要有錢就一定有文化素養，就會成為社會的中堅力量。藍領中產階級將愈來愈成為文化方面有修養的人，有道德修養的人。他們和白領的中產階級一樣，都將成為社會的中堅力量。

② 參見〈企業職工收入差異化問題不容忽視〉，《中國企業家報》二〇一四年三月二十一日。

③ 參見厲以寧：〈論藍領中產階級的成長〉，《證券日報》二〇一四年十二月二十一日。

業發展的地位樹立穎東的發展地位，以工業發展的形象樹立穎東的發展形象，全力打造區域經濟發展的「升級版」。

加快經濟發展的推力在企業，加快工業發展的動力在投資。中小微企業是提振縣域經濟的生力軍，也是緩解社會就業壓力的穩定器。在發展大企業「頂天立地」的同時，也要使小微企業「鋪天蓋地」。穎東區委、區政府以推進「大眾創業、萬眾創新」為基礎，全力幫扶中小微經濟發展。二〇一四年全年共完成投資一百零七億元，為中小微企業的發展創造了良好的硬件環境。截至二〇一四年年底，穎東區共有規模以上工業企業一百二十九家，其中食品及農副產品加工業三十九家，佔比百分之三十；煤化及新型建材業二十三家，佔比百分之十八；機械電子製造業二十一家，佔比百分之十六；文化及印刷包裝業十八家，佔比百分之十四；紡織服裝加工業十八家，佔比百分之十四；醫藥衛材製造業十一家，佔比百分之八。全年共完成規模工業產值一百九十億五千萬元，實現工業增加值七十一億五千萬億元，在阜陽市八個區縣裡名列第三位①。

二、穎東區中小微企業從業人員概況

隨著安徽全省各地逐步重視小微企業的發展和《安徽省人民政府辦公廳關於扶持小型微型企業健康發展的實施意見》等一系列扶持政策的出台和實施，以及中小企業公共服務平台的建設與完善，安徽省開始將小型微型企業納入中小企業扶持資金支持範圍，重點支持「專精特新」企業、產業聚落專業鎮重點企業、成長性小型微型企業及中小企業服務平台建設，小微企業不僅可以少繳稅，還能享受專項資金扶持並吸納就業的補助等，這些都進一步推動了小微企業和從業人員的發展壯大。

截至二〇一四年年底，穎東區中小微企業從業人員共計兩萬六千人，主要來源於穎東區及周邊的七個縣市區，另有來自阜陽市以外的人員約一千人，大部份是外來投資者和企業管理人員。從業人員中，年齡在十八至三十歲之間的佔總人數的百分之十九，年齡在三十一至四十五歲之間的佔總人數的百分之五十七，年齡在四十六歲以上的佔總人數的百分之二十四。

從學歷結構情況來看，具有小學文化水平的從業人員佔總人數的百分之六・二，具有初中文化水平的從業人員佔總人數的百分之五十四・四，具有高中文化水平的從業人員佔總人數的百分之二十七・八，大專及以上文化水平的從業人員只佔總人數的百分之十一・六。

從所從事的工種情況來看，食品及農副產品加工業、文化及印刷包裝業、紡織服裝加工業這些勞動密集型行業員工佔據了從業人員總數的百分之八十五左右，他們多從事技術要求簡單的操作工作，一般在上崗前由人力資源部門或企業組織，進行一到兩個星期的短期培訓後即可上崗。這些行業的檢驗檢測、企業管理及財會人員約佔本企業用工總數的百分之五，對外聯絡和行銷人員約佔百分之十左右。煤化及新型建材業、機械電子製造業、醫藥衛材製造業的員工多為技術工人，佔本企業用工總數的百分之九十以上。專業技術院校的畢業生，多從事技術含量較高的工種如產品設計、（數控）機床操作等。阜陽市中小微企業員工的平均工資大約在兩千三百元左右，而潁東區上述企業的普通操作工月薪大約為兩千兩百至兩千五百元，專業技術工月薪大約為兩千六百至四千五百元，企業管理人員月薪大約在兩千五百至四千元，與專業技術工收入水平大致相當。

從用工方面存在的問題來看，一是勞動力成本上升較快，部份中小微企業感覺壓力很大。根據調查，百分之二十八・三的企業認為當前最突出的問題是勞動力成本上升，企業成本增加。一些企業開

①參見《潁東區二〇一四年統計年鑑》。

始通過改造機械設備、增加自動化流水線或機器人來降低勞動力成本；二是企業用工出現困難。在全區納入規模統計的工業企業中，有三成多的企業用工遇到困難，其中一半是缺少技術工人。主要原因是少數高粉塵、高噪音企業，工作環境差、勞動強度高、工資待遇低，工人不願意應聘；部份需求技術工人的企業，直接從社會上招聘的人不能滿足生產需求，如果招進來培訓，對企業來說又有一定的成本和風險，這就加劇了技術工人供需矛盾，尤其是小微企業招工形勢不容樂觀。

三、潁東區委、區政府的扶持政策

潁東區始終把優化發展環境作為加快中小微企業發展的頭道工序和核心工程，嚴格按照「服務零距離、管理零收費、客戶零投訴」的總體要求，實行窗口服務制、首問負責制、一次告知制、限時辦結制、跟蹤服務制、首錯不罰制等制度，先後出台了招商引資、工業發展等一系列優惠政策，並努力打造益於興業、益於發展的良好環境。潁東區中小微企業除享受國家、省、市規定的優惠或扶持政策外，還出台了一系列適合本區實際情況的優惠政策，主要分為四類：

第一類，主要為來潁東區投資的中小微企業提供政策支持。比如《阜陽市潁東區鼓勵外來投資暫行辦法》、《潁東區引進外來投資獎勵暫行辦法》等，細化了全區產業發展、優惠政策、投資服務、政策審定、政策兌現、投資運營審查等內容，結合潁東實際，對鼓勵外來投資工作提出了具體規定，在規劃、建設及相關手續審批幫辦等方面提供優質服務。

第二類，主要在稅收方面給予中小微企業補貼或獎勵。比如《潁東區工業企業城鎮土地使用稅和房產稅獎勵辦法》、《阜陽市潁東區鼓勵外來投資暫行辦法》等，其中規定給予建成企業「三免兩減半」政策，即投產後前三年，按企業實繳稅給予同數獎勵；之後兩年，按企業實繳稅額的一半給予獎勵。

第三類，主要為中小微企業提供金融支持。比如出台了《穎東區重點小微工業企業助保金貸款管理暫行辦法》、《穎東區鼓勵企業進入全國中小微企業股份轉讓系統和區域性股權交易市掛牌交易暫行辦法》、《穎東區商貿流通扶持辦法》、《穎東區對外經貿扶持辦法》、《穎東區委、區政府關於推進工業經濟跨越發展的實施意見》、《穎東區委關於進一步促進非公有制經濟和小微企業又好又快發展的實施意見》等，並成立了穎東區人民政府金融工作辦公室、中小微企業擔保中心、穎東區東盛建設投資有限公司，這些文件或機構主要為全區的中小微企業融資提供政府擔保，或為企業進入股權交易市場掛牌融資提供幫助和獎勵。

第四類，主要是為中小微企業發展營造良好環境。比如，《穎東區紀委關於實行涉企檢查審批備案制度的通知》、穎東經濟開發區企業反映問題月報告制度等，進一步控制和規範涉企檢查行為，為中小微企業減輕負擔，營造和諧、寬鬆的發展環境。穎東區人社局還專門負責為中小微企業提供人才培訓和招聘服務，解決企業用工難問題。

四、穎東區藍領工人的境遇以及向上流動情況

穎東區對中小微企業的各項支持，再加上國家、省、市出台的多項優惠扶持政策，構成了立體式、全方位的扶持中小微企業政策框架，使全區中小微企業得到迅猛發展，效益不斷提高，企業員工從中也受益很大。比如，工資待遇逐年提高，技術工人年均收入已接近四萬元，年均增幅達百分之十以上，企業為職工交納各類社會保險比率達到百分之六十，職工生活水平得到不斷改善。據統計，二〇一四年，全區工業企業投入四十億四千萬元，進行技改、擴建工程，不斷更新換代裝備設備，改善工作環境，使職工健康狀況得到充分保障。

在企業效益提高的同時，部份企業還拿出資金開展技術培訓、技能評比和企業文化創建等活動，激勵職工鑽研崗位技術，不斷提高個人職業技能和素養，並考取必要的從業資格證書。一些企業還組織員工定期外出考察和旅遊，在學習同行業先進技術的同時，也讓職工在心理上感受到企業的人文關懷，增強員工對企業的認同感。目前全區特殊技術崗位從業人員持證上崗率達百分之一百。二〇一四年專利申請量兩百七十七件，同比增長百分之三十七；授權量兩百四十六件，同比增長百分之六十。

根據近三年來的統計，每年都有一百四十名左右的企業職工因為工作業績突出或專業技術精湛而走向了企業中層管理崗位，有超過三百名的職工被本市、本省或外省的企業高薪挖走，有兩百名以上的職工利用業餘時間在職業技術學院或電大學習，並成為企業的業務和技術骨幹。區政府也在加快制定和實施讓技工富起來的方略，以應對世界性新產業、新技術、新工藝的變革，在加快「中國製造」向「中國創造」的轉換之中，造就以技工為主體的中產階層。這種向上的成長和流動性，正如厲以寧教授所講的「意味著『金字塔形』的收入分配結構正在向『橄欖形』或『雞蛋形』的收入分配結構轉變，這是符合發展規律的。」①

五、思考和建議

潁東區藍領中產階級人數增長速度較快，在過去的十年間，由原來的個別現象發展到現在的近兩千人，但是放到全區六十五萬人口裡，大約只佔全區人口的百分之〇・三，所佔的比重仍然偏低。而且藍領中產階級的職業構成比較特殊，只分佈在一些特定的行業，比如菸草、電力、機電、煤炭、石油等。特別是在煤化及新型建材業和機械電子製造業的藍領中產階級佔了全部藍領中產階級人數的百分之八十以上，分佈極不均勻。再加上由於當前用工較為緊張，雖然潁東區地處千萬人口大市——阜陽市，每年都有兩百六十多萬人在外打工，但阜陽市本地反倒成為勞動力資源稀缺的地區。為了能正常生產，部份中小微企業只能將一些年齡偏大、文化水平相對較低的人員招進來，並付出相對較高的薪酬待遇，才能留住工人。為推進潁東的經濟社會發展，不斷壯大藍領中產階級的隊伍和實力，現提出以下幾點建議：

一是保持經濟穩定健康發展。經濟的發展是擴大中產階級人數比重的根本，只有經濟發展了才能從總體上提高居民收入，提供更多就業崗位。未來發展方向上應該以提高居民可支配收入為準，而非以GDP增長率為評價標準。潁東區資源稟賦優勢明顯，今後除了著力抓好食品加工、印刷包裝兩大優勢產業，加快食品工業園、省級文化產業示範區建設，扶持壯大骨幹企業之外，還應運用先進技術改造傳統產業，做大做強醫藥衛材、紡織服裝產業，爭創知名品牌，加快培育電子信息、機械裝備製造等科技型產業。特別是應充分發揮潁東區方圓一百五十公里有五千萬人的優勢，大力發展生產和生活類服務業，提高產品的附加值和企業的經濟效益。目前，阿里巴巴潁東產業帶已經上線運營，這是阿里巴巴在安徽建立的第一個縣域性產業網絡銷售平台。該平台充分整合潁東及周邊地區農產品、食品加工、印刷包裝、醫藥衛材、機械電子等優勢企業，將潁東製造和潁東品牌的優質產品作為重點在全國進行推廣，有力推動潁東傳統企業觸網轉型，加快潁東電子商務建設步伐。此外，阜陽電商快遞產業園也正在建設之中，該園是潁東區人民政府與阜陽市交通局、阜陽市郵政管理局共同引進的一家現代郵政物流園區，對進一步整合快遞產業資源、建立公共物流平台、支撐電子商務發展、打造皖北快遞集散中心具有重要意義。園區立足服務阜陽市民、大型商圈、批發市場、專業市場和各經濟開發區，輻射皖北、豫東南，

①參見厲以寧：〈論藍領中產階級的成長〉，《證券日報》二〇一四年十二月二十一日。

為商品貿易、電子商務、產品製造企業提供運輸、配送、倉儲等服務，兼顧市縣、城鄉物品快速交換等功能於一體。①預計到二〇二〇年，園區從業人員將超過三千人，其中新增就業崗位一千人，業務收入將達到八億元，對潁東經濟發展的推動和潛在引領作用很大。

二是優化產業結構，穩步推進城鎮化。在國家產業結構轉型升級的大形勢下，潁東區也應繼續通過投資補貼、加速折舊、稅收減免、提供長期政府貸款和優惠利率等措施，傾斜扶持主導產業，以市場為導向，引導小企業主動進行戰略性調整。淘汰落後產能、工藝、技術和設備，加強主導產業分行業規劃和指導，推動工業產品結構由初級為主向中高端和高附加值轉變，產業結構由原材料為主向高加工度轉變，發展新型環保產業，堅持走新型工業化道路，促進傳統產業升級，提高高技術產業在工業中的比重，發展方式由資源消耗為主向創新主導型轉變。積極發展節能工業，增強節能減排的緊迫感、危機感和責任感，盡快走出能耗高、經營粗放的生產方式，走上綠色經濟發展軌道，從而促進產業結構不斷轉型升級。引導小微企業與大中型企業聯盟，在共同發展過程中通過向小企業提供技術和進行管理技術培訓，解決小企業缺技術、缺人才的問題。只有在產業發展的基礎上，城鎮化才會有堅實的基礎，才不會出現「空城計」和農民「被上樓」的現象，才能使更多的進城農民實現「市民化」。②截至二〇一四年年底，潁東區的城鎮化率還不到百分之五十，還有著很大的推進空間，在此過程中，應注重大力解決就業問題。包括進一步調整產業結構，加快發展第三產業，比如教育、文化、傳媒、旅遊、餐飲娛樂休閒等行業，同時加大出台優惠政策促進中小微企業發展，鼓勵創新、鼓勵創業，使城鎮化建立在產業基礎上，形成堅實的產業支撐。

三是努力擴大非工資性收入。鼓勵資本、技術、土地、廠房等生產要素參與收入分配。資本、技術、土地、廠房是與勞動力一樣重要的生產要素，要改變人們只重視勞動不重視資本、技術、土地、廠房的偏見。它們作為生產要素，在生產中也發揮著不可替代的作用，因而也應參與分配，實行按勞分配與按生產要素分配相結合。也就是說，人們不僅可以用勞動參加分配，也可以用資本、技術、土地、廠房等生產要素參加分配獲得收入。國家不僅要保護合法的勞動收入，也要保護合法的生產要素收入，以擴大中產階級的收入來源。潁東區有二十多萬人在外打工，有三百多名千萬元以上資產的富裕人群，應採取各種支持措施，鼓勵他們回鄉創業或投資家鄉。同時，潁東區有一大批在國企、外企和大型民營企業從業的技術骨幹，應鼓勵他們在遵守知識產權保護法的前提下，以高精尖技術入股家鄉的中小微企業，提高企業的競爭力，增強藍領中產階級的知識技能和個人收入水平。

四是完善社會保障制度，解除藍領中產階級的後顧之憂。在稅收上適度提高個稅起徵點，減少對藍領中產階級的徵稅額度，使其有更多可支配的收入。加快城市基礎設施建設，推進城鄉公共服務的一體化建設，增強城市對藍領中產階級的容納力，推進農民工住房等福利保障體系建設，在教育、醫療、養老等方面，切實解決民眾關心的涉及自身切身利益的問題。特別是在潁東這樣的國家級貧困縣（區），政府更應努力擔負這方面的責任，盡可能地減少藍領中產階級的支出，以提高其可支配收入。因為藍領

①據統計，阜陽順豐、匯通、韻達、申通、宅急送、全峰、圓通等多家快遞企業已經在阜陽建立快件中轉分撥中心，部份快遞企業總部計劃在阜陽建設分撥中心，其中順豐快遞企業計劃在阜陽建立順豐優選淘寶基地。阜陽電商快遞產業園建成後，初步確定上述多家快遞企業將以分撥中心的形式分批進駐快遞產業園。

②據中國國家統計局發佈的數據，改革開放以來，中國城鎮化水平已大大提高，從一九七八年的百分之十八提高到二〇一四年的百分之五十四・七七，但仍低於百分之七十五的發達國家水平。繼續推進城鎮化，讓更多的人進入城市，使進城農民工變成市民，是改變弱勢群體家庭代際複製、促進底層農民工向藍領中產階級流動的重要途徑。參見中國國家統計局：〈二〇一四年中國城鎮化率達到百分之五十四・七七〉，中國經濟網，二〇一五年一月二十日。

中產階級的快速成長不僅要依靠其自身的努力，也要依靠政府良好政策的支持和引導。另外，企業也要改善策略，留住員工、留住人才。除採取一般的諸如增加工資、獎金，持有公司股權、期權以及提供特殊福利待遇等策略以外，還要創新企業人力資源管理的體制機制，設定正確的戰略目標，建立完善的激勵制度，公正地評價每位員工，公平地給予報酬，讓良好的激勵制度在公司內部生根發芽。

五是注重職業技能培訓，提高從業人員素質。人的知識總是有限的，但新技術、新工藝的出現卻是不斷的。有些員工離職和跳槽，就是因為他們在企業中沒有培訓和持續提高的機會。如果不跳槽，長此以往，也就等於喪失了生存的能力。因此應當建立與產業發展相適應的職業技能教育培訓體系，解決對農民工職業技能培訓的激勵問題，增強農民工的職業競爭力。就穎東區內的中小微企業而言，除了讓員工瞭解企業的發展戰略、規章制度、企業文化、市場前景，以及如何節約成本、控制支出和提高效益外，更重要的是要讓員工熟悉和掌握自己的崗位職責和崗位技能，能按計劃、按流程、按標準、高質量地完成自身所承擔的工作。同時，強化企業創新主體培育，擴大藍領中產階級群體。設立創新發展基金，扶持優勢成長型企業和小微企業的發展壯大，支持企業自主創新、創優品牌、提升發展空間。小微企業的發展壯大，新行業的健康成長，不僅會給本企業原有藍領工人帶來更多的培訓與提升機會，更為一些從事技術、管理及行銷的工人提供更大的晉陞空間，從而為藍領中產階級的壯大提供有利條件。

參考文獻

1.〔美〕艾倫：《中國夢——全球最大的中產階級的崛起及其影響》，孫雪、李敏譯，文匯出版社二〇一一年版。
2.刁鵬飛：《中產階級的社會支持網》，社會科學文獻出版社二〇一〇年版。
3.〔英〕勞倫斯·詹姆斯：《中產階級史》，李春玲、楊典譯，中國社會科學出版社二〇一五年版。
4.李春玲主編：《比較視野下的中產階級形成》，社會科學文獻出版社二〇〇九年版。
5.厲以寧：《中國經濟雙重轉型之路》，中國人民大學出版社二〇一三年版。
6.厲以寧、吳敬璉、周其仁等：《讀懂中國改革：新一輪改革的戰略和路線圖》，中信出版社二〇一四年版。
7.厲以寧、吳敬璉、周其仁等：《讀懂中國改革二：尋找改革突破口》，中信出版社二〇一四年版。
8.厲以寧、吳敬璉、周其仁等：《讀懂中國改革三：新常態下的變革與決策》，中信出版社二〇一五年版。
9.〔瑞典〕洛夫格倫、弗雷克曼：《美好生活：中產階級的生活史》，趙炳祥、羅楊等譯，北京大學出版社二〇一一年版。

（劉煥性，全國政協經濟委員會；劉俊禮，安徽省阜陽市潁東經濟開發區；劉中升，對外經濟貿易大學國際經濟貿易學院）

中小企業發展與新藍領階層——打造新藍領大學城

張全升、林淑君

一、引言

中小企業，尤其是規模以下企業，是中國最具活力、數量最大的企業群體，在推動中國經濟增長、增加稅收、促進社會就業、改善民生等方面起著重要作用。二〇一四年統計數據顯示，中小企業佔中國工商註冊企業的百分之九十九，提供了百分之八十的城鎮就業崗位，創造了百分之七十的發明專利，其產值和利潤分別約佔百分之六十和百分之四十。專業型技術人才對中小企業的發展起著重要作用，他們加快了產業的優化升級，提高了企業競爭力，推動了技術的創新。

中小企業的發展，尤其是科技型中小企業，促進了新藍領階層的發展。「新藍領階層」指的是，參加過系統性的培訓，具備一定的技術水平，並且擁有較為豐富的相關職業經驗的人群，他們一般工作、生活在二線（或以上）城市，是維護著城市日常運轉的基層工作者，包括快遞員、保安、房地產經紀人、銷售、美容師等職業，也涵蓋了部份基層白領工作者，但不包括傳統的建築工人、工廠工人等。首先，中小企業的發展為新藍領階層提供了大量的工作崗位，網購催生了快遞員等新興職業的發展，E—保潔、E—美容等類型的互聯網公司整合了各方資源，為新藍領階層提供了更多的工作機會；其次，中小企業的發展促使有技術的新藍領階層的工資不斷提高，甚至有部份藍領收入已經超過了白領階層，為新藍領階層步入中產階級提供了條件。

新藍領階層的發展促進了中小企業的發展。一方面，新藍領作為消費者，具有廣闊的市場前景，新藍領階層不僅僅關注衣食住行，也更加重視生活品質，願意花錢娛樂、學習充電等。新藍領的人口以及消費能力遠遠高於白領，但是市場上針對藍領階層的品牌卻寥寥無幾，市場缺口巨大。隨著新藍領的崛起，圍繞新藍領的各種創業產品肯定會爆發。另一方面，新藍領階層的發展能夠源源不斷地為中小企業輸送技術人才。有關資料表明，在中國數千萬技術工人中，高級工只佔百分之三・五，技師和高級技師更是稀缺，而發達國家的高級工比例將近百分之四十，中國還有很大的上升空間。新藍領階層的發展能夠為企業提供高級技術人才，緩解企業「用工荒」現象。

中小企業與新藍領階層之間互相促進，共同發展，而新藍領階層的發展，最重要的是對其進行職業教育培訓。為藍領階層提供良好的職業教育，不僅能夠提高藍領的收入水平，提高其消費能力，還為中小企業提供了技術人才，促進了中小企業的發展。

二、中小企業與新藍領階層

（一）中小企業的發展促進了新藍領階層的崛起

中小企業的發展促進了新藍領階層的崛起：第一，中小企業的發展催生了新的工作崗位，提供了更多的就業機會。網購的快速發展催生了快遞員、網店攝影師、網店裝修師、網絡砍價師等新職業，這些新職業的月收入頗為可觀，為藍領階層提供了更多的工作崗位。互聯網的發展還為更多的藍領提供了低成本的創業機會，只要一筆不高的初始資金便可在網上開一家網店，自己當店主的同時，還能促進更多的人就業。中小企業的發展使更多的新藍領階層有機會步入中產階級。

第二，為新藍領階層提供信息平台，減小信息的不對稱。隨著互聯網的發展，更多的中小企業借助「互聯網＋」的優勢，創建了E—保潔、E—美容、E—按摩等形式的公司，為新藍領階層提供了很好的就業平台。這些企業借助互聯網的優勢，直接面對消費者，在使更多的人有機會享受上門服務的同時，也為更多的藍領階層提供就業機會，減少信息的不對稱性。

第三，拓展新藍領的交友圈，提高其生活質量。絕大部份新藍領背井離鄉，在陌生的工作環境下，交際圈狹窄，缺乏朋友，因而手機上網便成為新藍領們認識朋友、獲取信息等最方便的途徑，百分之三十新藍領的日均手機上網時間超過了五小時。他們通過手機上網，在「同鄉」、「同城」等圈子裡找到了朋友。這些中小型互聯網企業的發展，使得新藍領在擴大其社交圈的同時還能相互交流工作經驗，分享就業信息。

由此可見，中小企業，尤其是科技型企業的發展促進了新藍領階層的崛起，在為新藍領提供更多就業機會，提高其工作收入的同時，還能提供交友平台、信息平台，提高其生活質量。

（二）新藍領階層的發展

1. 新藍領階層的現狀

新藍領階層是中國經濟堅實的基礎，他們正經歷著中國經濟的轉型，從事服務行業的新藍領不斷增多，與城市的發展也更加緊密。二〇一五年上半年，新藍領階層的平均月薪達到三千一百六十三元，比二〇一四年的三千零三十三元增長了一百三十元，增長比例為百分之四・三，略高於二〇一四年全國居民消費價格指數（consumer price index, CPI）增長幅度百分之二。雖然新藍領階層的收入不錯，但他們往往面臨著較高的工作壓力，缺乏社會保障。半數以上的新藍領一周工作時長超過五十小時，五分之一的人每天工作超過十小時。只有百分之四十二・六七的新藍領與僱主簽訂了勞動或勞務合同，而一半以上的新藍領沒有簽署相應的勞動合同，這使得他們難以通過法律維護自己的合法權益。①

與傳統產業工人不同，大部份新藍領進城不再僅僅為了生存，而是希望通過自身努力來獲得更好的工作和生活條件，成為真正的城裡人。但是落戶、社保養老、子女教育等問題，使得新藍領群體很難扎根城市，使其成為城市的邊緣人群。新藍領階層由於學歷較低，每天重複單一的工作，缺乏職業培訓機會，很難獲得上升通道，垂直流動渠道狹窄。新藍領階層如果想要提高收入，獲得晉陞空間，融入城市生活，必須要不斷提高自己的專業技能，接受職業培訓。

2. 新藍領職業培訓的需求

職業技能既是新藍領階層高薪的敲門磚，卻也是希望獲得職業發展的新藍領們的絆腳石。新藍領階層是否能獲得高薪，不是取決於其背景或者學歷，而是更多地取決於其職業技能。在二〇一二年大谷打工網針對基層打工者的一項調查中，對於「你最想參加的技能培訓」中，有百分之十八的參與者選擇了花式調酒，排在其後的為西點製作（百分之十）、服裝設計與裁剪（百分之九）、美甲培訓（百分之九）、化妝造型（百分之九）、蛋糕設計（百分之八）等。但剛參加工作的新藍領階層，沒有什麼積蓄，難以為自己的職業規劃投資。關於「願意為職業技能培訓支付多少費用」的選項中，百分之三十四的參與者選擇「五百零一至一千元」，百分之二十七選擇「一千零一至三千元」，願意支付三千元以上的只有百分之十九，還有百分之十三選擇五百元以下，剩下百分之七不願意支付費用。②

當今社會的競爭日益激烈，新藍領階層如能利用業餘時間來學習並掌握新的技能，不僅有助於提升

① 數據來源：二〇一四年，趕集網和北京大學媒介與市場研究中心一項針對三十六個城市的五萬八千六百八十一份問卷調查。

② 數據來源：二〇一二年大谷打工網在全國三千八百五十九名基層打工者中做的一項調查。

其競爭力及薪酬水平，還有助於抵禦外部風險。時機成熟的時候，他們也更有機會開拓自己的事業，創建自己的公司。只要新藍領階層肯努力、肯吃苦，他們可以通過參加職業技能培訓來考取相關的資格證書，如調酒烹飪、保險代理、計算機、財會、服裝設計等，以此來提升自己的工作能力，提高其職業競爭力。但是大部份新藍領階層往往缺乏學習技能的機會，他們不知道哪裡能學到他們想要的技能，而且有些技能學費高昂，令很多新藍領們望而卻步。

3. 目前職業培訓的不足

中國目前的職業培訓遠遠不能滿足新藍領階層的需求。

第一，職業培訓與企業實際需求相脫節。目前中國的職業培訓機構主要是由院校或企業創辦，院校培養的方式缺乏實際操作訓練，而企業創辦的方式缺乏理論知識，且只能滿足小部份人的培訓需求，即使是院校與企業合辦的培訓機構亦不能兼顧企業的實際需求。培訓教材的滯後，培訓內容與實際工作的脫節，造成了一方面企業找不到合適的新藍領工人，另一方面新藍領工人找不到合適的工作，「用工荒」與失業現象並存。

第二，培訓機構魚龍混雜，缺乏系統性。二〇一二年，職業技術培訓機構共十二萬九千四百四十七所，教學班共五十三萬兩千九百八十三個[1]，這些培訓機構五花八門，如果不能給結業者提供統一標準的執業證書，在對培訓機構的好壞缺乏統一認識的情況下，新藍領階層往往無從選擇，而且這些機構對每一類工種的培訓也缺乏統一的標準，更缺乏針對新藍領職業發展的培訓體系。

第三，培訓費較高，缺乏統一的收費標準。一些新藍領階層，尤其是新參加工作的新藍領無法承擔培訓費用，因而只能從事體力勞動等不需要技能的工作。一些待遇較高的工種培訓費用高昂，使得勤勞肯奮鬥的新藍領即使願意學習，也只能望而卻步了。

三、打造新藍領大學城

（一）新藍領大學城的含義

新藍領大學城是指為新藍領階層進行上崗培訓、職業進修等培訓的地方，初入職場或者剛到城市打工的農民工可以先進入新藍領大學城，選擇自己想要從事的行業進行上崗培訓後再進入職場；已經參加工作的新藍領為了獲得更好的職業發展，提升自己的職業技能，也可以進入新藍領大學城進修。

之所以稱之為新藍領大學城而不是職業學校，一方面是為了消除社會對職業學校的歧視，另一方面是說明這個學校的「大」。新藍領大學城包括了各行各業的不同工種，方便跟不同企業合作，簽訂協議，按照企業的需求培養員工，也方便想要從事不同行業的新藍領進入大學城，根據企業的需求學習不同的技能。同時也說明新藍領大學城的名氣大，任何企業招聘員工首先想到去新藍領大學城簽約、預定，而新藍領階層尋找工作或者需要培訓時首先想到的也是進入新藍領大學城。

（二）新藍領大學城的特點

1. 辦學目的

新藍領大學城的主要辦學目的是為了促進中小企業與新藍領階層的共同發展，壯大藍領中產階級隊伍。一方面，滿足新藍領階層接受職業培訓的需求，提高其職業技能，使新藍領階層獲得高收入

① 數據來源：中華人民共和國教育部。

的工作機會，提高其升職空間，壯大新藍領中產階級隊伍；另一方面，新藍領大學城為中小企業培養高技能員工，降低了中小企業的培訓成本，緩解了中小企業的「用工荒」現象，提高了其經濟效益。

2. 校企合辦，政府支持

新藍領大學城的建立離不開政府的支持，新藍領大學城的創辦可以為中國培養新人口紅利，緩解人口老齡化問題，提高新藍領就業率等，政府應大力支持新藍領大學城的創辦，並且給予政策支持，如劃撥土地、提供資金、降低與新藍領大學城簽約企業的稅負等。

新藍領大學城最重要的辦學方式是校企合作，簽約後的企業根據自身的需求，制訂用工計劃，包括需求時間、需求人數、需求工種以及具體技能要求。對於十分特別的技能，培訓後只能去該企業或少數企業工作的情況，企業需要提交一定的押金，如果企業履行承諾，聘用員工，則押金全部退回，如企業改變主意，則押金全部交給接受培訓的新藍領，作為補償。在培訓期間，企業可以進行參觀、監督，培訓後，可以對接受培訓者是否勝任企業工作進行考核。

新藍領大學城除了全職教師外，還可以聘請優秀企業家、高級技工等作為兼職教師，參與教材、培訓手冊的編寫，傳授相關經驗以及最新技能。理論導師與實踐導師相結合，滿足新藍領的理論知識與實踐知識的需求，適應企業的實際需要，為其後續發展打下扎實基礎。

3. 學科設置

新藍領大學城的學科設置可以按照行業、工種來進行。按照不同的行業、不同的工種相應地設置不同的學科。針對企業的實際需求，對每一工種的具體技能要求、培訓標準，制訂培訓手冊，並不斷更新。企業可以根據培訓手冊，也可提出相應要求。學校嚴格根據培訓手冊以及企業的特殊要求進行培訓，培訓結束後，按照培訓手冊中的具體要求給每位培訓者評分。

4. 學分可轉

學分可轉指的是，新藍領大學城的某些培訓課程的學分可以相應地按照一定標準轉化為普通大學的學分，使更多人願意進入新藍領大學城就讀培訓。目前社會普遍對職業技術學校存在某種程度的歧視，就讀職業技術學校往往意味著與普通大學絕緣，導致很多學生不顧自身發展、社會需求，一味地進入普通大學，最後普通大學人才過剩而高級技術性工人缺失。如果新藍領大學城學分可轉，很多學生在沒有確定未來職業發展方向的時候願意先去新藍領大學城就讀，將來改變主意，在新藍領大學城就讀的學分也能靈活轉化為普通大學的學分。

學分可轉使更多的人在選擇學校、專業的時候能夠更加理性，兼顧自己的實際情況以及社會需求，而不是盲目扎堆。學分可轉後，使暫時沒找到工作的人更願意先進入新藍領大學城進修，學些實用技術；使對學校的選擇更加趨於理性，而不是僅僅考慮學歷；也使得進入新藍領大學城就讀的學生、工人有機會就讀普通大學，靈活改變其培養模式。

5. 教學模式多樣化

為了滿足不同的教學需求，新藍領大學城的教學模式也採取多樣化，有傳統授課形式、實踐操作形式、實習制、案例教學、網絡課程等形式。針對不同的教學內容設置不同的教學模式。一些理論課程可以按照傳統的授課形式，而具體的工作內容可以根據不同的工種設置實踐操作課，有些還可以安排上崗實習。一部份課程還可以通過網絡教學，方便一些沒有時間、沒有條件來學習、培訓的新藍領通過網絡學習，不論是手機還是電腦，十分方便，使更多的人有機會接受職業培訓。以最優學習效果為前提，滿足企業和新藍領階層的實際需求，以此來選擇最優的教學模式。

6. 減少企業與員工的信息不對稱

新藍領大學城還能作為信息平台，降低企業與新藍領階層的信息不對稱。傳統的職業培訓忽略了企業的實際需求，造成失業與「用工荒」的現象同時並存。而新藍領大學城通過與企業簽訂合同，瞭解企業的用工計劃，瞭解企業需要的工種以及數量，從而有針對性地進行培養，不會盲目；此外，新藍領大學城也比較清楚員工的實際需要、工作能力以及掌握的技能，給員工推薦企業的同時，也為企業推薦員工。新藍領大學城還能監督企業與新藍領們簽訂合同，為新藍領們爭取醫療保險，保障新藍領階層合法的社會權益，使更多的新藍領階層能夠有機會扎根城市。同時新藍領大學城也為企業輸送各種合格的技術工人等，為其提供上崗培訓以及後續培訓。

（三）新藍領大學城的培養類型

1. 上崗培訓

初次參加工作或者剛從農村來到城市打工的待業人群可以先到新藍領大學城參加上崗培訓。報名後先參加職業選擇培訓，先瞭解各行各業的大致工作內容、工作性質以及培訓要求，再根據自身的特點，選擇合適的工種，參加上崗培訓。上崗培訓的培訓時間短，實踐性和針對性強，培訓後可直接上崗工作。選擇與企業簽訂合同的工種的新藍領，在企業考核通過後，可直接進入企業參加工作。上崗培訓週期短，流動性高，受眾廣。

2. 培訓、進修

這類型的培訓主要是針對入職後進修的，可以接受新藍領個人報名或者企業集體報名。新藍領參加工作後為了獲得更高的收入以及晉陞機會，往往有著進一步培訓，提升自己的需求。考慮到這部份藍領通常是在職培訓、進修，這類培訓的時間彈性較大，可以選擇晚上或者週末，有些還可以通過網絡教學。作為個人報名的新藍領可以根據自己的職業發展需要，選擇合適的課程，掌握更多的技能；而企業為員工集體報名一方面是為了留住人才，另一方面是出於更新、提高員工技能的需要，因而可以根據新藍領目前從事的工作，按照培訓手冊，進行進階培訓。

3. 職業教育

這部份的職業教育主要針對系統性的職業學習，學習時間較長，一般為兩到三年，前兩年先學習基礎理論知識，後一年針對企業的實際需求，進行實踐操作、有針對性的上崗培訓。職業教育的學分可轉，方便學員未來改變職業方向，使更多的人願意進入新藍領大學城學習。這類職業教育目的是為了培養各行各業的高級技術人才，這部份新藍領的專業知識更加扎實，經過上崗培訓後能夠快速掌握工作技能，工作幾年後的晉陞機會相對於其他新藍領也更多些，只要努力奮鬥，他們能夠更快地步入新藍領中產階級。

四、打造新藍領大學城的意義

（一）打造新藍領大學城對中小企業的意義

1. 為中小企業培訓優秀人才

新藍領大學城的建立能有效解決中小企業「用工荒」、招不到適合工人的問題。新藍領大學城與企業合作，按照企業的實際需求培養員工，從而使企業能夠快速招到技術工人，而不需要對其再進行上崗培訓，即使企業臨時擴大再生產也不怕招不到能夠快速上崗的員工。目前中國高級技工缺失，不少企業為了爭奪高級技工，不惜重金聘請，互挖牆腳，這不利於企業的長久發展。新藍領大學城還能夠接受中小企業的「訂單式」培養，針對企業的要求，對學員進行快速上崗培訓，滿足企業對員工的需求。

2. 幫助中小企業進行在職培訓、留住人才

為了使員工不斷適應新情況，提高新技能，也為了留住人才，作為一種員工福利，中小企業還會對在職員工進行培訓。企業通常會邀請各類講師到企業授課，或者讓員工自由報名，然後報銷報名費等方式，這樣會導致企業培訓缺乏系統性。培訓講師由於對企業不是很瞭解，因而培訓內容也缺乏針對性，往往起不到預期的效果。而新藍領大學城與企業簽訂合同後便清楚了企業的整個用工計劃，根據企業的要求制訂系統性的培訓計劃，滿足企業上崗培訓、後續培訓等一系列要求。員工獲得了提升自我的機會，自然也更安心留在企業工作。

3. 提高中小企業的技術創新能力

技術創新能力對中小企業的發展至關重要，而技術創新研究費用高昂，中小企業不可能也沒有實力投資到技術創新的研究中。新藍領大學城相當於簽約的中小企業共同投資的技術研究中心，大學城在培訓學員的同時，不斷總結經驗，更新技能。中小企業將員工培訓外包給新藍領大學城後，由於其部份聘請的老師來源於企業或者是高級技術工人，掌握著企業最新的技術以及較豐富的經驗，並且不斷地更新其培訓內容、培訓手冊，因而新藍領大學城培訓出的新藍領往往有著最新的專業技能，並不斷推陳出新。這些將會帶入企業，提高企業的技術創新能力。

4. 提高中小企業的經濟效益

中小企業在招聘新藍領工人的時候，往往先要經過面試、錄用、培訓等環節。部份企業由於缺乏培訓經驗，導致培訓效果不理想，員工達不到企業希望的技術要求。如果企業擴大生產，還要重新經過這

一系列環節。面對員工臨時辭職，企業由於一時找不到合適的代替，往往手忙腳亂。然而，新藍領大學城的建立，則使這些情況能避免發生。新藍領大學城對學員培訓後，使員工能夠快速上崗，減少員工與崗位的磨合時間，提高員工的工作效率，因而提高中小企業的經濟效益。

（二）打造新藍領大學城對新藍領階層的意義

1. 解決新藍領階層的就業問題，提高其就業率

新參加工作或者想轉換工作的員工由於缺乏專業技能，往往不能找到理想的工作。進入新藍領大學城接受培訓後，新藍領階層能夠根據自己的需要選擇適合的培訓，快速地掌握專業技能，培訓結束之後直接進入簽約企業工作，即使沒進入簽約企業，由於已掌握相應技術，能夠快速上崗，很多企業也願意高薪聘請，提高新藍領階層的就業率。

2. 增加新藍領階層的收入水平

高級技術工人、擁有專業技能的新藍領往往是市場上的香餑餑，由於專業性人才的缺乏以及培訓機構的不足，眾多企業往往高薪聘請技術工人而不得。新藍領大學城能夠提高新藍領的專業技能，並提供在職培訓機會，提高新藍領的工作能力和效率，增加其收入水平。目前部份新藍領階層的工資已經超過白領階層。

3. 提高新藍領階層的升職機會

如果新藍領缺乏專業技能又找不到合適的培訓機會，每天從事重複、單一的工作，將會導致新藍領社會階層的固化，缺乏晉陞機會。新藍領大學城的建立在為新藍領提供各種培訓的同時，也使得其獲得晉陞的資本。隨著新藍領職位、收入的提高，新藍領階層也逐漸成為中產階級，壯大中國中產階級的隊伍。

4. 提高新藍領階層的幸福感、滿足感

新藍領大學城能夠為新藍領提供快速的上崗培訓，並滿足其後續的在職培訓，使得新藍領階層的社會地位不斷提升。接受職業培訓的新藍領階層的收入不斷提高，也有機會獲得更高的職位，享受更好的待遇，從而提高其幸福感、滿足感。新藍領階層逐漸在城市找到歸屬感，而不僅僅是城市的「邊緣人」，新藍領階層也慢慢能夠享受到中國改革開放、經濟發展的成果。

五、結論

中小企業的發展，尤其是科技型中小企業，為新藍領階層提供了大量的工作崗位，促使有技術的新藍領階層工資不斷提高，從而促進了新藍領階層的發展。而新藍領作為消費者，具有廣闊的市場前景，而且新藍領階層的發展能夠源源不斷地為中小企業輸送技術人才，促進中小企業的發展。

打造一個為新藍領階層提供上崗培訓、在職進修、職業教育的新藍領大學城，能夠為中小企業培訓優秀技術工人，並根據企業實際情況，為企業制訂培訓計劃，幫助企業進行在職培訓，不斷提高企業員工的專業技能，使企業能夠更好地挽留人才，而且還能提高中小企業的技術創新能力以及經濟效益。新藍領大學城的建立能夠有效解決新藍領階層的就業問題，提高其就業率。接受新藍領大學城的技能培訓後，新藍領階層的收入水平顯著提高，並獲得了職業晉陞機會，使更多的新藍領階層有機會步入中產階級隊伍，新藍領大學城的建立還能顯著提高新藍領階層的幸福感、滿足感。由於新藍領大學城創辦的種種益處，政府應大力支持新藍領大學城的建立，並且給予相應政策支持。

參考文獻

1. 車輝：〈「新藍領」進城不再只為生存〉，《勞動保障世界》二〇一三年第二十三期。
2. 陳智：〈「新藍領」——城市中不可或缺的力量〉，《四川省情》二〇一五年第四期。
3. 何雨、陳雯：〈藍領中產階級及其在轉型期城市中的孕育〉，《上海城市管理》二〇一〇年第三期。
4. 厲以寧：〈論藍領中產階級的成長〉，《中國市場》二〇一五年第五期。
5. 劉萬云：〈新生代農民工人力資本培育的倒逼機制研究〉，《安徽農業科學》二〇一二年第十五期。
6. 張秀芬：〈緩解民營中小企業「用工難」的思考與建議〉，《環球市場信息導報》二〇一三年第二十七期。
7. 周阿連：〈高職軟件人才培養如何應對企業需求〉，《長沙鐵道學院學報》（社會科學版）二〇一二年第三期。

（張全升，福建省海西物聯網研究院；林淑君，北京大學光華管理學院）

節能減排政策下礦區藍領工人的就業問題

——以黑龍江煤產區為例

劉海北、徐　佳

一、引言

伴隨中國經濟的高速增長，環境問題也愈來愈突出。二〇一五年二十一屆聯合國應對氣候變化大會巴黎會議召開在即，作為全球碳排放第一大國的中國，同時作為人口眾多的發展中國家，面臨著節能減排和拉動就業的雙重壓力。中國經濟的低碳轉型勢在必行。然而中國具有特殊的城鄉二元結構，當前又處在快速城鎮化和工業化的進程中，中國農業部門將有大量勞動力加入到第二和第三產業中。在此特殊條件下實施節能減排政策是否會對不同行業的勞動就業產生影響是關鍵性問題。

在環境經濟學領域，對環境保護、經濟增長和減少失業之間的關係一直是富有爭議的問題：主要觀點在於環境保護與經濟增長存在矛盾，然而經濟增速放緩會增加失業。伯曼和比（Berman & Bui, 2001）的研究認為技術改進過程中，新技術減少環境污染的同時也會產生相應的替代效應，更先進的技術意味著所需的勞動力投入會更小。海伊斯（Heyes, 2009）的研究指出，環境規制政策對所處不同行業、規模不同的企業影響存在著差異，資本密集的企業受到環境政策的影響較小。

本文在前人研究的基礎上，以中國一個省份作為研究對象，重點關注中國經濟低碳轉型與就業的關係。首先，本文利用對黑龍江省內兩個資源型城市（雙鴨山市與雞西市）和一個非資源型城市（牡丹江市）轄區的一千一百六十家企業的調研數據，建立二值選擇實證模型，嘗試分析在二〇〇五至二〇一二年間節能減排政策實施以來，企業層面的就業有哪些變化規律。結果顯示：(1) 如果企業所處行業為十五個高碳行業中，企業的就業更容易受到「節能減排」政策的負面影響。(2) 企業資產總額與員工總數兩個變量是顯著為正的，兩個變量可以一定程度反映企業的生產規模，這說明相比規模較小的企業，規模以上的企業應對減排政策的能力更強，企業的總體僱傭水平保持穩定。(3) 我們在加入企業所處地區的產業結構因素後，控制了地區因素後，高碳排企業的就業受到政策影響是顯著為負的；另外企業所處地區的產業結構因素也會影響減排政策的就業效應，在產業結構偏向重工業的城市，企業面對減排政策更容易出現就業損失。(4) 從員工數量上來看，相比低碳行業，高碳行業是吸納就業的主要部門。但是當我們將解釋變量換作企業正式員工數量時，結果卻發生了反轉，高碳行業企業的正式員工數量比低碳行業企業正式員工數量平均少六十人，我們發現高碳行業企業大量僱用臨時工人的事實，而受減排政策的影響，這部份人的失業風險更高。

其次，本文圍繞黑龍江省兩個典型城市（雙鴨山市和牡丹江市）轄區的兩千七百三十八個居民調研的數據，進行能源結構、產業結構與就業結構的對比分析。研究發現不同的產業結構會導致不同的就業結構，就業受低碳經濟政策影響的程度也不同，低碳就業的實施路徑也不同。居民問卷的數據顯示低碳政策對不同行業的就業影響不盡相同，在家庭成員就業比例方面，環保型城市牡丹江市的整體係數高於資源型城市雙鴨山市，家庭失業風險的平均承受能力更強。從分行業就業數據來看，兩個城市有一致性結論：對能源相關的採掘業、交通運輸業的負面影響最大，即高碳排行業（採礦業）藍領工人的家庭成員就業比例是所有行業中最低的，承擔失業風險的能力最弱。

接下來文章安排如下：第二節利用黑龍江省內三個城市的企業調研數據，建立計量模型，討論節能減排時期企業就業需求層面受到的影響；第三節從勞動力供給方，分析節能減排政策對居民就業的影響。最後，我們對前文主要結論進行總結，歸納本文研究結論的一些政策啟示，並指出文章的不足和可能的拓展方向。

二、節能減排對企業就業需求的影響

（一）數據來源與模型處理

這一節中所使用的數據來源於筆者關於節能減排對就業影響的企業問卷調查，此調查旨在通過以典型城市為代表，以獲得中國經濟低碳轉型過程中，勞動力市場變化的資料，為社會提供有效的信息來源，為學術研究提供系統科學的數據源，為政府決策提供科學依據。本次調研範圍主要集中在黑龍江省內三個城市，分別是雙鴨山市、雞西市和牡丹江市，此次調查共涉及一千一百六十家企業（如表一所示）：其中民營企業數量最多，為一千零五十三家，佔比為百分之九十・七八；國有企業次之，為七十七家，佔比為百分之六・六四；混合所有制企業第三，為二十二家，佔比為百分之一・九；外資企業最少，為八家，佔比為百分之○・六九。雖然各個行業企業數量的比例可能與全省情況有細微差別，但企業樣本基本能代表本省企業的基本情況。

在企業類型方面（如表二所示），本次調查涉及資源型和非資源型城市兩大類型，其主要分佈在東北的雞西市、雙

表一　企業調研的描述性統計

公司所有制	樣本數	比率（%）
國有企業	77	6.64
民營企業	1053	90.78
混和所有制企業	22	1.90
外資企業	8	0.69
合計	1160	100

表二　企業類型及分佈城市

城市類型	城市	樣本數	比率（%）
資源型	雞西市	406	35.00
	雙鴨山市	685	59.05
環保型	牡丹江市	69	5.95
合計		1160	100

鴨山市以及牡丹江市，其中資源型城市佔比為百分之九十四．〇五，而環保型城市佔比比較少，僅為百分之五．九五。考慮到本文研究的重點在於低碳轉型中的就業問題，而對減排政策最為敏感的地區是傳統重工業城市，所以在企業調研時，我們著重調研了重工業型城市的高碳排企業。

（二）計量模型、變量說明及實證分析結果

本文以中國低碳就業（企業問卷）調查中醫千一百六十個企業為樣本，分別建立二值選擇計量模型，試圖通過實證分析，對這些企業受到節能減排政策影響的發生概率之間的關係進行分析，得出模型的係數，驗證模型的穩定性，最後得出相應的結論。

1. 構建 Probit 和 Logit 模型

由於調研的樣本數量較多，每一個企業成立的時間不同，所在的行業也不同，從二〇〇五年國家實施低碳政策以來企業受到的實際影響很難通過客觀數據來證明，所以在設計問卷時我們引入了一個主觀變量。這個問題由企業的法人代表或總經理來回答，即企業的就業是否受到地方政府節能減排政策的影響。由於考察的是減排政策，這裡指的影響為負面的影響。本文將受到節能減排政策影響概率被看作是被解釋變量，將其定義為一個二元定性變量，即受節能減排影響，定義為0；當未受到節能減排影響，定義為1。我們加入的被解釋變量包括企業年齡、所在行業、就業人數、資產狀況和年均利潤。其中企業年齡根據問卷中企業的註冊時間可得，為連續變量；企業「所在行業」我們按是否屬於「高碳行業」設計成二值變量，高碳行業的劃分根據行業的完全碳排放係數來確定；「就業人數」的變量我們根據調研企業二〇一四年統計的僱傭員工總數量得出；資產狀況與年均利潤我們都以問卷填報的數據為依據。利用上述變量我們分別建立 Probit 和 Logit 計量模型，通過一系列解釋變量的觀

測值分析節能減排政策影響的概率問題。Probit 模型假定：$y_i=\alpha+\beta_i X_i$，$P_i=\frac{1}{\sqrt{2\pi}}\int_{-\infty}^{y_i} e^{-\frac{t^2}{2}}dt$，即 y_i 服從正態分佈，相應的概率值大於 0 小於 1。Logit 模型的分佈服從 Logistic 概率分佈函數，其形式是 $P_i=F(y_i)=\frac{1}{1+e^{-y_i}}=\frac{1}{1+e^{-(\alpha+\beta_i X_i)}}$，對於給定的 X_i, P_i 式表示相應的概率。Probit 曲線和 Logit 曲線很相似。兩條曲線都是在 P_i =0.5 處有拐點，但 Logit 曲線在兩個尾部要比 Probit 曲線厚。

根據表三的基本回歸結果，我們發現，各個定量變量、虛擬變量和控制變量的概率均小於 0.0500，表明變量的顯著性都非常強，模型的穩定性和可信度非常好。Logit 和 Probit 兩個不同的模型結論具有一致性，而且結果比較穩健。我們可以發現企業年齡與企業是否為高碳行業兩個變量非常顯著，而且係數為負。如果企業所處行業為十五個高碳行業中，企業的就業更容易受到「節能減排」政策的負面影響。這說明，無論是總量上限制排放的行政命令還是徵收碳稅的長期調節政策，對行業的影響範圍相同，對行業就業的擠出作用是相同的。兩種政策的不同在於，徵收碳稅作為長效機制，可以從根本上推動高碳行業轉變原有的生產方式，提高能源利用效率，最終實現產業的技術升級與綠色升級。此外，碳稅政策實施所得的稅收可以用來補貼環保產業，也可以用來促進其他行業的就業吸納，稅收政策的靈活性也更容易化解淘汰落後產能過程中的矛盾。

在表三的回歸結果中，我們還發現企業資產總額與員工總數兩個變量是顯著為正的，兩個變量可以一定程度反映企業的生產規模，這說明：相比規模較小的企業，規模以上的企業應對減排政策的能力更強，企業的總體僱傭水平保持穩定。此次重點調研的是雙鴨山市，屬於黑龍江的煤炭主產區，除龍煤集團這樣規模較大的國企以外，還有很多民營企業從事煤炭採掘與洗選，相比國有企業，存在技術落後經營不規範等問題。然而這部份企業解決了當地的就業，根據我們的結果，這部份就業又是對節能減排政策最為敏感的，所以在企業轉型與就業轉移過程中應該更加關注中小企業。

2. 加入產業結構因素的估計結果

由於我們是按照產業結構的不同來選擇調研城市的，所以調研企業的樣本中有來自重工業城市的（雙鴨山市和雞西市），也有來自環保型城市的（牡丹江市）。在表四中，我們加入是否位於資源城市這一虛擬變量，作為產業結構因素進行重新回歸。企業年齡、是否為高碳行業、資產規模、員工總數、利潤額等一系列解釋變量與之前的模型設計一致。回歸結果見表四。

與基本回歸結果一不同，表四報告了加入了新解釋變量產業結構因素的回歸結果。我們可以看到產業結構因素與企業是否處在高碳行業兩個變量是顯著為負的。這個結果進一步證實了回歸一中的結論，高碳行業的就業受到減排政策影響顯著，會出現就業損失。此外，企業所處地區的產業結構因素也

表三　基本估計結果（一）

企業就業是否受到節能減排政策的影響						
	Logit 模型			Probit 模型		
	（1）	（2）	（3）	（4）	（5）	（6）
企業年齡	-0.0308*** (-3.43)	-0.0211** (-2.35)	-0.0139* (-1.73)	-0.0168*** (-3.28)	-0.0127** (-2.38)	-0.0842* (-1.73)
高碳行業	-1.240*** (3.70)	-1.109*** (3.63)	-1.067*** (3.35)	-0.772*** (3.91)	-0.686*** (3.67)	-0.663*** (3.39)
資產額	0.0000139*** (4.52)			0.00000658*** (5.11)		
員工總數		0.000189** (2.04)			0.000115** (2.02)	
利潤額			0.000000305 (0.01)			0.000000133 (0.01)
常數項	-0.296*** (-3.12)	-0.207** (-2.26)	-0.200** (-2.17)	-0.184*** (-3.13)	-0.131** (-2.26)	-0.126** (-2.19)
觀察值 City	970 YES	1070 YES	1037 YES	970 YES	1070 YES	1037 YES

註：*、**、*** 分別表示 10%、5% 和 1% 的顯著性水平。括號內為 t 值。

會影響減排政策的就業效應，在產業結構偏向重工業的城市，企業面對減排政策更容易出現就業損失。這符合我們的預期和現實情況：一方面，現行的控制排放的政策都是總量的控制政策，全省的目標會被細分到每個城市，在目標分解過程中，排放水平較高的污染型城市會受到更多的關注，施政強度會比環保型城市更大。另一方面，產業結構單一的煤炭資源型城市，勞動力缺乏行業間的流動性，整體就業率存在系統性風險，這也是導致資源型城市企業政策敏感度高的另一個原因。

（三）穩健性實證分析

1. 企業僱傭員工數量的影響因素

我們借鑑巴雷爾和佩因（Barrell and Pain）的方法構建就業需求方程的計量模型為：

$$L_{it}=\alpha_1+\alpha_2 industry+\alpha_3 Z+\mu_i+\varepsilon_{it}$$

式中，α_1 為常數，industry 為行業分類，其為虛擬變量，當其取 0 時，表示高碳行業的企

表四　基本估計結果（二）

企業就業是否受到節能減排政策的影響						
	Logit 模型			Probit 模型		
	（1）	（2）	（3）	（4）	（5）	（6）
產業結構	-0.826**	-0.663*	-0.654*	-0.450**	-0.358*	-0.353*
因素	(-1.96)	(-1.58)	(-1.56)	(-2.06)	(-1.64)	(-1.62)
企業年齡	0.000357 (0.02)	0.00219 (0.14)	0.00575 (0.39)	0.000219 (0.03)	0.00173 (0.19)	0.00378 (0.44)
高碳行業	-0.00866** (-2.0)	- 0.217*** (-5.4)	-0.379** (-2.9)	-0.00392** (-2.0)	- 0.125*** (-5.4)	-0.224** (-2.9)
資產規模	0.00000079 (0.60)			0.00000047 (0.63)		
員工總數		0.000084 （0.57）			0.000046 （0.57）	
利潤額			0.0000059			0.0000035
常數項	2.177*** (5.42)	2.165*** (5.38)	2.159*** (5.37)	1.271*** (6.14)	1.262*** (6.09)	1.259*** (6.07)
觀測值	496	548	521	496	548	521

註：*、**、*** 分別表示 10%、5% 和 1% 的顯著性水平。括號內為 t 值。

業，而當其取1時，代表低碳行業的企業。μ_i和ε_{it}代表不可觀測的地區效應和時間效應。控制變量為Z是影響勞動收入份額差異及其變化的控制變量。根據已有文獻，我們考慮如下影響就業水平的變量：企業的年齡、企業的規模（資本規模）、年份和地區的虛擬變量等控制變量。其目的是為了討論在節能減排政策推行過程中，高碳行業的企業與低碳行業的企業在勞動力僱傭上的區別。回歸結果見表五。

通過表五我們發現，高碳行業企業的員工僱傭數量更多，平均而言，比低碳行業企業要多一百五十人左右。結論也表明，現階段從僱傭總量來看，相比低碳行業，高碳行業是吸納就業的主要部門。根據第三節的結論，對地方政府進行碳排放績效考核會減少地區高能耗行業的就業，但會增加中國中低能耗行業的就業。而本節的第一個實證結論是：高碳排行業的就業人員總數高於低碳行業的就業人員總數。這說明發展低碳經濟將減少高能耗行業就

表五　穩健性估計結果（一）

	(1) 員工總數	(2) 員工總數	(3) 員工總數	(4) 員工總數	(5) 員工總數	(6) 員工總數
礦產資源相關企業	109.7* (1.89)	136.0** (2.43)	207.3*** (3.25)	139.9*** (2.67)	158.4*** (3.09)	183.7*** (3.16)
企業年齡	51.65*** (6.92)	46.67*** (7.52)	42.69*** (6.71)	51.51*** (6.92)	46.74*** (7.51)	42.72*** (6.71)
國有企業		330.2** (2.07)	258.8* (1.65)		320.9** (2.01)	275.1** (1.76)
資產規模			0.00511*** (9.22)			0.00515*** (9.22)
常數項	62.95 (0.42)	55.33 (0.37)	1.521 (0.01)	23.78 (0.16)	26.63 (0.18)	72.37 (0.42)
year	YES	YES	YES	YES	YES	YES
region	NO	NO	NO	NO	NO	NO
觀測值	1139	1139	1035	1139	1139	1035
R-squared	0.280	0.286	0.457	0.281	0.287	0.459

註：*、**、*** 分別表示 10%、5% 和 1% 的顯著性水平。括號內為 t 值。

業、增加中低能耗行業就業，可以減少低碳轉型過程中對就業總量的衝擊，使得發展低碳經濟既可以促進就業結構的改善，又可以促進就業總量的增加。

進一步分析，我們將被解釋變量替換為正式員工總數。表六表明，高碳行業企業的正式員工數量較少，平均來看要少六十人左右。這也說明高碳企業僱用了更多的臨時工人，受減排政策的影響，這部份人的失業風險更高。

根據我們實地調研的情況發現，在煤炭主產區，確實存在大量僱用臨時工人的情況，個別企業甚至百分之八十的員工都是臨時工，有的按月計薪，有的按周按日計薪。這部份工人不享受正式員工的保險與企業年金，受教育水平普遍較低，職業選擇的範圍有限，如果不能參與採掘企業的生產只能回歸農業。然而近年來黑龍江農業現代化改革步伐很快，過去農民的自用田現在都被種植能手或是工商資本集中起來，進行機械化耕種。在經濟低碳轉型過程

表六　穩健性估計結果（二）

	（1） 正式 員工數	（2） 正式 員工數	（3） 正式 員工數	（4） 正式 員工數	（5） 正式 員工數	（6） 正式 員工數
高碳行業	-79.99** (-2.40)	-59.80** (-2.08)	-88.69*** (-3.52)	-51.81* (-1.80)	-36.64 (-1.34)	-81.57*** (-3.06)
企業年齡	48.62*** (2.61)	43.96*** (2.91)	38.94** (2.54)	48.32*** (2.59)	43.93*** (2.90)	38.98** (2.53)
國有企業		301.9 (1.17)	267.5 (1.05)		288.1 (1.11)	267.2 (1.05)
資產規模			0.00490*** (9.08)			0.00490*** (9.10)
常數項	-107.6 (-0.65)	-128.3 (-0.70)	-155.9 (-0.95)	-145.2 (-0.90)	-153.2 (-0.89)	-165.0 (-0.96)
year	YES	YES	YES	YES	YES	YES
region	NO	NO	NO	NO	NO	NO
觀測值	1035	1035	1015	1035	1035	1015
R-squared	0.106	0.108	0.172	0.107	0.109	0.172

註：*、**、*** 分別表示 10%、5% 和 1% 的顯著性水平。括號內為 t 值。

中，必然面臨小煤窯的關停和煤炭企業的合併重組，以高碳行業的臨時工人為代表的這部份勞動力的轉移與承接是需要政策引導的。

2. 低碳轉型對員工工資的影響

為了檢驗企業對工資的影響，我們引入明瑟收入函數，在明瑟收入函數中，收入的自然對數被表達成教育水平變量的線性函數和工作年限的二次函數。儘管教育水平是影響收入的重要因素，但是工作年限的作用同樣不可忽視。明瑟（Mincer, 1974）和豪斯曼（Hausman, 2004）等學者研究了工作年限二次規定是否合適，但是，除了明瑟提出用岡波茨（Gompertz）曲線代替工作年限二次曲線外，很少有學者關注收入隨工作年限變化的模式（Murphy and Welch, 1990, 1992）。在國內學者的實證研究中，工作年限二次函數被廣泛接受（賴德勝，一九九八；岳昌君，二〇〇四；馬曉強和丁小浩，二〇〇五）。工作年限二次函數在勞動力市場研究中起到兩方面作用：一方面，二次函數估計值可用於描述收入增長的橫向和縱向模式（李實和丁賽，二〇〇三），即可用於描述收入隨時間變化或用於描述同一時間不同群體收入的變化；另一方面，二次函數常被用於估算地區、行業和性別等因素對收入的影響（王海港等，二〇〇七；高夢滔和張穎，二〇〇七）。在後一類型的研究中，工作年限二次規定可以間接起到控制工作年限對收入的複雜影響的作用。儘管工作年限二次函數由於形式簡化而被廣泛接受，但是，為了使工作年限二次規定在兩方面都起作用，工作年限二次規定描述的收入剖面必須近似實際收入剖面。可是，工作年限二次規定描述的收入剖面往往與實際收入剖面不符，工作年限二次規定描述的收入剖面存在顯著偏差（王雲多，二〇〇九）。為了釐清教育水平和工作年限對收入作用程度的差別，準確估算工作年限變化對收入的影響，需要在明瑟收入函數中有效設定工作年限的形式。為了使用截面數據檢驗不同教育水平樣本的收入隨工作年限的變化，本文將明瑟收入函數做了簡化，檢驗工作年限二次規定對收入的影響。除構建由工作年限二次函數引起的偏差外，還將闡明偏差的形式，揭示出偏差形式隨不同地區變化和同一時間不同教育水平變化相對穩定的特徵，用實際收入剖面揭示工作年限二次收入剖面偏差的穩定性，並通過在工作年限二次函數中嵌入一個工作年限二次函數（嵌套二次函數），擴展明瑟收入函數，減少測量的偏差。

在明瑟收入函數中，剔除教育水平變量，可將函數形式簡化如下：

$$Wage_{it}=\alpha_1+\alpha_2 industry+\alpha_3 Z+\mu_i+\varepsilon_{it}$$

同理，式中，α_1為常數，industry為行業分類，其為虛擬變量，當其取0時，表示高碳行業的企業，而當其取1時，代表低碳行業的企業。μ_i和ε_{it}代表不可觀測的地區效應和時間效應。控制變量為Z，是影響勞動收入份額差異及其變化的控制變量。根據已有文獻，我們考慮如下影響工資收入的變量：企業的年齡、企業的規模（資本規模）、年份和地區的虛擬

表七　穩健性估計結果（四）

平均工資水平						
	OLS（1）	OLS（2）	OLS（3）	OLS（4）	OLS（5）	OLS（6）
高碳行業企業	-3992.2*** (-2.83)	-3724.0** (-2.48)	-5481.0*** (-3.58)	-3266.6* (-1.74)	-3094.8 (-1.61)	-4672.4** (-2.33)
企業年齡	84.21 (1.42)	10.08 (0.11)	-28.48 (-0.30)	81.49 (1.33)	17.54 (0.19)	-19.18 (-0.21)
國有企業		4917.4 (1.15)	4694.3 (1.12)		4306.5 (1.05)	4074.1 (1.00)
資產規模			0.0414*** (5.30)			0.0394*** (5.14)
常數項	13352.1*** (5.78)	13206.3*** (5.72)	12235.1*** (3.75)	15101.7*** (5.69)	15111.7*** (5.69)	9895.4** (2.05)
year	YES	YES	YES	YES	YES	YES
region	NO	NO	NO	NO	NO	NO
觀測值	1123	1123	1026	1123	1123	1026
R-squared	0.030	0.031	0.043	0.032	0.033	0.046

註：*、**、*** 分別表示 10%、5% 和 1% 的顯著性水平。括號內為 t 值。

變量等控制變量。通過表七我們發現，高碳行業的平均工資要低於低碳行業的平均工資。一方面與煤炭鋼鐵行業近年來整體表現不佳有關；另一方面是這些企業的就業人員中有較大比例的臨時工人，這些臨時工人拉低了企業整體的平均工資。但是企業年齡和國有企業這一虛擬變量都不顯著。資產規模與企業的工資水平呈正相關，企業規模越大，員工的工資越高。這也符合我們的預期。

總結來看，在第二部份的分析中，我們利用三個地級市的企業問卷數據，構建多個計量模型，嘗試分析在二〇〇五—二〇一二年間節能減排政策實施以來，企業層面的就業有哪些變化規律。結果表明：

(1) 當企業所處行業處於十五個高碳行業中時，企業的就業更容易受到「節能減排」政策的負面影響。這與第三節數值模擬的結果基本吻合，真實企業的調研結果很好地擬合了碳稅政策模擬的結論。這說明，無論是總量上限制排放的行政命令還是徵收碳稅的長期調節政策，對行業的影響範圍是相同的，對行業就業的擠出作用是相同的。

(2) 我們還發現企業資產總額與員工總數兩個變量是顯著為正的，兩個變量可以在一定程度上反映企業的生產規模，這說明相比規模較小的企業，規模以上的企業應對減排政策的能力更強，企業的總體僱傭水平保持穩定。

(3) 我們在加入企業所處地區的產業結構因素後，控制了地區因素後高碳排企業的就業受到政策影響是顯著為負的，另外企業所處地區的產業結構因素也會影響減排政策的就業效應，在產業結構偏向重工業的城市，企業面對減排政策更容易出現就業損失。

(4) 在分析不同行業企業僱傭員工數量時我們發現：高碳行業企業的員工僱傭數量更多，平均而言，比低碳行業企業要多一百五十人左右。現階段，從員工數量上來看，相比低碳行業，高碳行業是吸納就業的主要部門。但是當我們將解釋變量換作企業正式員工數量時，結果卻發生了反轉，高碳行業企業的正式員工數量比低碳行業企業正式員工數量平均少六十人，我們發現高碳行業企業大量僱用臨時工人的事實，也就是我們常說的藍領工人，受減排政策的影響，這部份人的失業風險更高。

三、節能減排對家庭就業供給的影響

本節主要圍繞黑龍江省兩個典型城市：以典型環保型城市牡丹江市及典型重工業城市雙鴨山市為研究對象，進行能源結構、產業結構與就業結構的對比調研，關注不同的產業結構是否會導致就業受到節能減排政策的不同影響。其中雙鴨山市是黑龍江省煤炭的主產區，鋼鐵和煤化工行業發達，屬於典型的重工業城市。而牡丹江市作為黑龍江旅遊資源最為豐富的城市之一，第三產業比較發達，是典型的環保型城市。這樣的調研設計主要目的是想對比產業結構不同、能源結構不同的城市面對低碳轉型政策時有何異同。

由於地市一級的統計年鑑對就業的統計資料非常少，尤其缺失細分行業的家庭就業數據，所以本節對兩個城市按照不同區域人口比例構成各發放了一千兩百份的居民問卷，以彌補原始數據缺失的不足。在雙鴨山市共發放一千兩百份居民問卷，有效問卷為一千一百三十六份，在牡丹江共發放一千兩百份居民問卷，有效問卷為一千零五十一份，問卷設計中除受訪者基本信息之外，還包含了許多與低碳經濟、低碳就業相關的問題，本節重點考察家庭就業比例在不同行業中的不同分佈。表八匯集了主要的人口學和社會經濟特徵數據。

從表八我們可以看出，受訪人男女比例基本持平，隨機抽樣基本不存在性別偏差。現居住地需要說明的是，中等城市指的就是雙鴨山市的四個行政區：尖山區、嶺東區、四方台區、寶山區，牡丹江市的四個行政區：東安區、西安區、愛民區、陽明區。小型城市指的是雙鴨山市所轄的四個縣：集賢縣、寶清縣、友誼縣、饒河縣，牡丹江市所轄的六個縣：綏芬河、寧安、海林、穆稜、林口、東寧。雙鴨山市區總人口為兩百零一萬四千五百二十七人，所轄縣總人口為一百零一萬零兩百八十三人，我們調查的對象有百分之七十九・三來自城鎮，百分之二十・七來自農村，基本符合當地的人口分佈。

從表八中我們還可以發現，被調查的男性與女性各佔接近百分之五十，不存在性別偏差。來自城市和農村的受訪者各佔一半，與當地城市與農村居民的人口比例相當。受訪

表八 居民問卷調查人口學及社會經濟特徵

類別	概況	結果	
		雙鴨山市	牡丹江市
問卷	回收問卷數	1136 份	1015 份
性別	男	47.8%	47.8%
	女	51.2%	51.2%
現居住地	中等城市	79.3%	46.60%
	小型城市	20.7%	53.40%
家庭規模（人）	1	6.4%	8.30%
	2	32.4%	21.90%
	3	42.7%	52.70%
	4	11.4%	11.00%
	5	6.1%	5.30%
	6 人以上	1.0%	0.80%
文化程度	小學及以下	2.9%	2.90%
	初中	12.3%	12.30%
	高中及高職 高專	18.3%	18.30%
	大學及大專	64.5%	64.50%
	碩士研究生及以上	2.1%	2.10%

類別	概況	結果	
		雙鴨山市	牡丹江市
工作行業	農、林、牧、魚、水利業	18.8%	15.9%
	國家機關、事業單位	16.3%	7.9%
	採掘業	22.0%	1.9%
	製造業	12.6%	14.0%
	建築業	3.6%	5.7%
	交通運輸、倉儲和郵政業	3.5%	5.8%
	批發、零售和住宿、餐飲業	7.1%	12.6%
	其他行業	11.4%	30.9%
	生活消費	2.7%	5.4%
家庭收入水平	二萬元及以下	3.4%	7.7%
	二萬元～五萬元	26.0%	16.3%
	五萬元～十萬元	44.2%	46.4%
	十萬元～二十萬元	20.4%	20.8%
	二十萬元～五十萬元	5.2%	6.0%
	五十萬元～一百萬元	0.7%	0.7%
	一百萬元以上	0.2%	2.2%

者從事的行業除其他行業之外，佔比最高的兩個行業是製造業和農業，符合當地整體的行業就業比例。以上幾點說明本次居民問卷調研，基本滿足隨機抽樣的原則，所收集的數據具有代表性。

接下來，我們利用問卷數據分析不同行業員工家庭失業承受能力是否有異同。我們用家庭成員就業比例來衡量一個家庭的失業承受能力，通過調研家庭在職人數、未參加工作的在讀學生數量、退休老人的數量，我們可以計算出一個家庭內部平均一個在職人員要供養多少個人，這個比例越高，家庭承受失業風險的能力越強。具體公式如下：

家庭就業比例＝家庭就業人數／家庭總人數

在總樣本下，兩個城市的家庭就業比例整體都偏高，均值分別為〇・六五三五和〇・七〇三一。雙鴨山市這一指標低於對比城市牡丹江市，說明總體來看雙鴨山市失業風險的承受能力要低於牡丹江市。

從工作行業來看，如圖一所示，我們發現牡丹江市除建築行業外的所有行業的家庭就業比例都顯著高於雙鴨山市的情況，這說明牡丹江市的受訪家庭的失業風險承受能力整體高於雙鴨山市。我們還發現牡丹江市所有比較行業中，來自採礦業的受訪者家庭就業比例也是最低的，這個結論與雙鴨山市的調研結論一致，說明無論在重工業城市還是環保型城市，採礦業藍領工人的家庭負擔都是較重的，承擔失業風險的能力較弱。

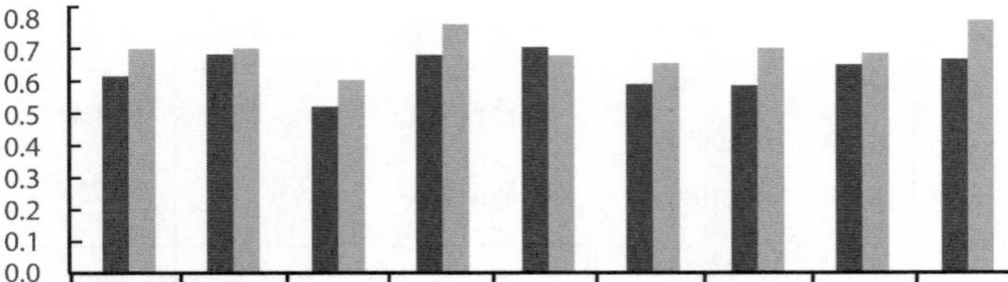

	農、林、牧、漁、水利業	國家機關、中共黨組織、事業單位	採掘業	製造業	建築業	交通運輸、倉儲和郵政業	批發、零售業和住宿、餐飲業	其他行業	生活消費
■雙鴨山市	0.622	0.690	0.529	0.688	0.712	0.596	0.592	0.657	0.674
■牡丹江市	0.706	0.709	0.612	0.785	0.686	0.661	0.710	0.693	0.795

圖一：家庭就業比例隨工作行業變化情況（兩地比較）

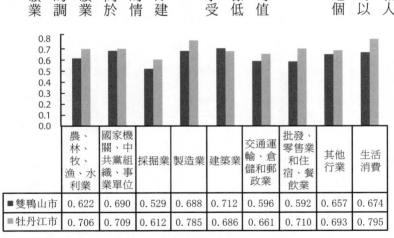

研究發現，不同的產業結構會導致不同的就業結構，不同行業員工就業受到低碳經濟政策的影響程度也不同，低碳就業的實施路徑也不同。以雙鴨山市為例，採掘業和鋼鐵行業為支柱產業，農業基礎較好，但第三產業發展滯後，應該通過發展農產品深加工和第三產業來促進就業，通過發展工業節能減排服務業實現低碳就業。而對於牡丹江市，農業GDP佔比較小，工業製造業和第三產業較發達，應該通過製造業轉型升級與第三產業結構優化來實現低碳就業。

居民問卷的數據顯示在家庭成員就業比例方面，環保型城市牡丹江市的整體係數高於資源型城市雙鴨山市，家庭失業風險的平均承受能力更強。具體到分行業情況，兩個城市有一致性結論，即高碳排行業（採礦業）從業人員的家庭成員就業比例是所有行業中最低的，承擔失業風險的能力最弱。

四、結語

隨著環境質量的不斷惡化，碳排放問題愈來愈受到國際社會的普遍關注。中國作為碳排放大國，承受著雙重壓力，一方面，中國經濟過去粗放式的增長模式，導致對環境資源的過度消耗，自然環境質量作為發展經濟的隱性成本近年來逐漸顯性化，在人均收入不斷提高的情況下，居民對於環境質量的要求也愈來愈高；另一方面，氣候問題和環境污染問題是一個世界性問題，尤其是碳排放問題，具有空間轉移的性質，中國受到國際社會的輿論壓力也在逐年增大。在此背景下，政府出台節能減排政策，引導經濟低碳轉型是必要的。

然而中國作為擁有多於十三億人口的發展中國家，正處於快速工業化與城市化的進程中，能源大量消耗的表象下還隱藏著深刻的就業問題。農業現代化會改變傳統農業的發展方式，由勞動密集型轉變為技術密集型和資本密集型，這一過程將釋放大量的農村剩餘勞動力。中國的城鎮化進程尚未完成，農村剩餘勞動力將不斷參與第二、第三產業的生產活動。與歐美發達國家相比，中國未來面臨更大的就業壓力。所以經濟低碳轉型過程中，一定要考慮就業問題，節能減排政策實施過程中，在評估減排效果的同時，避免造成大量失業也是政策的重要目標。另一方面，當前社會垂直流動渠道堵塞，職業走向世襲，勞動市場形成二元化，關注不同勞動力市場、行業勞動力受到的低碳政策實際影響，減少轉型期上等、次等勞動力需求不匹配等改革面臨的陣痛問題，都是中國勞動力市場亟待解決的問題。

目前實行的有關減排的政策呈現出由政府主導，市場為輔，公眾參與嚴重不足，減排政策以總量限制為主，缺乏對產業結構低碳化的引導機制的特點。結合本文研究結論，我們認為黑龍江地區經濟低碳轉型與綠色就業崗位的創造應該從以下幾個方面實現：

第一，產業結構的調整。產業結構直接決定了碳排放總量與就業結構。在我們的城市對比研究中發現，第二產業為支柱產業而第三產業薄弱的雙鴨山市存在減排與就業的雙重壓力，相比之下，第三產業發達的牡丹江市，在低碳轉型期就業結構更加穩定。

(1)延伸農業的產業鏈，著力發展有機農產品的深加工。黑龍江地處東北平原，農業發展優勢明顯，被譽為「北大倉」，是中國重要的商品糧基地。本文調研的雙鴨山市農業佔比和工業佔比均較高，延伸農業產業鏈，發展有機農產品深加工，可以提高農產品附加值，形成地區經濟新的增長點，承接採掘業等高碳行業的就業擠出，吸收更多的人在農產品加工業和物流方面就業。

(2)發展林業經濟，增加碳匯能力。森林具有生物固碳的功能，林業的發展水平直接影響地區的碳匯能力。黑龍江林業經營總面積三千一百七十五萬公頃，佔全省土地面積的三分之二。目前黑龍江省的林場百分之九十為國有林場，應該借鑑集體林權制度改革的經驗，將林權與林地使用權分步確權，以代表林區為試點，將林地使用權承包到戶，鼓勵林農開展林下種植與林下養殖。林農在林地種植經濟作物、開展養殖活動能提高林農對森林保護的積極性，對於保護林區的生態環境是有積極作用的。發展林下經濟合作社也可以解決農業人口的就業問題。農民放棄外出打工，實現當地就業，對緩解城鎮就業壓力有著重要作用。

(3) 高碳行業的轉型升級，實現煤炭能源化工基地循環經濟發展模式。在對以重工業為支柱產業的雙鴨山市和雞西市兩個城市調研過程中，我們發現在煤炭資源豐富的地區依舊存在無序開採的問題，小煤窯與小火電技術水平落後，能源轉化效率低下，生產出的產品質量不達標，作業過程還存在著安全隱憂，相比規模以上的煤炭鋼鐵企業，碳排放量要大得多。應該在煤炭資源集中度較高的區域建立煤炭行業循環經濟的產業園基地。

(4) 著力發展節能服務產業，實現綠色就業。節能服務產業起源於「合同能源管理」（EMCO）機制。「合同能源管理」通過與願意進行節能改造或高效管理能源的客戶簽訂合同，提供能源效率審計、節能項目設計、原材料和設備採購、施工、監測、培訓與運行管理的一條龍服務，並分享項目實施產生的節能效益。

第二，能源結構的調整。中國目前處在快速工業化與城鎮化進程中，能源需求量逐漸加大，繼續依賴化石能源必將導致碳排持續升高。並且中國重煤輕油的能源稟賦，也決定了單位能源碳排放量比一般國家更高的局面。發展清潔能源是解決能源需求與碳排放矛盾的最佳途徑。具體從以下四個方面著手：(1) 以節能為優先任務，進一步做好碳排放總量的控制。(2) 煤炭的科學開發與高效潔淨利用。(3) 在保障石油戰略地位的同時，將天然氣作為能源結構升級的重點。(4) 加大對可再生清潔能源（水能、風能、太陽能、生物質能）發展的支持力度。(5) 積極發展核電。

第三，就業促進政策。經濟發展方式的轉變是一個長期的過程，不同行業在這一轉型過程中受到的影響各異：新能源及環保產業會產生大量的就業需求，而高污染、高能耗且勞動密集型產業在轉型過程中必然伴隨著就業擠出。

另一方面，當前勞動力市場形成了上等勞動力市場和次等勞動力市場，上等勞動力市場工作被認為是好職業，工資高、福利多、學習培訓機會和逐步提拔的可能性大，而次等勞動力市場工作就被認為是壞職業，工資低、福利少、基本沒有學習培訓、向上提升的機會少。產生就業需求的新能源產業及環保產業屬於高新技術產業，對於人力資本的要求較高，屬於上等勞動力市場；而易受到就業擠出影響的高污染、高能耗的勞動密集型產業往往集聚了大量人力資本較低的藍領工人，屬於次等勞動力市場。我們通過前文居民部份的分析看到，聚集在高碳排行業的藍領工人受到低碳減排政策的負面影響最大，承受失業風險能力最弱。

而上述二元勞動力市場形成以後，一般說來，工作者又很少有機會從壞職業轉到好職業，這兩種職業之間跨市場的流動機會很少。於是，上等勞動力市場的工作者有較大可能升為中產階級，而下等勞動力市場的工作往往是終身的，沒有機會或者很少有機會升入中產階級。換句話說，白領可以成為中產階級，藍領很難做到。要想改變勞動力市場二元化，縮小勞動力市場差距，打破職業世襲化，就必須增加藍領工人家庭收入，大力培育藍領中產階級。

產業結構轉型、能源結構優化過程中會催生新的行業並創造更多的低碳就業崗位，但這一過程不是一蹴而就的，而且高碳行業擠出的勞動力也未必具備流向低碳行業的職業能力。這就需要地方政府通過機制設置與政策引導促進就業。對於如何在低碳產業結構轉型的大背景下，培育藍領中產階級，可借鑑西方發達國家的措施。就業促進主要可以考慮三種方式：

一、加強職業技術培訓，通過教育培訓等方式提高就業人員的勞動技能，讓有志進取的簡單勞工能夠得到培訓，成為技工、熟練技工。

二、通過政府、企業與社會的扶持，創造就業機會，主要包括以下幾方面內容：(1) 設立職業培訓機構。(2) 建立勞動信息服務平台，完善勞動派遣制度。(3) 扶持自主創業，給予優惠政策。(4) 完善失業保險制度。在本文第四節的研究中，我們發現高碳行業的員工總數要高於低碳行業，而正式員工的數量要顯著低於低碳行業。這說明在高碳行業中，享受相關保險和住房公積金的正式員工佔比很低，更多的企業員工是臨時工人身份，與企業簽訂的勞動合同中只包括工資性收入。而高碳行業恰恰是在低碳轉型過程中存在較大失業風險的行業，臨時工人如果被企業解僱，將得不到任何暫時性補償。針對雙鴨山這樣以煤炭、鋼鐵等高碳行業為支柱產業的城市，建立覆蓋範圍更廣的失業保險制度是必要的，實施失業保險全覆蓋可以在失業人員二次就業過程中提供必要的生活保障。

三、鼓勵技工、熟練技工創業，開設自己的小微企業，逐步富裕起來成為藍領中產階級。

參考文獻

1. 陳詩一：〈能源消耗，二氧化碳排放與中國工業的可持續發展〉，《經濟研究》二〇〇九年第四期。
2. 樊綱、蘇銘、曹靜：〈最終消費與碳減排責任的經濟學分析〉，《經濟研究》二〇一〇年第一期。
3. 李啟平：〈經濟低碳化對我國就業的影響及政策因應〉，《改革》二〇一〇年第一期。
4. 厲以寧、吳世泰：《西方就業理論演變》，華夏出版社一九八八年版。
5. 厲以寧、章錚：《環境經濟學》，中國計劃出版社一九九五年版。
6. 厲以寧、J. Warford 主編：《中國自然資源定價研究》，中國環境科學出版社一九九七年版。
7. 厲以寧：《中國經濟雙重轉型之路》，中國人民大學出版社二〇一三年版。
8. 厲以寧、傅帥雄、尹俊：《經濟低碳化》，江蘇人民出版社二〇一四年版。
9. 陸暘：〈中國的綠色政策與就業：存在雙重紅利嗎？〉，《經濟研究》二〇一一年第七期。
10. 潘家華、鄭艷、張安華等：〈低碳發展對中國就業影響的初步研究〉，《應對氣候變化報告》二〇〇九年。
11. 譚永生：〈經濟低碳化對中長期就業的影響及對策研究〉，《中國人口資源與環境》二〇一一年第二十期。
12. Berman E., Bui L. T. M., "Environmental Regulation and Labor Demand: Evidence from the South Coast Air Basin," *Journal of Public Economics,* 2001, 79(2): 265-295.
13. Bosello F., Carraro C., "Recycling Energy Taxes: Impacts on A Disaggregated Labour Market," *Energy*

economics, 2001, 23(5): 569-594.

14. Heyes A., "Is Environmental Regulation Bad for Competition? A Survey," *Journal of Regulatory Economics*, 2009, 36(1): 1-28.
15. Shen J.,"Trade Liberalization and Environmental Degradation in China," *Applied Economics*, 2008, 40(8): 997-1004.

（劉海北，北京大學光華管理學院；徐佳，北京大學光華管理學院）

論國有林區改革和藍領中產階級成長

趙錦勇

本文考察的中心問題是國有林區在生態文明建設時期的轉型發展，選取了國有林區藍領中產階級發展的視角，分別從國有林區職工貧困的歷史背景、困境的現實表現、現有的改革措施和未來的發展思路四個方面進行論述。

一、國有林區發展的歷史和問題

（一）國有林區的地位

國有林區發展的問題和林業發展的定位有密切關係。中國林業主要有三大部份：集體林大部份分佈在南方各省，主要發揮為農民增收致富的經濟功能。國有林場是中華人民共和國成立初期國家為優化生態開發空間格局，加大自然生態系統保護力度，加強生態建設，在無林少林、荒山集中連片地區興辦以造林和資源培育為主要任務的林業事業單位。森工林業局是國有林區建立在東北、內蒙古等森林資源豐富地區的林業單位，主要任務是進行木材採伐，支援國家經濟建設，是中國重要的生態安全屏障和森林資源培育戰略基地。後兩者共同構成了中國國有林業的主體，區域集中分佈在大江大河源頭、主要水庫周圍、黃土風沙前線等重點生態區域和生態脆弱區。

（二）形成歷史造就的特殊發展機制

國有林區的形成有許多計劃經濟的烙印，形成的歷史造就了其特殊的發展機制。國有林區以國有森工林業局為單位進行區域劃分。國有森工林業局的建立和很多中國工業城市建立類似，不是「因市設城」，而完全是人為的安排——是先有採伐體系和工業體系，再安排工人和家屬。同時，為解決生活問題再建起城市各類基礎設施和科教文衛服務。從名字「森工林業局」也可以看出，當時是政企不分的。回到我們文章的主題，工人和林區社會都圍繞著傳統林業產業，他們的產業組織方式和生產技能都圍繞著原來的生產力和生產方式。實際上，當時建立起來的森林工業體系學習的是蘇聯模式，使用的是皆伐模式，也就是一次性「剃光頭」，而不是更加科學的間伐等經營模式。由於一開始人少林多、人均資源佔有多，有統計資料顯示，中華人民共和國成立初的一段時間，當時的林墾部貢獻的財政收入一直佔各部門的前五位。這種方式促進了國有林業的積累，幫助其建立了一系列社會基礎設施和社會機構，促進了林區人口的聚集和增長。然而隨著人員的增長，逐漸體現出不可持續增長方式的問題和弊端。其中，人員的固化是一個重要問題。

傳統的生產方式固化了人員。從形成的過程可以看出，林業系統是一個圍繞著林產工業的獨立系統，而且區域相對封閉，林業工作人員就固定在了這個系統和這個區域。發展到後期，由於區域限制、產業限制、人力資本和社會保障的限制，林區工人變成了一種身份，而不是一種職業，阻礙了人員的流動，無法實現資源的有效配置——社會資本很難進來，林區的職工也很難出去。更為嚴重的情況是，當國有林區遇到產業轉型和區域轉型時，由於過於單一的發展模式和計劃經濟形成並加強了二元勞動力市場，企業和職工對於轉型發展的適應性很差，出現了巨大的轉型落差。

（三）計劃經濟和二元勞工市場

國有林區二元勞工市場的形成既有普遍性也有特殊性。一是受整個計劃經濟的思想影響深刻。目前為止，國有林區仍然是計劃經濟色彩比較重的，整個國有林區常常是林管局、地方政府、森工企業三位一體。企業和政府不分，資源管理和資源利用不分。在整個區域內，政府在資源的配置中仍然有很大的影響力。針對我們本文討論的話題，由於國有林區的產業單一，政府通過對產品、要素、組織機構的控制，從而間接地對勞動力產生了很強的控制力，國有林區的職工垂直流動和橫向流動的機會仍然較少。二是受國有林區設立過程的影響。如前文所述，國有林區自成立以來都是在以前沒有城市的地方為了木材採伐而建立起城市，都是先有工人，然後為了生活和生產才產生一系列的管理和配套服務。對於分工的堅持產生了這種工人和管理者的長期分割。在中華人民共和國成立之初，森林資源豐富，林業在國民經濟中佔相對重要地位的時候，林業砍伐經濟讓林業工人獲得了相對較高的實際工資。但從一九九八年開始，當林業開始向生態保護轉型，國有林業就陷入了全行業虧損，同時由於人員成本巨大，且有龐大的地方管理成本，資源也陷入了匱乏。

（四）轉型中發展下的流動固化

林區工業化和城市化在林業轉型衝擊下導致了二元勞工市場的進一步加深。國有林區因為原先較為強大的計劃力量和豐富的森林資源，實現了林產工業的快速上馬，林區的工業化支撐了林區的城市化。但是如前所述，林業的工業化是以不可持續地消耗林業資源為代價的。當一九九八年中國對林業轉型實施了「天然林保護工程」、禁伐和限伐天然林、大規模調減砍伐指標等措施以後，產業和區域增長的火車頭忽然不見了，林業工業受到了巨大衝擊，林區城市化同樣受到了衝擊，國有林區城市的增長力受到了巨大限制，從而使人口的流動快速下降。國有林區工人的生活、就業、社會保障等一系列問題都浮現出來。

轉變國有林區定位雖然長期而言對林區發展有積極影響，但短期而言對林區是陣痛。定位轉變除了對產業有直接影響外，還對林區要素流動和要素價格有許多次級影響。例如國有林區的職工人口流動等。國有林業快速形成的林產工業導致了林區城市的出現，林產工業一開始較高的效益也輻射了周邊的林區和農村，此時受林業工業化影響的農村和林區的人口已經很多。但當林產工業由於政策原因忽然陷入停頓時，早年的林產工業化形成的人口和服務忽然變成了負擔，在突然失去了經濟的火車頭之後迫切需要找尋出口。人們自發的動力是往城市尋找出路。然而，為保持林區平穩，林區採用的各種變相的使人口穩定在林場的措施，限制了人員的流動，原來是工人，實際卻被當作農民，出現了人為的二元割裂。

越是陷入貧困，城市的公共服務供給能力越是不足，就越是把林業工人限制在土地和林場中，實現低水平的生活保障。政策的目的是維持區域穩定，是不允許他們自由流動，不允許林業職工進入城市。這又人為導致城市和林區的割裂，人為形成了勞工二元市場，垂直流動受限。同時，林業由於長期職業技能的限制、生活環境的相對偏遠和封閉，橫向流動也受到阻礙。橫向流動往往需要社會相對開放，並且人與人的交往比較頻繁，職工擁有較多的培訓機會，能夠較為自由地實現技能轉換。而林區由於其生產關係的設定，導致如像其他城市工人那樣順利實現橫向流動的機會稀少。

生產資料不流轉，人也不流動。不斷增長的人口壓在不怎麼增加的土地上，奠定了那個時期林區不斷趨於貧困的架構。

二、國有林區職工和企業面對的問題

（一）職工實際收入偏低

國有林區職工收入普遍較低。儘管近幾年有一定幅度增加，但由於歷史基數偏小，與地方相比仍有很大差距。二〇一三年，重點國有林區在崗職工年人均工資只有兩萬三千元，相當於當地社會平均水平的百分之五十一．四。

更為嚴峻的是職工收入的不可持續性。例如，汪清林業局，可以算是東北林業系統效益較好的森工林業局，二〇一五年年中調研時，管理者反映其賬面流動資金只有六千萬元，但仍有五千人需要發工資，按照三萬元／人年收入計算，也只夠職工四個月的工資，最多堅持到九月份。而其他大部份森林局需要靠貸款才能夠將職工工資按時發放。而據相關統計，國有林區已經存在四百多億元的金融機構負債，其中近三百億元還是最近十年新增的。總數上，國有林區還有七十多萬的職工，影響著幾百萬人的生活。

收入是一方面，公共服務和社會保障則能夠體現林區生活質量的其他方面。大興安嶺林區仍然有五十萬人口，基本林區的社會保障還存在問題。林區道路、供電、飲水、通信等基礎設施相當落後，還有四百八十六個林場不通公路，一千五百七十五個林場存在飲水安全問題，一百七十個林場不通電，五百七十五個林場不通電話，嚴重影響了林區林場生產生活，成為林區林場全面建成小康社會的短板。

（二）企業的三產結構問題

工人的平均收入需要靠企業和產業發展來帶動。國有林區傳統的增長支柱為林木砍伐和林木加工產業，簡言之就是第一產業、第二產業，往往可以達到總產值百分之八十以上。大部份森工局的第二產業的比重超過百分之五十，並且吸收了許多勞動力。轉型之後面對的最重要問題是如何安置富餘勞動力，其次是社會保險和養老保險如何支付，再其次一些社會性服務如何減負。簡而言之，就是求生存、減負擔是大部份森工林業局當前面對的困境，謀發展當前還沒有進入議程。

（三）尋找改革動力問題

國有林區改革步履為艱。國有林區改革實際上從一九九八年實行天然林保護工程就已經開始，當時長江、黃河中上游（以下簡稱西北地區）和東北地區存在很大的差異。西北地區由於對林業的依賴性沒有那麼大，直接實行了禁伐，逼迫改革和轉型；而東北由於考慮到穩定的壓力，以及當時東北老工業基地改革和下崗的壓力，區域外部機會不多，所以折中採用了限伐等措施。初始條件的微小差別，十多年以後產生了巨大的差異——西北地區改得早，現在林業保護已經沒什麼壓力；東北改得晚，現在無論是資源保護、區域發展、企業轉型，還是職工生活都面臨著巨大壓力。回頭看改革的成敗，不僅有地理因素（西北地區更加地廣人稀，人均佔有林地面積較大，導致天保工程人均收穫補償較高等原因），也有制度的慣性——一期天保工程，中央財政拿出了許多錢支援國有林區的生存，使人養成了「等靠要」的心態。東北老工業基地一直處在改革中，林區外在的機會又沒有足夠的吸引力，在原來的一盤格局裡下不出活棋。等拖延到出現了生存和就業的問題時，短期的矛盾又比較尖銳。

國有林區改革起始於國家對林業定位的轉變和限制性發展。國家逼迫轉型，還需要基層有激勵——最好是生態的還權和職工的受益。改革雖然是發展的動力，但是改革本身也需要找到動力源泉，可以學習集體林權制度改革，根據基層現實的需求找到行得通的做法，再通過高層認可，進一步推動改革。而基層的需求，目標往往都非常務實，沒什麼宏大的敘事，但是凡心驅動者重，這才是改革得以持續的源泉。在正式討論發展思路前，我們先來梳理一下現有的改革措施。

三、國有林區轉型發展的現狀

雖然國有林區轉型發展仍面對重重困難，但也迎來了難得的歷史機遇期。中共中央高度重視是歷史機遇，中國國務院制定了大的改革文件，林業部門近期也在爭取保民生的各項措施，這為國有林區發展注入了活力。

（一）國有林區的發展環境

東北地區是經濟增速放緩、增長方式轉型疊加的典型區域。東北地區由於歷史發展的原因，工業化基本靠國家大規模投入，在轉型發展中，增長的動力不足，就業壓力比較大，社會穩定的風險較高。國有林區的發展，從人口淨流入變成人口淨流出，從工業型區域變成生態保護型區域，對勞動力的數量和素質提出不同的要求，對中產階級的轉型也提出要求。這些是轉型的陣痛，克服這些問題和困難，需要一個過程。畢竟這些問題是表象，而深層的原因是社會交易成本過高。需要我們通過改革來提供動力，穩定社會在變革中的預期，減少制度成本，通過市場配置資源釋放經濟活力，促進社會創新能力。

（二）當前改革的指導文件

進入新世紀以來，中共中央先後出台了三個林業方面的文件。第一個是二〇〇三年頒發的《中共中央國務院關於加快林業發展的決定》，也就是中央九號文件，確立了以生態建設為主的林業發展戰略。第二個是二〇〇八年頒發的《中共中央國務院關於全面推進集體林權制度改革的意見》，也就是中央十號文件，確立了農民經營集體林的主體地位，實現了「山定權、樹定根、人定心」。第三個就是二〇一五年二月中共中央、國務院印發的《國有林場改革方案》和《國有林區改革指導意見》，也就是中央六號文件。這個文件針對長期以來過度採伐和制約國有林業發展的體制機制性障礙，對國有林場和國有林區改革進行了全面部署，明確了國有林場和國有林區的戰略地位、功能定位，確定了國有林場和國有林區改革的總體要求、基本底線、主要任務和支持政策，改變了長期以來向森林過度索取，把國有林場和國有林區作為木材生產主體的傳統認識和做法，將森林和林場、林區擺在了建設生態文明、維護生態安全的突出地位。

二〇〇三年的中共中央九號文件突出了林業的生態功能，表明對森林生態和林業的認識開始發生變化，並由此開啟了中國林業由以木材生產為主向以生態建設為主的轉變過程，但這個過程一直在若干問題上處於膠著狀態。如：林區的根本功能是什麼？林場的根本屬性是什麼？是養人保林還是用林養人？這些問題都沒有從根本上得到解決。

中共中央六號文件指出，保護森林和生態是建設生態文明的根基，深化生態文明體制改革，健全森林與生態保護制度是首要任務；國有林場和國有林區今後的主要功能就是保護培育森林資源、維護國家生態安全，並要求有序停止國有林區天然林商業性採伐，調減國有林場商業性採伐，推動實現林業發展模式由木材生產為主轉變為生態修復和建設為主，由利用森林獲取經濟利益為主轉變為保護森林提供生態服務為主。

（三）當前著力爭取的各項民生政策

除了中共中央六號文件做的大方向指引以外，當前切實落實的民生政策對林區的確有實際影響。一些已經在落實的政策有：對東北、內蒙古重點國有林區生活在深山遠山地區、周邊無鄉鎮和村屯的林區職工，開展搬遷移民。建設規模十二萬八千戶、三十七萬人，中央投資需要六十四億元。

在國有林區和國有林場，新建「斷頭路」連接道路和橋涵，升級改造現有路況較差道路，加強休閒遊憩綠道網建設。建設規模：新建十五萬五千公里，改造十七萬兩千公里，中央投資需要一千一百三十萬元。

同時為減小林區改革阻力，切實改善民生。當前還在爭取其他一些政策。一是國有林區化解金融債務，底數約有四百多億元，三百多億元為林場欠下。二是實現國有林區職工四十五歲、五十五歲提前退休，減少企業壓力，轉移富餘職工。三是國有林區管護費用由每畝六元提高到十元，預期職工年收入可提高六千元。這些都是保民生的措施，能夠緩解當前改革的壓力和阻力，快速而實質性地啟動國有林區改革，否則越拖延改革越難。

四、未來發展的思路

壓力就是動力，挑戰就是機遇。越是在困難的地方，越可能實現對傳統體制機制的突破，因為改革往往是形勢逼人，不得不改。

在這樣的情況下，需要通過制度創新來激發活力，通過人們的創業創新的信念來支撐發展，通過政府來完成基本的社會保障。針對國有林區的改革，不僅需要在短期化解改革阻力，更需要從長期謀求改革動力，建立良性的增長方式。

（一）發揮市場的資源配置作用

引入市場在各種資源配置中的基礎性作用。尤其是通過給予經濟自由，實現人和要素的流動，並逐步過渡到能夠實現市場定價，最後實現市場對政府和計劃在資源配置中的替換。縱觀改革，都是有所求、有所逼，在現實的約束下達到一個務實的路徑。具體在我們的案例中，政府包幹人員工資、養老保險、社會政策性支出等不是一個長久之計，反而會引起社會惰性。反倒是新型工業化、新型城鎮化能夠幫助長期的增長，而這背後都需要科技和高素質的勞動力作為支撐。這些都是人員轉型的巨大需求。通過轉換勞動技能和提高勞動者素質，促進勞動力流動和再培訓，不斷增加經濟的活力。

區域發展的文化、歷史因素固然會形成路徑依賴，但是改革需要找到另外的突破口，關鍵是用市場配置的方式來提高資源配置效率和社會的活力，促進創新發展。對東北國有林區而言，它在區域上對接的就是老工業區，要放開資源控制，完善資源性產品的價格形成機制，尤其是探索生態資源的價格形成機制；放開產業准入，打破行政壟斷，形成機會平等的投資機會；加快國有森工企業放活，激發其積極性和主動性。這些宏觀的要求，都需要微觀的支持，一個重要的方面，就是勞動力素質的提高，尤其是在國有林區轉型過程中，藍領工人的技能提升和收入增加，從而形成一個穩定的社會結構和社會預期。

（二）積極提高職工的人力資本

國有林區的長期增長要從原來的掠奪性和粗放型增長轉換到可持續的增長。不僅要資源可持續增長，還同時要實現經濟上的可持續增長。要把增長的驅動力從資源採集轉換到制度創新和人力資本的提高上來。核心是人的改變。

要實現國有林區的發展，短期內要解決人的社會保障，但從長期而言，要實現林區的增長和林區社會的和諧穩定，並且發揮林區在整個國民經濟中生態建設的任務。因此必須轉變原來的林業工人的思想，促進他們合理地流動，並增加人力資本，靠制度創新發揮他們的能動性。讓人們從無限制地依賴資源採集中分離開，形成推力。通過職業技術培訓，增加原來林業工人的人力資本；通過引入社會資本來激發社會活力，不僅公共事業需要調動社會資金，社會資金也使原來鐵板一塊的計劃機制、完全控制的社會機制增加了經濟機會，還增加了人們的經濟自由，開啟了通往機會均等和自由流動的道路。通過社會保障，為轉型發展提供足夠的力量以控制不確定風險。

要讓工人階層變成藍領中產階層，就要實現多方面的收入來源。工人的主要收入無非工資，但是國有林區的工人所處的地方無異於農村，分享不了城鎮化和工業化的收益，同時森工企業經營績效長期低下，無法快速提高工人的收入。換一個思路，收入來源無非勞動力、產品和財產。能否讓職工承包經營林下作物，能否為職工自由流動不設置障礙，能否分享城鎮化驅動的國有林區土地增值受益，都將為林區職工打開另一番天地。其中最後一項，可以分為土地收益和更大的權利收益。

受國有林區長期的計劃體制影響，對於改革，也許大家觀念上接受不了，政府怕引起混亂。那麼是否可以試點？看試點是否有效？經驗上行得通，比道理上說得通有用。大家都接受的道理，往往是基於陳舊的現實的道理。改革就是破除陳舊的現實。要看現實是否是更能夠促進生態的保護和建設，是不是更能夠促進民生的發展，更能夠促進區域經濟的轉型和增長。這樣對照實驗一做，不僅能夠探索方法，也能改變觀念。

其實，現實中已經發生了許多「自然實驗」。伊春國有林區的改革就是借鑑集體林權制度改革的成功經驗，嘗試職工承包的方式。更長遠地來看，還有在東北國有林區零星散落的許多村屯，也並非全部都由國有林管局在管理和經營。而這些村屯的土地是集體所有、集體經營，同樣的地理區位條件、同樣的自然天氣影響，只是因為管理措施不同，對人們的行為方式、自然資源的保護結果、人們的收入水平都產生了許多深刻的影響。這值得我們從中借鑑。

（三）生態效益外部性的內在化

在明確國有林區在國家發展戰略和區域戰略中的位置基礎上，實現國有林區的增長，需要運用兩種在經濟學上處理外部性的思路。一種是國家轉移支付，一種則是明確生態權利並以市場交換來配置。前者的好處是操作簡單，並且交易成本不高。但實際效果可能並不一定能夠達到政策設計初衷，並且有較高的尋租成本，成為政治過程的產物，而不一定具有明確的提高效率作用。天保工程十多年的經驗可以是一個佐證。後者的交易成本比較高，因為確權需要理清歷史的糾葛，還要調整大家的預期，交易需要市場、出價、還價、訂約、強制的執行制度等，但是市場的好處在於處理複雜信息和對微觀主體的激勵，會自發鼓勵提高效率和進行創新。

另一方面，從社會分配的角度而言，大家通過各自的資源和權利在市場上進行一次分配的規模將會遠大於通過政府強制進行的二次分配，如果要讓某一資源的分配有效地在全社會運行，則需要發揮市場在資源配置中的決定性作用。具體到國有林區的發展、生態資源權利分配和國有林區職工的轉型，就是將生態資源還權給各個不同的主體——政府、企業、職工、家戶，結合歷史和現實實現最廣泛的分配。明確的權利邊界有助於實現資源的有效利用和保護，同時也有助於市場發揮其配置資源的積極作用。

從國有林區進行如一期天保工程這樣的轉移支付項目的經驗可以看到，用財政轉移支付縮小國有林區城鄉和其他區位的收入差距，短期可行，長期可能力有不逮。無論是中央財政進行區位轉移支付，還是地方財政進行城鄉轉移支付。無論形式是通過補貼，還是通過補助等，都不是長久之計。中央的財力有限，東北地方的財力就更加有限，而且轉移支付往往還有扭曲和尋租相伴而行。更現實的問題是，要讓區域發展同市場發展對接，讓林區工人對市場機會做出反應。因此，更好的辦法，是賦予他們財產的權利——不是林木的財產，而是生態保護的權利。

要實現國有林區在生態文明建設中的區域和功能定位，就要把其生態的外部性切實地內在化。雖然傳統上通過國家財政轉移支付的方式來償付的確也是被歷史證明的有意義的方法，但是完全採用二次分配的方法不僅對國家財力是巨大考驗，還會引起政府支配資源的不必要損失。要通過市場的一次分配將生態收益內部化，切實地讓生態有利可圖，讓外部性轉化為內部收益。

第一步就是要明確生態的產權特性，才能促進資源的有效配置。將森林資源的生態屬性分配給國家或者個人，將林業產業工人從身份和區域的束縛中釋放出來，變成生態建設的一員，並且分享生態資源分配的收益。職工的自由流轉，不僅有利於發揮他們的比較優勢，獲得更多的收入，同時有利於專業化和規模化，實現資源的有效配置。

通過制度創新，通過碳排放權等一系列生態環境的權利的商品屬性，在市場機制下，通過價格信號的刺激作用，不斷提高能源的使用效率、資源保護的效率、生態建設的效率，減少成本，並促進各種現有技術的替代性技術和技術創新，同時鼓勵必要的金融流動，從而開啟低碳和可持續增長經濟之路。

讓土地甚至是生態的效益，從畫地為牢的行政權力脫鉤，回歸到普通的、能夠對更大範圍的市場機會做出反應的財產權利。雖然地方競爭商業環境，或者競爭中央財政支持，或者競爭上位，都可以在某些層面導致資源的有效配置，但是最有效的配置還是脫離開屬地的限制，上升為虛化的權利。這一方面能夠讓資源得到最有效的配置，另一方面也能解除人的束縛。

一個社會和區域持久的增長需要靠創新創業和人力資本的改善。短期可以靠資本的投入和提高資源的配置效率，但長期必須要依靠企業創新。宏觀上的功能對應微觀上的個體，創新創業對應的是企業家，他們從接受不確定性中獲得額外收益，但他們往往是社會中的少數人，更多數的則是廣大的中產階級。在我們討論的話題下，要實現林區的持久發展，短期的投入和利用市場實現有效配置是不可或缺的，但是要實現持久的增長，需要鼓勵企業家創新的應用生態功能的價值，需要不斷提高林區工人和管理者的人力資源水平，來分享林業轉型增長的收益。

真正明確了生態的權利才能實現有效的配置。而權利明確下放給國家、集體，都是邊界模糊的明確，如同集體經濟，不如直接明確資源保護地區。原因有二：一是可以通過將這些資源明確產權和收益之後，實現資本化；二是這種明確有歷史淵源，資源不隨人走，交換的是權利，能夠更好地沿襲資源保護的傳統。真正明確和穩定這些權利，並且促進流轉和相關的金融合作，將會釋放傳統束縛在林業上的職工和人口，實現國有林區真正通往可持續發展的道路。至於資源權利到底能夠交易多少，則是由市場來決定的。價格稀缺自然會引發更多的技術投入和更高效的管理，價格低則促成資源和人口的合理流動，不同於政府再來做無用功，頂替市場本可以發揮的作用，還遺留一大串問題。

（四）用生態紅線迫使改革創新

只有劃定了一道生態的底線，政府、企業和職工才能從原來投機和依賴的生存邏輯中跳出來，進入到更加廣闊的發展空間。嚴格的限制，就如同穩定的預期，讓資源從原來低水平和破壞性的開發中分離出來，尋找更可持續的發展。而具體的開發方式，則是因地制宜，開拓創新的。有新聞報導，長白山森工就已經充分利用綠色經濟和綠色旅遊實現了產業轉型，走上了可持續發展的道路。事實證明，轉向非農領域的發展是大有可為的。

向林業砍伐要效益，橫豎都是不能夠養活如此數量的人口。最終也是低水平的、限制在土地上。不如劃下一道警戒線，或可逼迫向非農領域、向外地尋找出路，通過社會保障和其他措施來防範區域發展的短期風險。經濟結構的變化，如果沒有背水一戰的動力，可能永遠搞不起來。長期來看，勞動力的收入方式和收入數量的改變有助於社會的平穩發展。在向東北重工業轉型發展、區域貿易發展和林業生態效益經濟化的過程中，經濟效益這個需要建立產權交易所，並且允許基層創新。

（五）靈活運用金融工具實現跨期資源配置

運用市場機制的突出意義，就是要靈活利用金融機制和多種多樣的契約機制。尤其值得注意的是，因為中央政策為區域轉型出資埋單的數量是很有限的，而轉型的收益卻是個漫長的過程，當期卻有一個轉型的陣痛。尤其涉及人的轉型的時候，即使未來有良好預期，當期也會陷入流動性的困境，這個時候讓金融機構介入，利用金融工具實現跨期分配就非常重要，這同樣也是促進市場化的重要手段。具體到我們討論的藍領中產階級，金融工具的利用原理是通過資源的跨期消費和增加對風險的應對能力，增加了工人個體的經濟自由。具體到實務中，則是能夠幫助個體進行自我投資，提升能力，跨越本期的限制，實現資源（人力資源）的跨期配置。同時也能夠實現風險的控制（保險）。在心理上，金融的廣泛、主動地介入意味著大家相信未來可以更好，未來可以進步。

但金融工具也有被錯用的，關鍵要看金融工具是一直被用來為過去埋單，還是能夠促進形成新的經濟動能。前者是與金融的目的相違背的，實際玩的是零和博弈，拿了中央的錢補充地方，或者拿了別人的錢填充自己。而後者則是一個共贏的遊戲，因為這是一個自我實現的預言，我們相信未來可以更好，共同合作促進了各種資源潛力的發揮，尤其是人力資源潛力的發揮，創造財富是個共享共贏的過程。現代經濟的本質是合作，而信任是支撐合作的重要內容，尤其在陌生人之間的合作是現代社會的基本範式，如何通過制度上的改善和政策工具的運用促進合作和信任是一個社會真正長期發展的要素。

（六）不斷發掘和塑造改革的動力

國有林區改革是林業改革的硬骨頭，關鍵是缺乏改革的動力。集體林權制度改革的動力是老百姓，林改就是確權，確權就有直接的經濟收益和潛在的經濟動力。地方實踐也積累了經驗，國家進行了承認，實現合法性的問題。國有林區森林的經營權原來在森工企業，改革並不觸及老百姓自己的利益，老百姓、職工和企業等著吃社保基金等國家的轉移支付，區域的發展缺乏動力。同樣是林區，因為制度的不同導致了發展的不同，微觀上講，關鍵是人的激勵，宏觀上講，是要樹立一個改革的動力，樹立一個在生態建設中能夠有動力做貢獻，並且能夠從生態建設中獲益的階層。這樣才能形成一個閉環，形成一個區域發展的良性動力。從我們的視角來看，長期而言需要重樹林區工人這個藍領階層，令其轉變為藍領中產階級，令其獲得生態建設和保護的權利，促進其對國有林區改革的支持。

參考文獻

1. 北京大學國家發展研究院綜合課題組、周其仁：〈還權賦能——成都土地制度改革探索的調查研究〉，《國際經濟評論》二〇一〇年第二期。
2. 厲以寧：〈經濟低碳發展符合新常態〉，《光明日報》二〇一四年十二月二十九日。
3. 厲以寧：〈論城鄉二元體制改革〉，《北京大學學報（哲學社會科學版）》二〇〇八年第二期。
4. 厲以寧：〈土地確權要學習林權改革〉，《農村工作通訊》二〇一四年第一期。
5. 厲以寧：〈中國宏觀經濟形勢和新一輪的經濟改革〉，《上海證券報》二〇一三年九月二十七日，第F02頁。
6. 石凡、趙錦勇：〈資產配置視角的林地投資價值研究〉，《林業經濟》二〇一四年第三期。
7. 汪洋：在全國國有林場和國有林區改革工作電視電話會議上的講話，二〇一五年。
8. 徐晉濤、姜雪梅、季永傑：〈重點國有林區改革與發展趨勢的實證分析〉，《林業經濟》二〇〇六年第一期。
9. 張道衛：〈對東北國有林區森林資源產權及其改革的調查與思考〉，《林業經濟》二〇〇六年第一期。
10. 趙錦勇：〈關於公共財政對林業基礎設施建設投入的考察〉，《林業經濟》二〇一〇年第十二期。
11. 趙錦勇：〈國有林區經濟體制改革的基本思路〉，《中國市場》二〇一三年第四十三期。
12. 趙錦勇：〈林權抵押貸款新政策：亮點和挑戰〉，《中國農村金融》二〇一四年第四期。
13. 趙錦勇：〈農民林業收入差異的來源——基於家庭農戶數據的經驗研究〉，《林業經濟》二〇一四年第八期。
14. 趙樹叢：〈國有林區改革要把保護生態放在首位〉，《中國綠色時報》二〇一五年四月十四日。
15. 趙樹叢：〈國有林業改革如何扎實推進〉，《經濟日報》二〇一五年三月十八日。
16. 《中共中央、國務院關於印發〈國有林場改革方案〉和〈國有林區改革指導意見〉的通知》（中發〔二〇一五〕六號）。
17. 周其仁：〈農地產權與征地制度——中國城市化面臨的重大選擇〉，《經濟學》（季刊）二〇〇四年第四期。
18. 周其仁：〈中國農村改革：國家和所有權關係的變化（上）——一個經濟制度變遷史的回顧〉，《管理世界》一九九五年第三期。

（趙錦勇，中國國家林業局經濟發展研究中心，北京大學光華管理學院）

本科生初職中的職業代際傳遞現象研究

——基於全國調查數據

蔣承、劉霄

一、研究背景和意義

厲以寧教授在〈論藍領中產階級的成長〉一文中曾提到，現階段的中國經濟，不僅出現了貧富收入差距的擴大和低收入家庭長期陷入困境的現象，而且出現了社會流動渠道的堵塞。與二十世紀八十至九十年代相比，社會的垂直流動通道愈來愈狹窄，職業也愈來愈世襲化了（李立行，二〇一四；劉群，二〇一五）。當今社會，「拼爹」、「富二代」、「官二代」、「啃老族」、「蟻族」、「星二代」之類的詞彙顯著存在。其實，這類的詞彙所反映出的，是職業的一種代際傳遞，更是社會流動性的減弱和社會階層的固化。職業的代際傳遞作為影響社會流動性的一個重要表現，在當今社會對社會階層固化的發展產生了深遠影響。上層階級的職業代際傳遞，使得藍領中產階層的成長受阻，從而阻礙了藍領階層與更高階層之間的流動性。而社會流動性，特別是代際之間、階層之間的社會流動性，對保障社會公平和效率都有重大意義。職業的這種代際傳遞，會阻礙社會階層的流動，加深社會階層固化，從而導致嚴重的兩極分化，甚至陷入納科斯的「貧困惡性循環」，不利於社會的公平和效率，也會阻礙中國各產業結構的優化升級。尤其是對於藍領階層這種處於社會中層的階層來說，更容易受到代際傳遞這種作用的影響，導致其向上、向下流動受阻，造成「高不成，低不就」的結果。本文就是通過考察本科生的初職情況以及其與父輩職業地位的關係，來分析當前中國的職業代際傳遞和社會階層流動的特點，為實現藍領階層在社會中更好地流動進行分析。

從理論上講，本文將人力資本理論和勞動力市場分割理論聯繫起來，又將職業的代際流動與中國現存的「官二代」、「富二代」現象相結合，且本文是針對職業的代際傳遞這一領域的專項研究，從而豐富和完善了中國在代際傳遞理論上的研究。從實際角度出發，本文將研究對象定位於大學本科生這類初次就業者，特別說明的是，本文的研究對象是本科畢業後選擇就業的樣本，具體分析了這部份群體在初次就業的代際傳遞問題；而且，本文的調查對象為中國各高校本科畢業生，研究區域範圍較大，樣本量充足，彌補了現階段的一些相關實證研究存在的區域較為集中、範圍較小、樣本量尚不夠大、變量存在內生性等問題。本文用父子兩代相對職業地位的變化與否來界定職業的代際傳遞是否存在，若代際相對職業地位上升，即為職業代際向上流動；若代際相對職業地位下降，即為職業代際向下流動；若代際相對職業地位沒變，即為存在職業的代際傳遞。此外，本文還深入、具體剖析了職業代際傳遞的影響機制，並將這種代際傳遞與就業質量聯繫起來，測度對包括藍領階層在內的各階層畢業生就業質量產生的影響。

二、大學生就業中的代際傳遞：文獻綜述

就代際傳遞問題，貝克爾和湯姆斯（Becker and Tomes, 1979）最早建立了收入分配與代際傳遞的均衡模型。他們認為，當子女從父母那裡接受更多的人力及非人力資本投資時，子女的收入會增多，這種代際的傳遞依賴於兩個重要的因素——繼承的程度和對子女投資的傾向。

此後，國內外學者對代際傳遞問題的研究大致分成了三個領域：教育的代際傳遞、收入的代際傳遞和職業的代際傳遞。雖然各界學者對代際傳遞的研究已不乏少數，但現有研究大都集中於收入和教育的代際傳遞，對職業代際傳遞這一領域的專項研究則寥寥可數。即使有的學者在其文獻中提及職業的代際

傳遞，也只是冰山一角。在少數研究職業代際傳遞的文獻中，大都是研究職業代際流動的變動趨勢，且研究對象大多為青年已就業者，研究大學生就業中的代際傳遞的文獻更是乏善可陳。

就大學生職業的代際傳遞問題，本傑明（Benjamin, 1958）利用英格蘭和威爾士的人口普查數據，發現在十三類職業分佈中，父親從事較高層次的管理工作，其兒子將近三分之二也從事管理工作；父親是體力勞動者，其兒子相對多數也從事體力勞動。布勞和鄧肯（Blau and Duncan, 1967）通過對美國人口調查局的相關數據進行分析，發現美國存在明顯的職業代際效應。他們指出，在美國子承父業的比例較高。德容和魯賓（Dejong and Robin, 1971）等人則利用美國研究中心的數據，根據職業的收入和受教育程度的中位數對其進行排序，繼而引入繼承性和流動性指數等指標，分析了父親職業對女兒職業的影響。

而中國學者對職業的代際流動問題的研究起步尚晚，始於陳嬰嬰（一九九五）利用中國社科院在二十世紀八十年代末至九十年代初開展的「百縣市國情調查」的數據，考察了中國城鄉一九四九至一九九一年的職業流動狀況，結果表明中國城鎮的代際流動率較高，代內流動率較低，而農村的代際和代內流動率都較低。郭叢斌、丁小浩（二〇〇四）運用中國國家統計局二〇〇〇年的全國城鎮住戶調查數據，分析了中國的職業代際效應，發現職業在代際之間存在一定程度的流動性，但流動範圍有一定程度的分割。張蘇、曾慶寶（二〇一一）研究發現，人力資本的代際傳遞會對收入的代際傳遞和職業的代際傳遞產生影響。李力行、周廣肅（二〇一四）研究發現，父親的受教育程度以及中共黨員身份對職業的代際傳遞有著顯著的正向影響，而父親收入的影響卻為負。這與赫勒斯坦與莫勒爾（Hellerstein and Morrill, 2011）的研究結論一致。高玉玲（二〇一四）基於地位獲得模型對高校畢業生初職地位的影響因素與開放性狀況進行了分析，結果顯示，畢業生的初職地位的獲得受自致性因素和先賦性因素的共同影響。

三、本科生畢業去向與其家庭社會經濟背景之間的關係

本文的研究是基於北京大學「二〇一三年全國高校畢業生就業調查」所得出的相關數據。此次調查的樣本包含了二十一個省份的三十所不同層次的高校，共計一萬五千九百二十八個樣本。而本文的研究對象為本科生，所以本文所用到的是該調查中學歷為本科的樣本，共計二十個高校一萬零九百九十一個樣本。

（一）本科生畢業去向

本文將二〇一三年本科畢業生畢業去向分為「已確定單位」、「國內升學」、「出國出境」、「自由職業」、「自主創業」、「靈活就業」、「待就業」、「不就業擬升學」、「其他暫不就業」和「其他」十類。其中，「靈活就業」是指在勞動時間、收入報酬、工作場所、保險福利、勞動關係等方面不同於建立在工業化和現代工廠制度基礎上的傳統主流就業方式的各種就業形式的總稱，是指下崗失業人員個人或以街道、社區等組織形式，從事社區便民服務、家政服務、企事業單位後勤服務等各種臨時性勞務人員。其不包括領取營業執照的個體工商戶和建立勞動關係的私營企業就業人員。「自由職業」是指腦力勞動者（作家、編輯等）或服務提供者，不隸屬於任何組織的人，不向任何僱主作長期承諾而從事某種職業的人，他們在自己的指導下自己找工作做，經常但不是一律在家裡工作。據此，已確定單位的畢業生最多，約佔百分之三十四・九；其次為待就業畢業生，約百分之二十七・四；再次為國內升學畢業生，佔百分之十六・五；其餘七個去向的比例均不到百分之十。根據岳昌君（二〇一四）對畢業去向的劃分，本文同樣把「待就業」、「不就業擬升學」、「其他暫不就業」和「其他」四項

劃作「未落實畢業去向」，其他六類劃為「已落實畢業去向」，那麼二〇一三年本科畢業生的「落實率」為百分之六十七・一，低於二〇一三年全部畢業生百分之七十二的「落實率」（岳昌君，二〇一四）。再把「已確定單位」、「自由職業」、「自主創業」和「靈活就業」四項劃為「已落實工作」的本科畢業生，則本科畢業生整體的「就業率」為百分之四十三・四，同樣低於全體二〇一三屆畢業生百分之五十五・二的「就業率」（岳昌君，二〇一四）。這可能是由於所選取的樣本層次和範圍不同。相比於本科生，研究生和專科生選擇就業的比例高，選擇升學的肯定少，而在本科生中，有很大一部份人選擇了升學，因此，研究生和專科生的就業率和落實率自然就比本科生群體要高。

根據調查結果，本文統計了本科畢業生父輩職業類型。在父親的職業中，農林牧漁水利業生產人員（百分之十八・四）、國家機關／黨群組織／事業單位管理人員（百分之十七・五）、農村進

表一　父輩職業與本科生畢業去向

父親職業類型	本科生畢業去向					
	已確定單位	國內升學	出國出境	創業／自由／靈活就業	待就業或擬升學	暫不就業及其他
國家機關事業單位管理人員	29.9	22.1	8.8	9.4	27.6	2.2
企業管理人員	30.7	21.5	7.9	13.2	23.8	2.9
專業技術人員	32.7	19.7	4.3	13.6	26.5	3.1
辦事人員和有關人員	26.6	17.3	3.4	19.8	27.2	5.7
商業和服務人員	35.0	14.6	3.8	15.6	28.2	2.8
農林牧漁水利業生產人員	40.5	14.4	0.4	10.9	31.0	2.9
生產／運輸設備操作人員	36.1	15.5	1.8	14.1	27.9	4.6
農村進城務工人員	37.3	16.0	1.0	13.3	29.1	3.3
離退休	33.1	10.0	3.7	11.8	37.8	3.6
無業／失業／半失業	34.5	13.9	1.5	10.8	36.5	2.9
合計	34.8	34.6	16.9	3.6	12.5	29.3

城務工人員（百分之十四・九）以及商業和服務人員（百分之十一・六）佔比最大，均超過百分之十。如表一所示，本文又研究了不同職業的父輩，其子女的畢業去向的情況。橫向來看，不同職業的父輩，其子女畢業去向前三位依次為確定工作單位、國內升學和待就業／擬升學。但是，父親為辦事人員和有關人員、離退休、無業／失業／半失業的本科生的失業率較高，待就業、擬升學的比例高於其他畢業去向。縱向來看，不同職業父親的子女畢業去向並無明顯差異。就業率最高的前三位依次為父親是農林牧漁水利業生產人員（百分之四十・五）、農村進城務工人員（百分之三十七・三）和生產／運輸設備操作人員（百分之三十六・一）。選擇國內升學最多的是國家機關事業單位管理人員（百分之二十二・一）的子女；選擇出國出境比例最高的是國家機關事業單位管理人員（百分之八・八）和企業管理人員（百分之七・九）的子女，比例最低的是農林牧漁水利業生產人員的子女，僅佔百分之〇・四，這可能與不同家庭各自的經濟情況有關。父親為農林牧漁水利業生產人員的家庭，有百分之七十四的人均年收入在萬元以下，其中百分之五十二・二在五千元以下。而父親為國家機關事業單位管理人員和企業管理人員的家庭中，有百分之四十六・五的人均年收入在兩萬元以上，在五千元以下的僅百分之十九・三。這也就說明，家庭的經濟狀況在很大程度上決定著子女的畢業去向。

（二）本科生初職現狀

根據調查情況，本文在已落實工作的樣本中統計了二〇一三年本科畢業生就業的職業類型，如表二。其中，專業技術人員的比例最大，達到百分之三十六・四，其次為商業和服務人員（百分之十六・六），接下來為國家機關／黨群組織／事業單位管理人員（百分之十四・六）、辦事人員和有關人員（百分之十四・五）、企業管理人員（百分之十二・六），均超過了百分之十。

二〇一三年本科畢業生就業的工作單位比例最高的為「國有企業」（百分之三十一・三）和「私營企業」（百分之三十一・三），即有百分之六十二・六集中在國有企業和私營企業，而其他各類單位比例均在百分之十以下，其中最高的為鄉鎮及其他企業（百分之七・七）和三資企業（百分之七・三）。可見，企業仍然是本科畢業生就業的主要單位（百分之七十七・六）。研究發現，在國有企業和私營企業的選擇中，男生大多就職於國有企業（百分之三十七・一），而女生選擇私營企業（百分之三十一・九）的居多；獨生子女大都選擇國有企業（百分之三十四・一），非獨生子女大都選擇私營企業（百分之三十五・五）；中共黨員學生中有百分之三十二・七的選擇國有企業，非中共黨員學生中選擇私營企業就職的最多，為百分之三十二・三；但是，選擇國企還是私企與成績優劣並沒有關係。

採礦、製造和建築業（百分之二十八・一）以及金融、房地產和IT業（百分之二十四・八）成為本科畢業生主要的就職行業。科教文衛的就業比例也較高，為百分之十七・三。總體來看，本科畢業生就職於第三產業的比例較高，就職於第一產業的比例極低，這也反映出中國產業結構優化和升級的必要性和重要性。具體看來，「二一一」高校畢業生就職比例前三的行業為製造業（百分之十七・〇）、金融業（百分之十四・三）和建築業（百分之十三・

表二　二〇一三年本科畢業生就業職業類型

職業類型	頻率	有效百分比（%）	累計百分比（%）
國家機關、中共黨組織、事業單位管理人員	724	14.6	14.6
企業管理人員	624	12.6	27.2
專業技術人員	1802	36.4	63.6
辦事人員和有關人員	717	14.5	78.1
商業和服務人員	823	16.6	94.8
農林牧漁水利業生產人員	76	1.5	96.3
生產、運輸設備操作人員	183	3.7	100
合計	5220	100	

三），而普通院校的畢業生各行業選擇較為平均，選擇建築業（百分之十一・七）、教育（百分之十一・四）和信息傳輸軟件業（百分之九・四）的最多；行業選擇也隨性別不同而呈現出不一致的現象：男生選擇最多的是建築（百分之十五・一）、製造（百分之十四・二）和信息傳輸軟件業（百分之十二・五），而女生選擇金融業（百分之十五・五）和教育（百分之十四・一）的最多；低收入家庭的畢業生就業時選擇建築、製造業的居多，中等收入家庭的學生大多選擇教育和信息傳輸軟件業，高收入家庭的學生選擇金融業的比例極高，甚至達到了百分之二十。

四、本科生初職中的職業代際傳遞現象分析

（一）職業代際傳遞現狀

關於職業的代際傳遞的判定依據，不同學者有不同的觀點。本文將「職業類型分層」和「相對職業地位」這兩種方法相結合，來判定職業的代際傳遞。就職業類型分層的方法來講，目前學術界較多的是參考英國社會學家戈德索普（J.H. Goldthorpe）的職業分類框架而設定的職業階層序列。據此，本文同樣把職業地位等級定義為這樣一個由低到高的序列：(1) 農業勞動者階層；(2) 農村專業戶階層；(3) 產業工人階層；(4) 商業服務業人員階層；(5) 辦事人員階層；(6) 專業技術人員階層；(7) 國家與社會領導者階層和企業經理與私營企業主階層。並將職業類型與職業階層序列相對應。

為了避免自選擇問題，本文的研究對象是本科畢業後選擇就業的樣本，將不就業的樣本剔除。再參照劉群、張文宏（二〇一四）在分析職業代際流動時「相對職業地位」的方法，通過父子兩代的「相對職業地位」來判定職業的代際傳遞。但本文的「相對職業地位」是用子代的職業地位分數減去父輩的

職業地位分數得出的。若該值大於零，則取「+一」，表示代際相對職業地位上升，即向上流動；若小於零，則取「－一」，表示代際間相對職業地位下降，即向下流動；若等於零，表示代際相對職業地位沒變，即存在職業的代際傳遞。這樣，既說明了職業的代際傳遞問題，也分析了職業代際間的流動。

分析發現，本科畢業生的初職與父親存在職業代際傳遞的比例為百分之二十三・九，職業代際向上流動的比例為百分之五十一・五，向下流動的比例為百分之二十四・六。也就是說，有百分之五十一・五的本科生在初次就業時，比父親的職業地位有所上升，有百分之二十四・六的本科生職業地位有所下降。

（二）職業代際傳遞與父輩因素

首先，從父親職業階層看，職業的代際傳遞隨父親職業階層的提高而增強。也就是說，父母職業地位等級越高，代際傳遞的比例越大，如表三所示。農村專業戶階層職業代際傳遞率最低，且由於是最低等級，職業代際沒有向下流動，符合實際。有百分之九十八・五的畢業生的職業向上流動，即該階層父子兩代相對職業地位上升較大。同時，專業技術人員階層的職業代際傳遞比例最大，而處於最高層的國家與社會領導者階層和企業經理與私營企業主階層向下流動的比例最大，因為本文研究的是本科生的初次就業，所以很少有求職者初職就達到職業地位的最高層。但是，該階層卻保持了較高的（百分之三十九・七）代際傳遞比例，即父輩職業階層的高低會影響職業的代際傳遞。

接下來本文又分析了父親所在的勞動力市場。根據郭叢斌（二〇〇四）的研究，父母的八種職業可以分為兩個層次：國家機關、黨群組織、企事業負責人、專業技術人員、辦事人員隸屬於第一層次（主要職業）；而其他的職業類型劃為第二層次（次要職業）。並將勞動力市場分為主要勞動力市場和次要勞動力市場，主要職業所在的勞動力市場為主要勞動力市場，次要職業在次要勞動力市場。據此，本文還分析了代際傳遞與父親所在勞動力市場的關係。在主要勞動力市場工作的父輩，其子女存在職業代際傳遞的比例比在次要勞動力市場工作的父輩高百分之二十八左右。同時，父親從事次要職業的學生中有百分之八十七從次要勞動力市場向上流動到了主要勞動力市場。由於主要勞動力市場的工資待遇、職業聲望等條件優於次要勞動力市場，主要勞動力市場更能滿足求職者的需求，所以會導致畢業生對該市場職位的偏好，從而導致次要勞動力市場的勞動者想流動到該市場，主要勞動力市場的勞動者想留在該市場的現狀。

有學者研究發現，父輩受教育水平是影響職業代際傳遞的一個原因。在此次調查的本科生中，父輩的學歷大部份都為高中、中專和初中；在父親的學歷為研究生的樣本中，其母親的學歷為本科以上的佔百分之八十一・二。根據分析，百分之五十五・三的研究生學歷的父親選擇了在省會城市或直轄市工作；而在父親的學歷為本科生和專科生的樣本中，父親的工作地點大都會在地級市，比例分別為百分之四十二・一（學歷為本科）和百分之三十八（學歷為專科）；學歷為高中或中專的

表三　職業的代際傳遞與父親職業階層

父親職業階層	職業代際傳遞或流動方向		
	向下流動	職業的代際傳遞	向上流動
農村專業戶階層	—	1.50%	98.50%
產業工人階層	2.40%	7.50%	90.20%
商業服務業人員階層	5.50%	27.90%	66.60%
辦事人員階層	14.50%	22.10%	63.40%
專業技術人員階層	33.20%	41.40%	25.40%
國家與社會領導者階層和企業經理私營企業主階層	60.30%	39.70%	—
合計	24.60%	23.90%	51.50%

註：表格中「職業的代際傳遞」即相對職業地位不變，沒有職業的代際流動。

父輩，大都（百分之三十・九）就業於縣級市或縣城；學歷為高中以下的父輩，則大都在農村就業。這說明，大學生父輩就業地點的行政級別與父輩的學歷存在顯著的相關性，父輩學歷越高，父輩就業地的行政級別也越高。同樣地，本文還發現父親的學歷與家庭收入也呈現出顯著的正相關關係。不過，在受教育水平為文盲或半文盲的父親中，有百分之四十一・九樣本的子女本科學校為「二一一」高校，高於其他各學歷水平中子女學校為「二一一」的比例。其次是父親學歷為本科和研究生的樣本。這說明，教育的代際傳遞呈現出向上和向下的雙向流動機制。本文通過分析得知，職業代際傳遞的比率隨父輩受教育水平的提高而呈現上升趨勢。

（三）職業代際傳遞與結構性因素

學術界將影響職業代際傳遞的家庭因素稱為結構性因素。針對結構性因素，本文選取戶籍地、家庭社會關係和家庭人均年收入做了以下分析。首先，從戶籍地的行政級別看，職業代際傳遞和職業代際向下流動的概率均隨樣本戶籍地行政級別的升高而增加，且增加趨勢明顯。反之，職業代際向上流動隨戶籍地行政級別的升高呈遞減趨勢。同樣的現象還存在於家庭社會關係和家庭人均年收入的分析中。研究發現，職業代際傳遞和職業代際向下流動的概率均隨樣本家庭社會關係和家庭人均年收入的增加而增加；而職業代際向上流動家庭的社會關係和家庭人均年收入的增加呈遞減趨勢。

（四）職業代際傳遞與初職起薪

通過以上分析可知，職業代際傳遞現象在本科生初職時是明顯存在的，而職業的這種代際傳遞究竟會產生怎樣的影響呢？本部份就選取職業代際傳遞對本科生就業質量的影響來分析職業代際傳遞造成的後果。通過查閱相關文獻，起薪是衡量就業質量的最重要的指標之一，因此本文通過研究職業代際傳遞對本科生初次就業起薪的影響，來研究職業代際傳遞與就業質量的關係。為了排除異常值和極端值，本文只統計已落實工作畢業生月薪在五百至一萬元的觀測值，得出二〇一三年本科畢業生初職起薪平均為三千三百六十四・一四元／月。同時，本科生的起薪集中於兩千零一至三千元／月的最多，佔百分之四十二・七。其次為一千零一至兩千元／月（百分之二十一・九）和三千零一至四千元／月（百分之二十・七），也就是說起薪在一千至四千元／月的畢業生佔了百分之八十五・三。之後是四千零一至五千元／月（百分之七・六）和五千零一至六千元／月（百分之二・六）。而較低收入的五百至一千元／月（百分之一・七）和較高收入的六千零一至八千元／月（百分之一・八）、八千零一至一萬元／月（百分之〇・九）的比例最少。再來看職業代際傳遞與起薪的關係，存在職業代際傳遞的六百五十七個樣本的平均起薪最高，為三千五百六十六・三七元／月，向上流動的平均起薪最低，為三千兩百八十一・〇四元／月。結合上述分析，雖然存在職業代際傳遞群體的起薪水平均高於職業代際流動的群體，但是這也導致了高薪酬的職業保留在父輩薪酬水平就很高的群體中，從而導致社會階層固化，拉低了其他群體就業的起薪水平，使本科生整體就業質量下降。

五、結論與討論

本文主要運用描述性統計的方法，利用二〇一三年全國本科畢業生的調查樣本，對中國各階層大學生初職的職業代際傳遞現象進行了分析，並著重分析了藍領階層的初職現狀。主要結論如下：二〇一三年本科畢業生整體「就業率」為百分之四十三・四。其中，成為專業技術人員的比例最大，達百分之三十六・四，就職於國有企業和私營企業的比例最大，均為百分之三十一・三。採礦、製造和建築業（百分之二十八・一）以及金融、房地產和IT業（百分之二十四・八）成為本科畢業生主要的就職行業。科教文衛的就業比例也較高，為百分之十七・三。總體來看，本科畢業生就職於第三產業的比例較高，就職於第一產業的比例極低，這也反映出中國產業結構優化和升級的必要性和重要性。二〇一三年本科畢業生初職起薪平均為三千三百六十四・一四元／月。男生的平均起薪比女生高兩百三十六・二二元／月；東部地區比西部地區高一百零八・五元／月，西部地區比中部地區高一百一十六・二三元／月。本科畢業生的初職與父親存在職業代際傳遞的比例為百分之二十三・九，職業代際向上流動的比例為百分之五十一・五，向下流動的比例為百分之二十四・六。父輩因素和結構性因素會對大學生就業中的代際傳遞產生影響。職業的代際傳遞隨父親職業階層、父輩受教育水平、家庭社會關係和家庭人均年收入的提高而增強。在主要勞動力市場工作的父輩，其子女存在職業代際傳遞的比例比在次要勞動力市場工作的父輩高百分之二十八。職業的代際傳遞或社會階層的固化，可以通過影響初次就業起薪來影響畢業生的就業質量。雖然存在職業代際傳遞群體的起薪水平均高於職業代際流動的群體，但是這也導致高薪酬的職業保留在父輩薪酬水平就很高的群體中，從而導致社會階層固化，拉低了其他群體就業的起薪水平，使本科生整體就業質量下降。

針對以上分析，本文提出以下建議：從本科生的就業狀況來看，職業的代際傳遞在各階層，尤其是藍領階層中顯著存在。這對藍領階層的成長和發展都產生了重大的影響。繼續加快中國產業結構優化和升級的步伐，解決本科畢業生就業的產業差異問題，是解決職業代際傳遞、促進藍領階層成長的重要方式。還要適當提高次要勞動力市場的工資等待遇水平，均衡兩個勞動力市場的發展狀況，以及繼續加快實施科教興國、人才強國戰略。當然，如何更好地促進各社會階層的流動，緩解社會階層固化和勞動力市場分割，使得藍領階層「上下自如」，仍是亟待解決的問題。當代大學生應樹立正確的就業觀和擇業觀，積極參與社會實踐，豐富自己的實習經歷。萬萬不可利用父輩的「天花板效應」，成為「拼爹族」、「啃老族」。尤其是女性畢業生不能過多地依賴父母的資本，要增強個人自身的人力資本，才能在求職中不處於劣勢。

在後續的研究中，大學生職業代際傳遞的影響因素與影響程度、職業代際傳遞與代際流動的機制、不同職業的父輩在子代職業等級地位獲得時所產生的影響、職業代際傳遞對社會階層固化尤其是就業質量的影響等將是重點研究的問題。

參考文獻

1. 陳嬰嬰：《職業結構與流動》，東方出版社一九九五年版。
2. 高玉玲：〈高校畢業生初職獲得：基於地位獲得模型的經驗分析〉，《教育與經濟》二〇一四年第五期。
3. 郭叢斌、丁小浩：〈職業代際效應的勞動力市場分割與教育的作用〉，《經濟科學》二〇〇四年第三期。
4. 郭叢斌、閔維方：〈教育：創設合理的代際流動機制——結構方程模型在教育與代際流動關係研究中的應用〉，《教育研究》二〇〇九年第十期。
5. 李力行、周廣肅：〈代際傳遞、社會流動性及其變化趨勢——來自收入、職業、教育、政治身份的多角度分析〉，《浙江社會科學》二〇一四年第五期。
6. 李煜：〈家庭背景在初職地位獲得中的作用及變遷〉，《江蘇社會科學》二〇〇七年第五期。
7. 岳昌君、楊中超：〈我國高校畢業生的就業結果及其影響因素研究——基於二〇一一年全國高校抽樣調查數據的實證分析〉，《高等教育研究》二〇一二年第四期。
8. 岳昌君、張愷：〈高校畢業生求職結果及起薪的影響因素研究——基於二〇一三年全國高校抽樣調查數據的實證分析〉，《教育研究》二〇一四年第十一期。
9. 張樂、張翼：〈精英階層再生產與階層固化程度——以青年的職業地位獲得為例〉，《青年研究》二〇一二年第一期。
10. 張蘇、曾慶寶：〈教育的人力資本代際傳遞效應述評〉，《經濟學動態》二〇一一年第八期。

11. 鄭劍虹、曾茂林、范兆雄：〈大學生學校認同的實證研究及其教育啟示〉，《教育發展研究》二〇一四年第十三期。

12. Becker G. S., and T. N. An, "Equilibrium Theory of the Distribution of Income and Intergenerational Mobility," *China Labor Economics*, 1979.

13. Hellerstein, Judith and Morill Melinda, "Dads and Daughters: The Changing Impact of Fathers on Women's Occupational Choices," *Journal of Human Resources*, 2011.

（蔣承，北京大學教育學院／教育經濟研究所；劉霄，北京大學教育學院）

書　　名　中國道路與藍領中產階級成長
主　　編　厲以寧
副 主 編　程志強
責任編輯　苗　龍
封面設計　廖家綺
出　　版　三聯書店（香港）有限公司
香港北角英皇道499號北角工業大廈20樓
Joint Publishing (H.K.) Co., Ltd.
20/F., North Point Industrial Building,
499 King's Road, North Point, Hong Kong
香港發行　香港聯合書刊物流有限公司
香港新界大埔汀麗路 36 號 3 字樓
版　　次　2017 年 12月香港第一版第一次印刷
規　　格　16 開（170 × 230 mm）三二八面
國際書號　ISBN 978-962-04-4238-4

Published in Hong Kong